임 원 경 제 지

유예지3

이 책은 ㈜DYB교육 송오현 대표 외 수많은 개인의 기부 및 문화체육관광부의 지원으로 완역 출판되었습니다.

임원경제지 유예지 3

지은이 풍석 서유구

옮기고 쓴 이 임원경제연구소[김세종(악보 전체, 당금자보), 정명현, 민철기, 정정기, 김현진, 김수연, 최시남, 강민우, 김광명, 김용미(본문)]

교감 · 표점 · 교열 · 자료조사 : 임원경제연구소
악보 정리 : 송정훈
감수 : 변미혜(악보 전체), 손범주(생황자보)

펴낸 곳 풍석문화재단
펴낸이 : 신정수
진행 : 진병춘 진행지원 : 박소해
편집제작총괄 : 장익순
편집 : 지태진 디자인 : 이솔잎 자료조사 : 조문경
전화 (02) 6959-9921 E-mail pungseok@naver.com
재단 홈페이지 www.pungseok.net

펴낸 날 초판 1쇄 2018년 5월 31일
ISBN 979-11-960046-4-4 94030

* 표지 그림 : 김홍도, 〈포의풍류도〉(한국데이터진흥원)
* 사진 사용을 허락해 주신 국립중앙박물관, 국립민속박물관, 간송미술문화재단, 고려대학교박물관 한국데이터진흥원, 한국학중앙연구원 여러분께 감사드립니다.

임원경제지
유예지 3

교양·기예 백과사전

풍석 서유구 지음 임원경제연구소(김세종, 정명현 외) 옮김

풍석문화재단

일러두기

- 이 책은 풍석 서유구의 《임원경제지》를 표점, 교감, 번역, 주석, 도해한 것이다.
- 저본은 정사(正寫) 상태, 내용의 완성도, 전질의 구성 등을 고려하여 일본 오사카 나카노시마 부립도서관 소장 자연경실장(自然經室藏)본으로 했다.
- 현재 남아 있는 이본 가운데 서울대학교 규장각한국학연구원 소장본(규장각본)을 교감하고, 교감 사항은 각주로 처리했다.
- 교감은 대교(對校)와 타교(他校)를 중심으로 하고, 교감 사항은 각주로 밝혔다.
- 번역주석의 번호는 일반 숫자(9)로, 교감주석의 번호는 네모 숫자(⑨)로 구별했다.
- 원문에 네모 칸이 쳐진 注, 農政全書 등과 서유구의 의견을 나타내는 案, 又案 등은 원문의 표기와 유사하게 네모를 둘렀다.
- 원문의 주석은 【 】로 표기했다.
- 서명과 편명은 번역문에는 각각 《 》 및 〈 〉로 표시했고, 원문에서는 모두 서명부호(《 》)로 통일했다.
- 표점 부호는 마침표(.), 쉼표(,), 물음표(?), 느낌표(!), 쌍점(:), 쌍반점(;), 인용부호(" ", ' '), 가운뎃점(·), 모점(、), 괄호(( )), 서명 부호(《 》)를 사용했고 인명, 지명, 건물명 등 고유 명사에는 밑줄을 그었다.
- 字, 號, 諡號 등으로 표기된 인명은 성명으로 바꿔서 옮겼다.

- 역보 방법은 현행 선율을 중심으로 하여 《유예지》 선율의 리듬, 박자, 속도, 악조, 멜로디 수식 등을 해석했다. 예를 들어 현행 음악선율을 해당 악곡의 위에 놓고, 그 아래로 《유예지》 음악선율을 서로 비교하는 형식으로 역보했다.
- 현행 연주 선율로 인용된 비교 악보는 〈현금자보〉의 경우 성경린·황득주 엮음, 《正樂거문고譜》(은하출판사, 1980)를 비교 악보로 삼았다. 〈당금자보〉는 《유예지》에 송대 유행하던 궁의(宮意), 상의(商意), 각의(角意), 치의(徵意), 우의(羽意) 등의 악곡이 실려 있으나, 금을 연주하는 계파마다 연주법이 다르고, 금세(琴勢)에 대한 해석이 달라 부득이 여기에서는 역보하지 못했다. 다만 《유예지》 〈당금자보〉의 번역은 자보(字譜)와 지법(指法)이 중국의 여러 금서와 달라 대교하여 교감 사항을 각주에 밝혔다. 참고로 한 중국의 금서(琴書)는 양가락 주편(楊家駱主編), 《중국음악사료(中國音樂史料)》 4의 《사림광기(士林廣記)》 "금(琴)"과 《삼재도회(三才圖會)》 "지법(指法)", 《금학수지(琴學須知)》, 《태음기원(太音紀原)》 등이다. 〈양금자보〉는 김천흥 엮음, 《정악양금보》(은하출판사, 1988)를 비교 악보로 삼았다. 〈생황자보〉는 김기수 · 강사준 편, 《해금정악》(국립국악고등학교, 1979)을 저본으로 하여 역보한, 이무라 데쓰오(志村哲男), "韓國에 있어서의 笙簧 變遷과 雙聲奏法"(서울대학교 대학원 석사학위논문, 1985) 부록악보를 중심으로, 교감 역보했다.

차례

임원경제지 98

유예지 권제6

遊藝志 卷第六

방중악보[1]

房中樂譜

1. 현금자보(玄琴字譜)[2]

玄琴字譜

신윤복, 〈상춘야흥(賞春夜興)〉 부분(《혜원전신첩》, 간송미술문화재단)

---

1 방중악보(房中樂譜) : 방중은 방중지악(房中之樂)을 가리키며, 악보는 악곡을 기호·문자·숫자 등의 기보법으로 기록한 것이다. 방중지악은 옛날 후비(后妃)들이 풍송(諷誦)하여 그 군자를 섬기는 음악으로서 종경(鐘磬, 종과 경쇠)의 절주(節奏, 리듬)를 쓰지 않고 《시경(詩經)》에 나오는 〈주남(周南)〉·〈소남(召南)〉이라는 시를 현송(絃誦)했다. 이는 선왕의 풍속의 훌륭함을 드러내어 밝히기 위한 것으로 현송은 현가(絃歌)와 송(誦)을 말한 것인데, 고대 학교에서 시를 가르칠 때 금슬의 음악에 맞춰 읊조리는 것을 현가(絃歌)라 하고, 음악 없이 낭독하는 것을 송(誦)이라고 한 데서 유래하여, 주로 금슬(琴瑟)과 같은 현악기 중심의 음악 악보를 가리켜 방중악보라고 한다.

2 현금자보(玄琴字譜) : 현금, 즉 거문고의 구음(口音, 악기 소리를 의성어로 구현한 기호)에 지법(指法, 왼손가락으로 줄을 짚는 법)과 괘(棵, 거문고 줄을 받치는 받침)의 위치를 곁들인 악보.

무용총벽화 거문고 그림

신윤복, 〈거문고 줄 고르는 여인〉(국립중앙박물관)

1) 손가락을 변통하여 소리 내는 기법 【以指變通出聲之權】

ㄹ : 줄을 강하고 굵게 자주 흔들라는 표시이다.[3] ㄹ : 多搖也.

ㄹ : 줄을 잔잔하고 짧게 흔들라는 표시이다.[4] ㄹ : 小搖也.

婁 : '數(삭)'의 반자(半字)이다. 줄을 빠르게 자주 흔들라는 표시이다.[5] 婁 : "數"之半字. 數搖也.

廾 : '弄(농)'의 반자이다. '울이치다'[6]라는 표시이다. 廾 : "弄"之半字. "울이치다".

隹 : '推(추)'의 반자이다. 줄을 흔들다가 음을 굴려 높은 소리를 내라는 표시이다.[7] 隹 : "推"之半字. 搖絃而要出高聲也.

---

3 줄을 강하고……표시이다 : 다요(多搖). 거문고 농현법(弄絃法, 현을 흔들거나 떨어서 소리를 꾸미는 연주 기법)의 한 가지로, 현을 굵게 자주 흔드는 연주 기법이다.

4 줄을 잔잔하고……표시이다 : 소요(小搖). 거문고 농현법의 한 가지로, 현을 잔잔하고 짧게 흔드는 연주 기법이다.

5 줄을 빠르게……표시이다 : 삭요(數搖). 거문고 농현법의 한 가지로, 현을 빠르게 자주 흔드는 연주 기법이다. 삭요는 오늘날 산조에서 주로 많이 쓰이는 기법으로 거문고의 '당'에서 주로 많이 나타나며, 경우에 따라서는 '둥' 음과 '등' 음, '징' 음에서 나타난다.

6 울이치다 : 거문고 농현법의 한 가지로, 오늘날 전성(轉聲)에 가까운 수법을 말한다. 곧, 전성은 줄을 짧고 세게 굴려서 내는 농현이다. 이 수법은 《유예지(遊藝志)》 외에도 이득윤(李得胤, 1553~1630)의 《현금동문유기(玄琴東文類記)》(1620)와 찬자 미상의 《삼죽금보(三竹琴譜)》에서도 볼 수 있다.

7 줄을……표시이다 : 거문고 농현법의 한 가지로, 왼손으로 줄을 짚고 흔들다가 음을 굴려 높은 소리를 내는 수법을 말한다. 오늘날 추성(推聲)에 가까운 수법을 말한다. 곧, 추성은 거문고 줄을 밀어 올려 약 2도 높은 소리를 내거나 농현을 한 다음 줄을 밀어 높은 소리를 내는 연주 기법이다. 원문의 요현(搖絃)은 농현(弄絃) 또는 요롱(搖弄)과 같은 뜻으로 쓰인다.

羊 : '觧[8](해)'의 반자이다. 줄을 느슨하게 흔들면서 낮은 소리를 내라는 표시이다.[9]

羊 : "觧"之半字. 解絃而要出緩聲也.

示 : '禁(금)'의 반자이다. 소지[禁指]로 내청(內淸)[10]을 가볍게 튕겨서 '홍' 소리를 내라는 표시이다.

示 : "禁"之半字. 以禁指拂內淸要出"홍"聲也.

匕 : '匙(시)'의 반자이다. 술대[匙]로 내청을 튕겨 소리를 내라는 표시이다.

匕 : "匙"之半字. 以匙打內淸也.

술대로 튕기는 단소·거문고 명인 김무규(金茂圭, 1908~1994)

술대를 쥔 거문고산조 명인 신쾌동(申快童, 1910~1977)

8 觧 : 해(解)의 속자이다.

9 줄을 느슨하게……표시이다 : 거문고 농현법의 한 가지로, 왼손으로 줄을 짚고 느슨하게 흔들면서 음이 낮아지는 수법을 말한다. 원문의 해현(解絃)은 느슨하게 줄을 흔드는 수법을 말하며, 완성(緩聲)은 악곡의 템포를 가리키는 것으로 속도가 느리게 소리 내면서 음이 낮아지는 소리를 가리킨다.

10 내청(內淸) : 거문고의 첫째 현, 곧 '문현(文絃)'의 다른 이름이다. 거문고의 무현(武絃)을 가리키는 외청(外淸)의 대칭어이기도 하다. 여기에서는 문현의 거문고 구음(口音) '홍' 음을 소지로 튕겨서 내는 소리를 말한다.

2) 거문고의 두 음 또는 세 음으로 내는 구음[11] 【琴之䀉聲】

살앵[12]: 술대로 문현(文絃, 내청)과 자현(子絃)[13] 2현을 가볍게 튕겨서 내는 소리이다.

슬앵 : 以匙拂文、子二絃.

슬엥[14]: 술대로 문현·자현·대현(大絃)[15] 3현을 가볍게 튕겨서 내는 소리이다.

슬엥 : 以匙拂文、子、大三絃.

더지덩 : '더'는 대현을 가볍게 내려 튕기고, '지덩'은 괘상청(棵上淸)[16]과 대현 2현을 올려 뜯는 소리이다.

더지덩 : "더"則順拂大絃, "지덩"則逆括上、大二絃.

지덩 : 괘상청과 대현 2현을 올려 뜯는 소리이다.

지덩 : 逆括上、大二絃.

---

11 두……구음 : "䀉"의 의미를 알 수 없어 내용에 의거하여 제목을 풀이하였다.

12 살앵 : 거문고 구음의 하나로, 술대로 문현과 유현(遊絃)을 동시에 빠르게 소리 내는 연주 기법이다. 일명 '싸랭'이라고도 한다. 이외에도 술대로 문현과 유현을 동시에 소리 내지 않고, 술대로 문현을 먼저 세게 치고 다음에 유현 음을 치는 연주 기법으로, 문현과 유현의 시가를 구분하여 나누어서 치는 '쌀갱' 연주 기법과 비교된다.

13 자현(子絃) : 거문고 유현(遊絃)의 다른 이름이다.《악학궤범(樂學軌範)》 권7 〈당부악기도설(唐部樂器圖說)〉에 의하면, 월금(月琴) 및 당비파(唐琵琶)의 첫째 줄 이름이 자현(子絃)이다. 당비파 평조의 조현법(調絃法)은 무현이 탁치(濁徵), 대현(大絃)과 중현(中絃)이 궁(宮), 자현(子絃)이 치(徵)로, 모두 산성(散聲, 개방현)의 음이라 하고, 또 당비파 상조(上調)의 조현법(調絃法)은 무현이 탁무역(濁無射), 대현이 협종(夾鍾), 중현이 탁임종(濁林鍾), 자현이 임종(林鍾)으로 모두 산성의 음이라 한다.

14 슬엥 : 거문고 구음의 하나로, 술대로 문현(文絃)에서부터 유현을 거쳐 대현(大絃)에 이르기까지 세 줄을 차례로 소리 내는 연주 기법이다. 이때 문현과 유현을 거쳐 대현을 장지로 누르면 슬기덩, 식지로 누르면 슬기둥, 모지로 누르면 슬기등으로 구분된다.

15 대현(大絃) : 거문고 세 번째 줄의 이름으로, 6개의 줄 중에서 가장 굵다.

16 괘상청(棵上淸) : 거문고의 네 번째 줄인 괘상청에서 나는 소리를 이르는 말이다. 거문고의 청(淸) 줄이 제1괘 위에 얹혀 있다 하여 붙여진 이름이다. 괘상청은《악학궤범(樂學軌範)》 권7 〈향부악기도설(鄕部樂器圖說)〉 "현금(玄琴)" '좌수안현도(左手按絃圖)'의 도설에 나온다.

다당[17]: '다'는 술대로 내려 튕기고, '당'은 술대로 올려 뜯는 소리이다.

다당 : "다"則以匙下打, "당"則以匙上拂.

3) 지법(指法)의 부호[18]

【手指之號】

丁: '母(모)'의 반자이다. 엄지[母指, 1指]이다. 이 손가락으로는 자현과 대현 2현을 상호 왕래한다.

丁: "母"字之半字. 第一指也, 此指則子、大絃二絃互相往來.

亻[19]: '食(식)'의 반자이다. 검지[食指, 2指]이다. 이 손가락으로 자현·대현·괘상청 3현을 상호 왕래한다.

亻: "食"字之半字. 第二指也, 此指則子、大絃、上淸三絃互相往來.

レ: '長(장)'의 반자이다. 중지[長指, 3指]이다. 이 손가락은 어느 괘에 있든지 원래 대현에서 떼지 않는다.

レ: "長"字之半字. 第三指也, 此指則元不離於某棵大絃.

夕: '名(명)'의 반자이다. 약지[無名指, 4指]이

夕: "名"字之半字. 第四指也,

17 다당 : 거문고 구음의 하나로, '다당'은 두 음을 연거푸 소리 내는 연주 기법이다. 곧, 술대로 줄을 내려칠 때 그 소리가 '다'로 나고, 이어서 술대로 줄을 위로 튕길 때 나는 소리가 '당'이다.

18 지법(指法)의 부호 : 왼손가락으로 거문고의 유현과 대현을 짚는 부호를 말한다. 예컨대 거문고의 대현 '등'과 유현 '징'은 엄지로 짚는다. 대현 '둥'과 유현 '동'은 검지로 짚는다. 대현 '덩'은 중지로 짚고, 유현 '당'은 약지로 짚는다. 소지는 문현 안에 대어 소리가 나지 않게 하거나, 줄을 짚지 않고 손가락 끝으로 문현을 슬쩍 튕기는 연주 기법을 사용한다.

19 亻: '食'의 윗부분인 '人'과 같은 글자이다.

다. 이 손가락은 어느 괘에 있든지 원래 자현에서 떼지 않는다.

此指則元不離於某棵子絃.

示 : '禁(금)'의 반자이다. 소지[禁指, 5指]이다. 이 손가락으로는 '살', '슬' 등의 표시가 있는 곳에서 문현에 대서 잡스러운 소리가 나지 않게 한다.

示 : "禁"字之半字. 第五指也, 此指則"숤"、"슬"等處, 按文絃以禁雜聲.

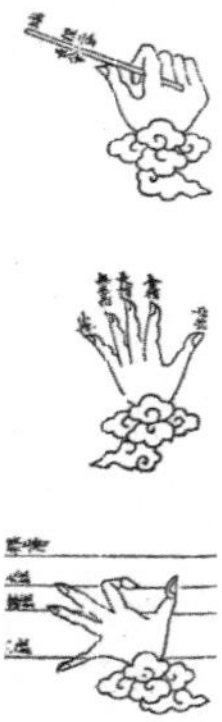

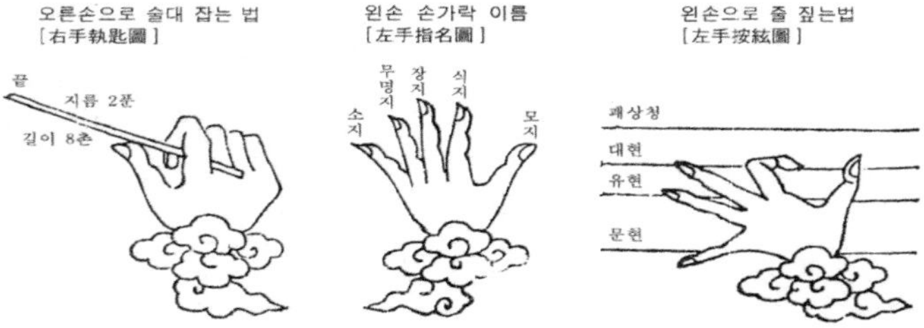

오른손으로 술대 잡는 법, 왼손 손가락 이름, 왼손으로 줄 짚는 법(이혜구 역주, 《신역 악학궤범》, 국립국악원)
우수집시도(右手執匙圖), 좌수지명도(左手指名圖), 좌수안현도(左手按絃圖)[《악학궤범(樂學軌範)》]

4) 거문고 구음의 변화

【琴聲之變】

다
도
두
더

다
도
두
더

지[20]

뜰[21]

거문고 구음의 변화는 역시 술대로 튕겨서 소리 낸다. 누군가 이것들이 육률(六律)[22]을 가리킨다고도 했는데, 옳은 말인지는 모르겠다.

지

뜰

聲形之變, 亦以匙打之. 或云以此謂六律, 未知是否.

5) 거문고의 자출성(自出聲)[23]

【琴之自聲】

라

루

로

롱

링

이 또한 거문고 구음의 여러 변화이다. 술대를 쓰지 않고 왼손가락을 써서 저절로 나게 하는 소리들이다.

라

루

로

롱

링

此亦變音, 不用匙而應指而自出聲也.

---

20 다……지 : 거문고 구음으로, 술대를 쓰지 않고 손가락으로 튕겨서 내는 소리이다.

21 뜰 : 거문고 구음의 하나로, 뜰은 술대로 올려 뜯어 내는 소리이다.

22 육률(六律) : 12율 중 양(陽)을 상징하는 여섯 음, 황종(黃鍾)·태주(太簇)·고선(姑洗)·유빈(蕤賓)·이칙(夷則)·무역(無射)이다. 일명 육시(六始)·양률(陽律). 음(陰)을 상징하는 여섯 음인 육려(六呂)와 함께 12율을 이룬다.

23 자출성(自出聲) : 술대로 뜯지 않고 왼손 엄지나 검지로 줄을 때리거나, 튕기거나, 떠서 소리 내는 연주 기법이다. 자출성일 때에는 "덩·둥·등·동·딩"은 이응(ㅇ) 받침을 하지 않고 "러·루·르·라·로·리(링)"로 바꾸어 구음한다. 예컨대 더루·두르·드러·다로·도라·도링·디로·디라 등이다.

이경윤(李慶胤, 1545~1611)의 〈월하탄금도(月下彈琴圖)〉(고려대학교박물관)

성협(成俠, ?~?)의 〈탄금(彈琴)〉(국립중앙박물관)

6) 4가지 청(淸)[24]의 구별

【四淸之別】

내청(內淸)[25]

內淸

괘상청(棵上淸)

棵上淸

괘하청(棵下淸)[26]

棵下淸

외청(外淸)[27]

外淸

'홍'은 모두 내청(內淸)인 문현에서 나는 소리

'홍'者, 皆內淸文絃之聲, 或

---

24 청(淸) : 거문고 여섯 줄 중 첫째 줄과 아래 세 줄의 개방현이다. 내청·괘상청·괘하청·무현 등을 가리킨 것으로 맑고 청아한 소리를 낸다.

25 내청(內淸) : 거문고 첫째 줄인 내청에서 나는 소리를 이르는 말이다.

26 괘하청(棵下淸) : 거문고의 다섯 번째 줄인 괘상청에서 나는 소리를 이르는 말이다. 다른 말로 기괘청(岐棵淸)·괘외청(棵外淸)·괘하현(棵下絃)이라고도 한다. 괘하청은 거문고의 청(淸)줄로서 괘(棵) 아래 안족 받침에 얹혀 있다 하여 붙여진 이름이다. 청줄인 괘상청의 대칭어로 쓰인다.

27 외청(外淸) : 거문고의 여섯 번째 줄에서 나는 소리를 이르는 말이다. 다른 말로 무현(武絃)이라고도 한다. 외청은 거문고의 청(淸)줄로서 괘(棵) 아래 안족 받침에 얹혀 있는데, 거문고의 첫 번째 청줄인 문현[內淸]의 대칭어로 쓰인다.

이다. 간혹 술대로 퉁겨서 내기도 하고 소지로 퉁겨서 내기도 한다.

以匙打之, 或以禁指打之.

7) 거문고 현의 이름[28]

【琴絃之名】

문현(文絃) : 첫 번째 내청이고 '치(徵)'에 해당한다.

文絃 : 第一內淸, 屬徵.

자현(子絃) : 두 번째 유현(遊絃)[29]이고 '상(商)'에 해당한다.

子絃 : 第二遊絃, 屬商.

대현(大絃) : 세 번째 현이고 '궁(宮)'에 해당한다.

大絃 : 第三絃也, 屬宮.

상청(上淸, 괘상청) : 네 번째 현이고 '각(角)'에 해당한다.

上淸 : 第四絃也, 屬角.

하청(下淸, 괘하청) : 다섯 번째 현이고 '우(羽)'에 해당한다.

下淸 : 第五絃也, 屬羽.

무현(武絃) : 여섯 번째 현이고 '궁의 궁'에 해당한다.

武絃 : 第六絃也, 屬宮之宮.

28 현의 이름 :《악학궤범(樂學軌範)》 권7 〈향부악기도설(鄕部樂器圖說)〉 "현금(玄琴)" 도설에 의하면, 거문고의 줄은 모두 여섯 줄로, 줄의 굵기가 조금씩 다르다. 가장 굵은 줄은 대현(大絃)이고, 다음으로 굵은 줄은 문현(文絃)·무현(武絃)이다. 괘상청은 조금 가늘고, 기괘청(岐棵淸)이 그다음으로 가늘고, 유현(遊絃) 일명 자현(子絃)이 그다음으로 가늘다.

29 유현(遊絃) : 가야고·거문고·해금·향비파 등 현악기의 가장 가느다란 줄. 거문고의 경우 두 번째 현이다.

8) 거문고 소리의 연관 관계[30]

【琴聲之相】

궁(宮) : 오행 중에서 '토(土)'에 속하고, 소의 소리와 같다. 오색 중에서는 '황(黃)'이다.

宮 : 土, 如牛聲. 黃.

상(商) : 오행 중에서 '금(金)'에 속하고, 원숭이의 소리와 같다. 오색 중에서는 '백(白)'이다.

商 : 金, 如猿聲. 白.

각(角) : 오행 중에서 '목(木)'에 속하고, 꿩의 소리와 같다. 오색 중에서는 '청(靑)'이다.

角 : 木, 如雉聲. 靑.

---

30 소리의 연관 관계 : 거문고 소리를 오성(五聲)으로 구분하여 오행(五行)에 배속시키고 그 소리를 짐승의 소리에 비유하고 색도 표시하였다. 《악학궤범(樂學軌範)》 권1의 〈오성도설(五聲圖說)〉에 그 내용이 자세하다.

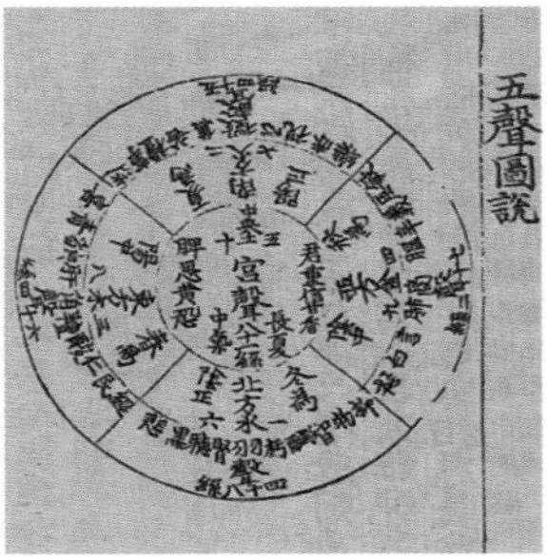

《악학궤범(樂學軌範)》 권1 〈오성도설(五聲圖說)〉

이를 표로 정리하면 다음과 같다.

오성(五聲)	궁(宮)	상(商)	각(角)	치(徵)	우(羽)
오행(五行)	토(土)	금(金)	목(木)	화(火)	수(水)
방위(方位)	중앙	서방	동방	남방	북방
색깔	황(黃)	백(白)	청(靑)	적(赤)	흑(黑)
짐승	소	원숭이	꿩	돼지	말

치(徵) : 오행 중에서 '화(火)'에 속하고, 돼지의 소리와 같다. 오색 중에서는 '적(赤)'이다.

徵 : 火, 如猪聲. 赤.

우(羽) : 오행 중에서 '수(水)'에 속하고, 말의 소리와 같다. 오색 중에서는 '흑(黑)'이다.

羽 : 水, 如馬聲. 黑

9) 거문고 구음의 모형

【琴聲之形】

당[31]
동[32]
둥[33]
덩[34]
딩[35]

당
동
둥
덩
딩

거문고 구음 모형의 바른 표기이다. 모두 술대로 퉁긴다.

聲形之正, 皆以匙打之.

31 당 : 유현을 약지로 짚어 내는 소리이다.
32 동 : 유현을 검지로 짚어 내는 소리이다.
33 둥 : 대현을 검지로 짚어 내는 소리이다.
34 덩 : 대현을 중지로 짚어 내는 소리이다.
35 딩 : 대현을 엄지로 짚어 내는 소리이다.

일제강점기 거문고와 양금(국립민속박물관)

10) 거문고 도식　　玄琴圖

앞　　前

· 봉미(鳳尾)[36] 2촌(寸)[37] 미만.　　鳳尾二寸弱.

· 염미(染尾).[38]　　染尾.

---

36 봉미(鳳尾) : 거문고의 줄을 매는 끝부분에 염미(染尾, 아래 주석 참조)를 모아서 매는 부분이다. 봉미는 용구(龍口, 아래 주석 참조)의 반대쪽에 있다. 《악학궤범(樂學軌範)》 권7 〈향부악기도설(鄕部樂器圖說)〉 "현금(玄琴)" 도설에 의하면 거문고의 용구(龍口)·봉미·좌단(坐團)·담괘(檐棵)·진괘(軫棵)·운족(雲足)·주(柱) 같은 장식은 화리[華梨, 자단(紫檀)]·철양(鐵楊, 버드나무의 일종)·오매(烏梅)·산유자(山柚子)와 같은 단단한 나무를 쓴다.

37 촌(寸) : 도식의 길이는 촌을 기본 단위로 한다. 방중악보에는 길이 단위척에 대한 언급이 없지만, 《임원경제지》 〈본리지〉 권1에서 서유구가 주척을 고증한 부분이 있어, 연구소에서 고증한 내용에 따르면 1척의 길이는 주척 23.1cm, 황종척 38.119cm, 영조척 34.269cm, 조례기척 31.372cm, 포백척 51.384cm이다. 이 중 악기의 척도와 관련이 있는 황종척을 1척으로 한다면, 그 길이는 38cm 정도 된다.

38 염미(染尾) : 부들. 거문고·가야금 등 현악기의 줄을 묶는 부분.

· 전체 길이 50.1촌.	通長五尺一分.
· 담괘(檐棵)[39] 길이 5촌, 높이 0.3촌.	檐棵長五寸, 高三分.
· 6.3촌.[40]	六寸三分.
· 용구(龍口)[41] 두께 0.4촌, 가운데 높이 1.4촌.	龍口厚四分, 中高一寸四分.
· 운족(雲足)[42] 길이 6.7촌, 높이 1촌 미만, 두께 0.4촌	雲足長六寸七分, 高一寸弱, 厚四分.
· 엽면 높이 0.8촌 중에서 복판(腹板, 바닥판) 두께 0.3촌.	邊高八分內, 腹板三分.
· 4.2촌.	四寸二分.
· 학슬(鶴膝).[43]	鶴膝.
· 주(柱)는 속칭 '기괘(岐棵)'[44]이다.	柱俗稱"岐棵".
· 무현(武絃)	武絃、
· 기괘청(岐棵淸)	岐棵淸、
· 괘상청(棵上淸)	棵上淸、
· 대현(大絃)	大絃、
· 유현(遊絃)	遊絃、
· 문현(文絃).	文絃.

---

39 담괘(檐棵) : 거문고의 머리 쪽에 약간 높게 만들어 줄을 거는 턱 부분.

40 6.3촌 : 〈현금도〉에서 금 앞면 아래쪽 홈의 시작 부분부터 끝부분까지의 길이를 말한다.

41 용구(龍口) : 거문고의 머리 쪽 옆 모서리 부분에 뚫은 긴 구멍.

42 운족(雲足) : 거문고·슬 등의 봉미 양쪽 밑에 달린 발 부분으로, 공명판이 땅에 닿지 않게 하기 위하여 붙였다.

43 학슬(鶴膝) : 거문고에서 줄과 부들이 연결되는 부분. 다만 지금은 6줄에 모두 학슬을 두나, 예전에는 유현, 대현, 괘상청 3줄에만 학슬을 두었다.

44 기괘(岐棵) : 거문고 등 현악기의 부분으로, 줄 밑에 괴어 소리를 고르는 용도이다. '기러기발'이라도 도 한다.

· 귀루(鬼淚).[45]

· 괘(棵)

1 2 3 4 5 6 7 8 9 10 11 12 13 14 15 16

제1괘부터 담괘 위까지 22촌.

대모(玳瑁).[46]

제16괘부터 담괘 위까지 5.3촌.

좌단(坐團).[47]

담괘부터 끝까지 3.4촌.

뒤

봉미 2촌 미만.

너비 6촌 이상.

두께 0.4촌 미만.

두께 0.45촌.

3.9촌.

구멍 길이 1.9촌, 너비 0.5촌. 아래 구멍도 이와 같다.

鬼[1]淚.

棵

一 二 三 四 五 六 七 八 九 十 十一 十二 十三 十四 十五 十六

自第一棵至檐棵上二尺二寸.

玳瑁.

自第一六棵至檐棵上五寸三分.

坐團.

自檐棵至端三寸四分

後

鳳尾二寸弱.

廣六寸强.

厚四分弱.

厚四分半.

三寸九分.

孔長一寸九分, 廣五分. 下孔倣此.

45 귀루(鬼淚) : 제1괘에 붙인 것으로 농현할 때에 줄의 요동으로 인한 잡음을 방지하고, 음색의 변화를 막기 위한 용도이다.

46 대모(玳瑁) : 거문고의 목 부분에 대는 부속물로, 본래는 대모(거북의 등딱지)를 썼지만 지금은 운지할 때의 잡음을 피하여 부드러운 쇠가죽을 쓴다.

47 좌단(坐團) : 거문고의 머리 부분.

[1] 鬼 : 저본에는 "晜".《樂學軌範 · 鄕部樂器圖說 · 玄琴》에 근거하여 수정.

구멍 길이 6촌 미만, 너비 0.8촌.

복판(腹板) 가운데 두께 0.4촌 미만, 옆면 두께 0.3촌.

너비 6.9촌.

아래 구멍 가장자리부터 용구 끝까지 8.7촌.

너비 5.9촌

진괘(軫棵)[48] 높이 1촌.

너비 5.8촌.

용구(龍口).

孔長六寸弱, 廣八分.

腹板中厚四分弱, 邊厚三分.

廣六寸九分.

自孔邊至口端八寸七分[2].

廣五寸九分.

軫棵高一寸.

廣五寸八分.

龍口.

주(柱)

속칭 '기괘(歧棵)'이다.

높이 1.8촌.

3개가 같다.

가로 길이 2.2촌, 두께 0.7촌.

제1괘.

높이 2.4촌, 가운데 두께 0.3촌 미만, 옆면 두께 0.2촌, 너비 2.7촌.

제16괘.

높이 0.4촌, 가운데 두께 0.15촌, 옆면 두께 0.1촌, 너비 2.4촌.

柱

俗稱"歧棵".

高一寸八分.

三箇[3]同.

橫長二寸二分, 厚七分.

第一棵.

高二寸四分, 中厚三分弱, 邊厚二分, 廣二寸七分.

第十六棵[4].

高四分, 中厚一分半, 邊厚一分, 廣二寸四分.

48 진괘(軫棵) : 거문고의 복판으로 넘어온 줄을 조이는 장치.

[2] 自……分 : 저본에는 없음. 규장각본·《樂學軌範·鄕部樂器圖說·玄琴》에 근거하여 보충.

[3] 箇 : 저본에는 "箇".《樂學軌範·鄕部樂器圖說·玄琴》에 근거하여 수정.

[4] 第……棵 : 저본에는 없음.《樂學軌範·鄕部樂器圖說·玄琴》에 근거하여 보충.

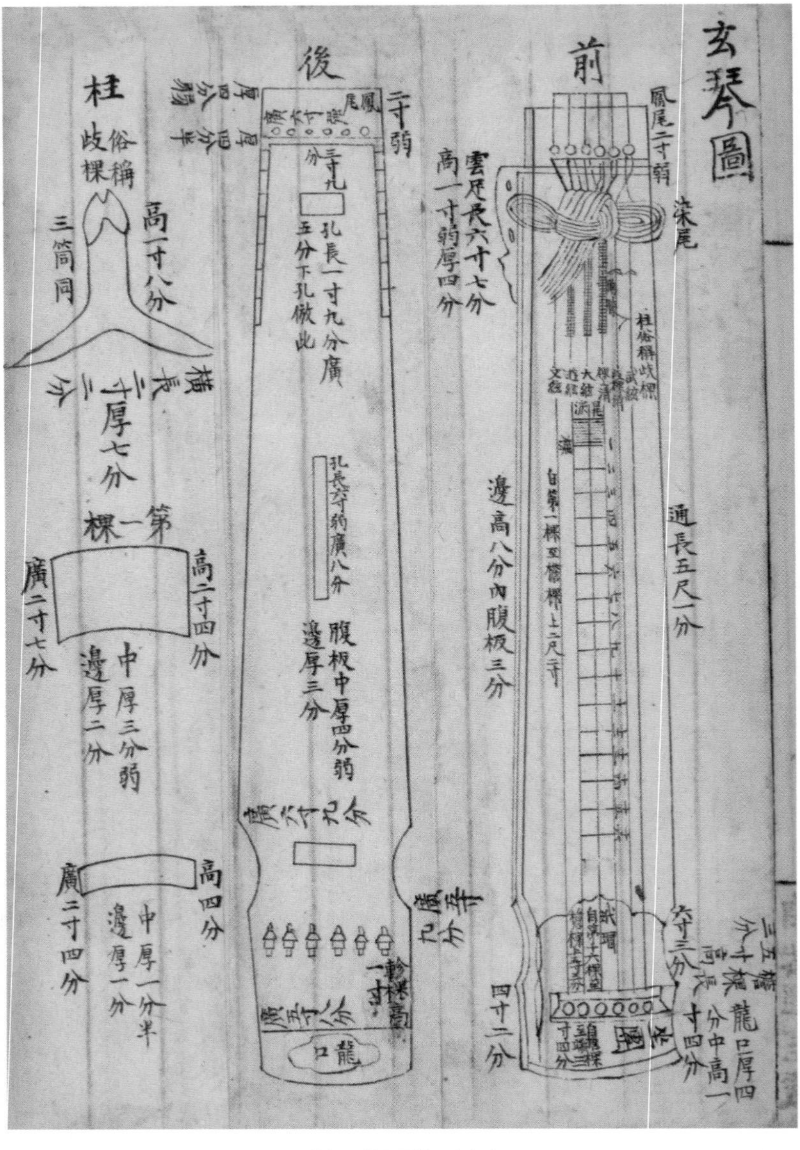
玄琴圖
前
鳳尾二寸弱
雲尾長六寸七分
高一寸弱厚四分
通長五尺一分
邊高八分內腹板三分
後
二寸弱
孔長一寸九分廣
五分下孔倣此
孔長六寸弱廣八分
腹板中厚四分弱
邊厚三分
廣六寸九分
龍口
柱
俗稱岐棵
高一寸八分
三筒同
橫長三寸厚七分
第一棵
高二寸四分
廣二寸七分
中厚三分弱
邊厚二分
高四分
廣二寸四分
中厚一分半
邊厚一分

〈현금도(玄琴圖)〉(오사카본)

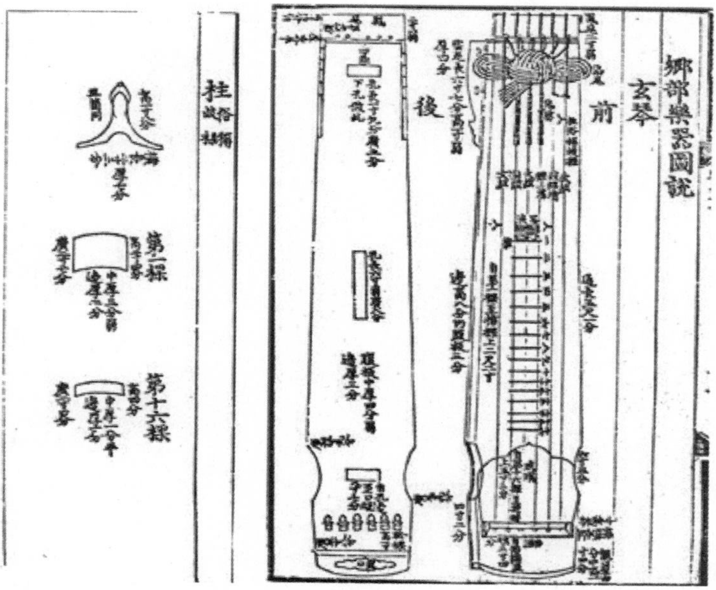

〈현금도(玄琴圖)〉(《악학궤범》)

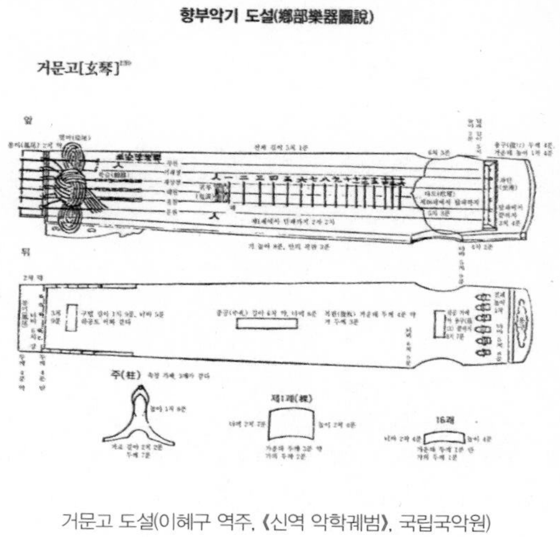

거문고 도설(이혜구 역주, 《신역 악학궤범》, 국립국악원)

11) 우중대엽(羽中大葉)[49] 5장

羽中大葉五章

중여음(中餘音)[50]

中餘音

대여음(大餘音)[51]은 우초엽(羽初葉)의 대여음을 연주한다.

大餘音, 以羽初葉彈之.

49 우중대엽(羽中大葉) : 우조(羽調) 중대엽(中大葉)의 준말.

50 중여음(中餘音) : 가곡의 3장과 4장 사이에 있는 간주곡(間奏曲). 중념(中念)이라고도 한다.

51 대여음(大餘音) : 전통가곡에서 기악으로만 연주되는 전주곡 및 후주곡 부분. 여음(餘音)이라고도 한다.

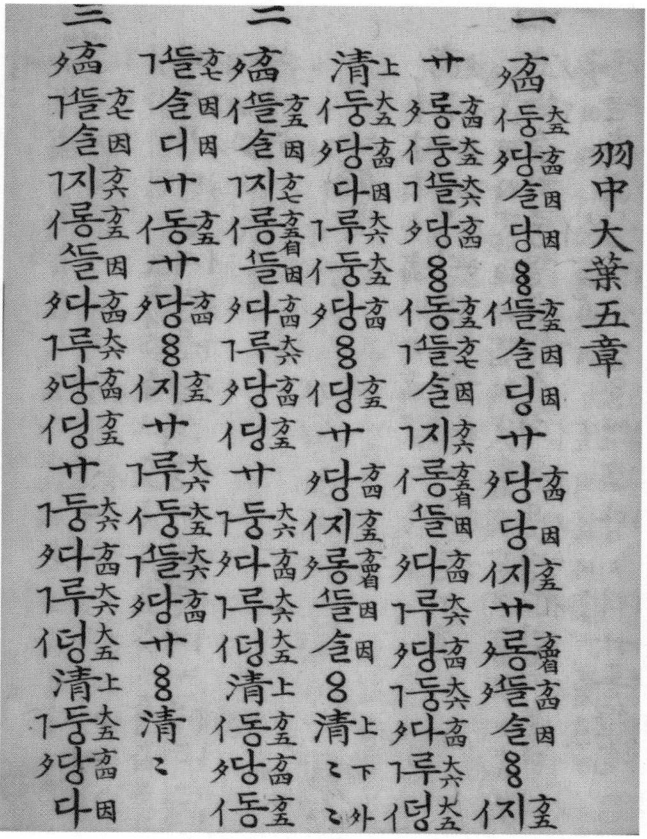
羽中大葉五章
一
二
三

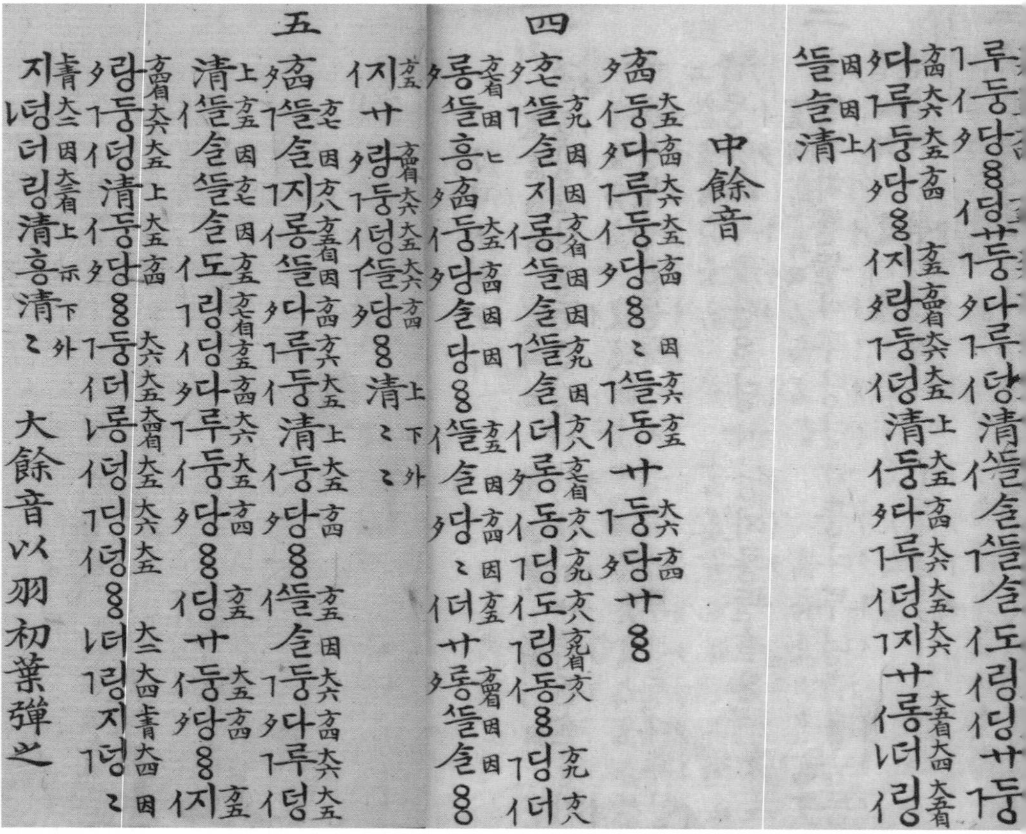
四
中餘音
五
大餘音以羽初葉彈之

우중대엽 5장(羽中大葉五章)

우중대엽

7
井 井
ㄱ루 亻둥 夕당∞∞ 亻딩 ㄱ둥 夕다 ㄱ루 亻덩 淸 亻뜰 슬 ㄱ뜰 슬 亻도 亻링 亻딩 ㄱ둥
大六 大五 方四 方五 大六 方四 大六 大五 上 方五 因 方七 因 方五 方五 方五 大六
8
井
夕다 ㄱ루 亻둥 夕당∞∞ 亻지 夕랑 ㄱ둥 亻덩 淸 亻둥 夕다 ㄱ루 亻덩 ㄱ지 亻롱 ㄴ더 亻링
方四 大六 大五 方四 方五 方四自 大六 大五 上 大五 方四 大六 大五 大六 大五自 大四 大五自
9
뜰 슬 淸
因 因 上
<중여음(中餘音)> (夕方)
10
四 井 井
亻둥 夕다 ㄱ루 亻둥 夕당 ∞∞ 당 ㄱ뜰 亻둥 ㄱ둥 夕당 ∞∞
大五 方四 大六 大五 方四 因 方六 方五 大六 方四
<四> (夕方)
11
七
ㄱ뜰 슬 지 亻롱 뜰 슬 ㄱ뜰 슬 亻더 夕롱 亻둥 ㄱ덩 亻도 ㄱ링 亻둥∞∞ㄱ덩 亻더
方九 因 因 方八自 因 因 方九 因 方八 方七自 方八 方九 方八 方九自 方八 方九 方八
(夕方)
12
四 井
夕롱 뜰 홍 亻둥 夕당 슬 당∞∞ 亻뜰 슬 夕당 당 亻더 夕롱 뜰 슬∞∞
方七自 因 匕 大五 方四 因 因 方五 因 方四 因 方五 方四自 因 因

우중대엽

13
卄
ㅓ지 夕랑 ㄱ둥 ㅓ덩 ㄱ뜰 夕당 ∘∘∘ 淸 淸 淸
方五 方四自 大六 大五 大六 方四 上 下 外
14
<五> (夕方)
四
ㄱ뜰 슬 ㄱ지 뜰 뜰 夕다 ㄱ루 ㅓ둥 淸 ㅓ둥 夕당∘∘∘ ㅓ뜰 슬 ㄱ둥 夕다 ㄱ루 ㅓ덩
方七 因 方八 方五自 因 方四 方六 大五 上 大五 方四 方五 因 大六 方四 大六 大五
15
卄
淸 ㅓ뜰 슬 뜰 슬 ㅓ도 ㄱ링 ㅓ딩 夕다 ㄱ루 ㅓ둥 夕당∘∘∘ ㅓ딩 ㅓ둥 夕당 ∘∘∘ㅓ지
上 方五 因 方七 因 方五 方七自 方五 方四 大六 大五 方四 方五 大五 方四 方五
16
夕랑 ㄱ둥 ㅓ덩 淸 ㅓ둥 夕덩∘∘∘ㄱ둥 ㅓ더 ㄴ롱 ㅓ덩 ㄱ덩 ㅓ덩 ∘∘∘ㄴ더 ㄱ링 지 ㄱ덩 덩
方四自 大六 大五 上 大五 方四 大六 大五 大四自 大五 大六 大五 大二 大四 上靑 大四 因
17
지 ㄴ덩 더 링 淸 흥 淸
上靑 大二 因 大三自 上 示 下 淸外

12) 우초엽(羽初葉)[52] 5장

羽初葉五章

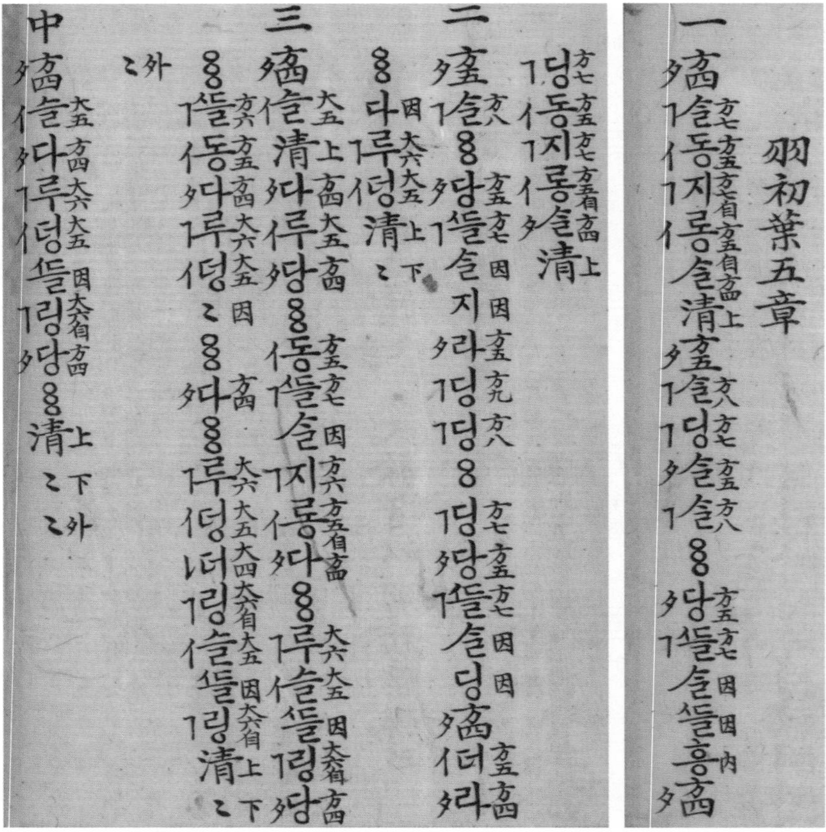

52 우초엽(羽初葉) : 우조 초삭대엽(初數大葉)의 준말.

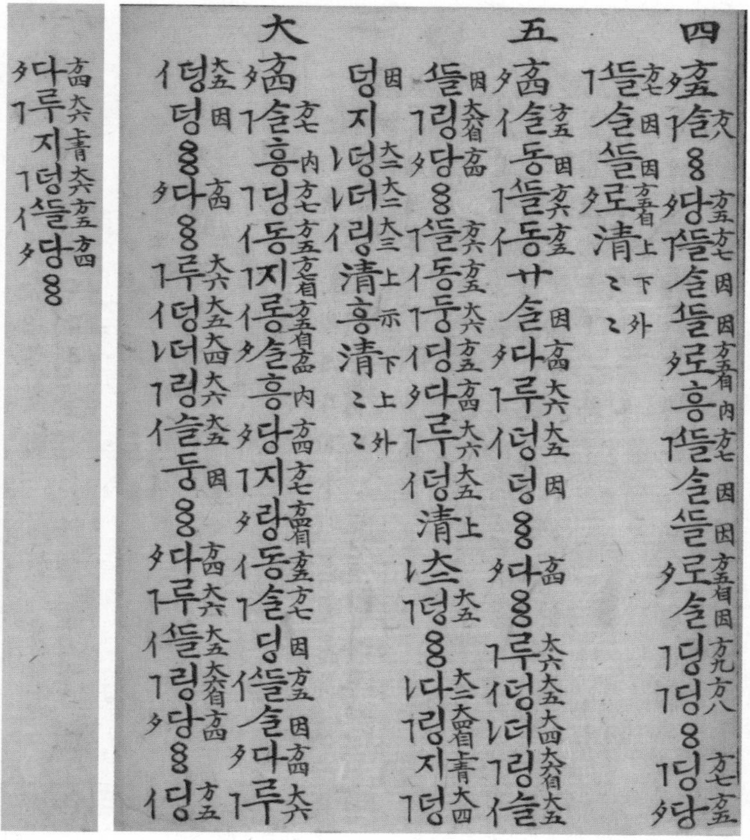

우초엽 5장(羽初葉五章)

<초장>
(4괘)
현행보
살갱 동 뜰
쌀갱 동 흥 中 上 下
<一>
(夕方)
四
유예지
ㄱ슬 亻동 ㄱ지 亻롱 슬 淸
方七 方五 方七自 方五自 方四 上
3
(5괘)
(4괘)
현
살갱 징 다앙 동 살갱 뜰 징 당 뜰
살갱 징 흥 징 뜰 동 뜰
(夕方)
五
(夕方)
四
유
ㄱ슬 ㄱ딩 夕슬 ㄱ슬 ooo 夕당 ㄱ뜰 슬 뜰 흥 ㄱ딩 亻동 ㄱ지 亻롱
方八 方七 方五 方八 方五 方七 因 因 内 方七 方五 方七 方五自
5
<2장>
현
살갱 징 다앙 동 살갱 뜰 징 당 뜰
살갱 지 라 뜰 징 뜰 당 뜰
<二>(夕方)
五
유
夕슬 淸 ㄱ슬 ooo 夕당 ㄱ뜰 슬 지 夕라 ㄱ딩 ㄱ딩oo ㄱ딩 夕당 ㄱ뜰
方四 上 方八 方五 方七 因 因 方五 方九 方八 方七 方五 方七
7
(4괘)
현
살갱 징 흥 지 로살갱 동 당 동 둥 上 中 上 下
(夕方)
四
유
슬 딩 亻더 夕라 ooo 다 ㄱ루 亻덩 淸 淸
因 因 方五 方四 因 大六 大五 上 下

우초엽

9
<3장> (4괘)
현
살갱 징 다앙 동 살갱 뜰 징 당 뜰 살갱 징 홍 징 뜰 동 뜰
<三> (夕方)
四
유
亻슬 淸 夕다 亻루 夕당 ㅇㅇㅇ亻동 ㄱ뜰 슬 ㄱ지 亻롱 夕디ㅇㅇㅇ 루
大五 上 方四 大五 方四 方五 方七 因 方六 方五自 方四 大六
9
삼죽
슬 上 다 루 당 동 뜰
11
현
슬기둥 둥 뜰 다앙뜰 동 뜰 당 둥 동 징 동 당 둥 둥 둥 더 링
유
亻슬 뜰 ㄱ링 夕당ㅇㅇㅇㄱ뜰 亻동 夕다 ㄱ루 亻덩 덩ㅇㅇㅇ 夕다 ㅇㅇㅇ亻루 亻덩 ㄴ더 ㄱ링
大五 因 大六自 方四 方六 方五 方四 大六 大五 因 方四 大六 大五 大四 大六自
13
<중여음(中餘音)>
현
슬기두 옹 뜰 上 中 홍 슬기둥 당 둥 둥 둥 뜰 다앙뜨 루
<中> (夕方)
四
유
亻슬 뜰 링 淸 淸 淸 亻슬 夕다 ㄱ루 亻덩 뜰 ㄱ링 夕당 ㅇㅇㅇ
大五 因 大六自 上 下 外 大五 方四 大六 大五 因 大六自 方四
15
<4장> (5괘)
현
上 홍 중 下 살갱 뜰 징 당 뜰 살갱 징 홍 징 살갱 뜨 라
<四> (夕方)
五
유
淸 淸 淸 ㄱ슬 ㅇㅇㅇ 夕당 ㄱ뜰 슬 뜰 夕로 홍 ㄱ뜰 슬 뜰 夕로
上 下 外 方八 方五 方七 因 因 方五自 內 方七 因 因 方五自

우초엽

우초엽

<대여음(大餘音)> (4패)
현
유
<大> (夕方)
살갱 뜰 홍 징 뜰 동 뜰
살갱 뜰 다 로 징 지 로 당 징 당 동 뜰
方七 內 方七 方五 方七自 方五自 方四 內 方四 方七 方四自 方五
살갱 뜰 도 링 뜰 징 동 등 살갱 징 동 당 등
당 당 등 동 당 등 등 등 더 링
方七 因 方五 因 方四 大六 大五 因 方四 大六 大五 大四 大六
동 징 동 당 등 더 上 덩 도 링
大五 因 方四 大六 大五 大六自 方四 方五 方四 大六 上青大六 方五
다앙 뜰 당
方四

13) 우이엽(羽二葉)[53] 5장

羽二葉五章

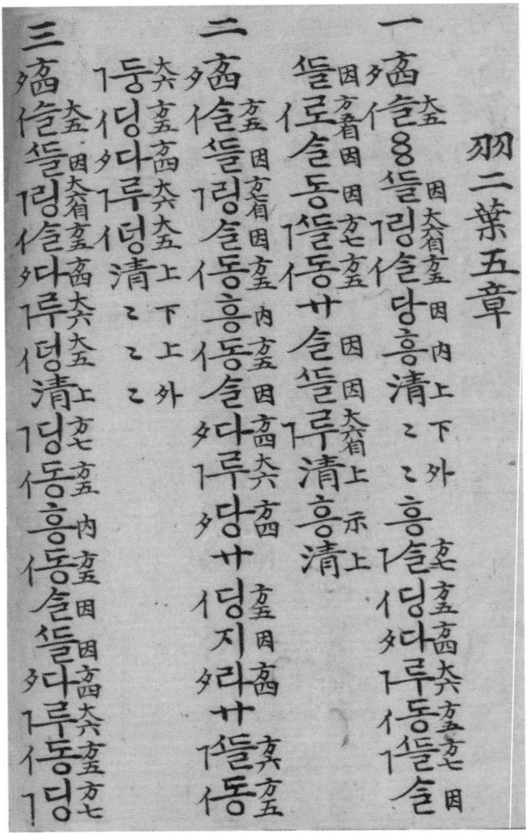

53 우이엽(羽二葉) : 우조 이삭대엽(二數大葉)의 준말.

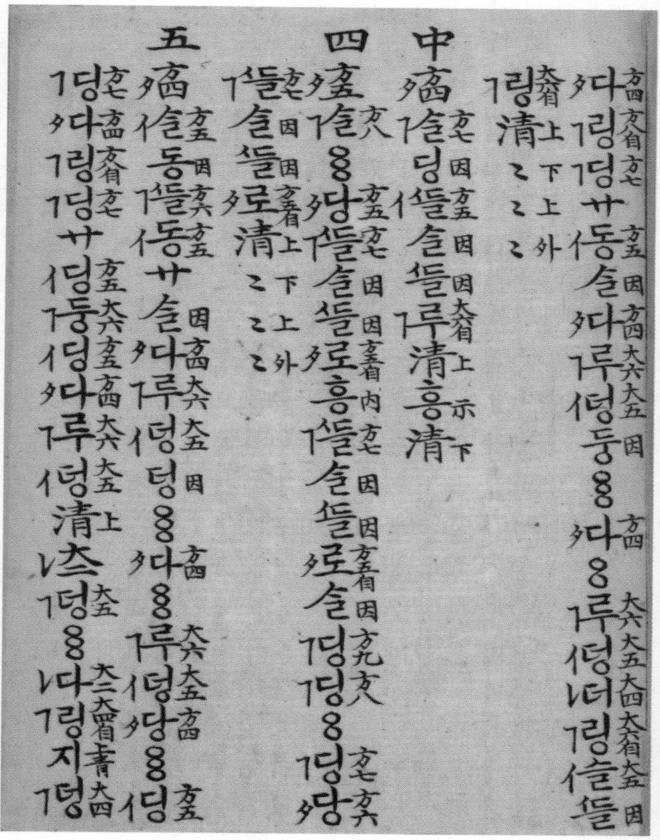
中
四
五

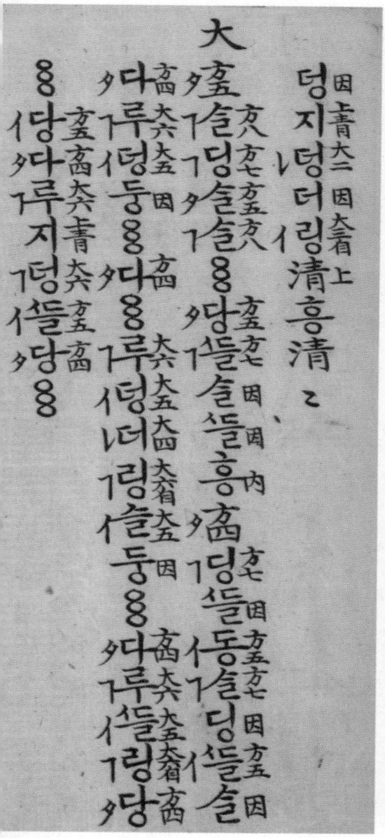
大

우이엽 5장(羽二葉五章)

<초장>
(4괘)
현행보
슬기둥 둥 뜰 살갱 둥 홍 中 上 下
<一>
(夕方)
四
유예지
슬 ooo 뜰 그링 슬 당 홍 淸 淸 홍
淸
大五 因 大六自 方五 因 內 上 下 外
3
현행보
살갱 뜰 당 둥 살갱 뜨 로 살갱 둥 홍 둥 살갱 뜨 루
卄
유예지
그슬 덩 夕다 그루 둥 그뜰 슬 뜰 로 슬 둥 그뜰 둥 슬 뜰 그루
方七 方五 方四 大六 方五 方七 因 因 方五自 因 因 方七 方五 因 因 大六自
5
<2장>
현행보
上 홍 中 살 갱 도 링살갱 둥 홍 둥 슬기둥 다 루
下
<二>
(夕方)
四
유예지
淸 홍 淸 슬 뜰 그링 슬 둥 홍 둥 슬 夕다 그루
上 示 上 方五 因 方七自 因 方五 內 方五 因 方四 大六
7
현행보
다앙 둥 上 도 랑 뜰 둥 둥 둥 당 둥 둥 上 中 上
下
卄
卄
유예지
夕당 덩 지 夕라 그뜰 둥 그둥 덩 夕다 그루 덩 淸 淸 淸
淸
方四 方五 因 方四 方六 方五 大六 方五 方四 大六 大五 上 下 上 外

9 <3장> (4폐)
현행보
슬기둥 둥 둥 홍 동 살갱 도 링 살갱 동 홍 동 슬 기 둥 당 둥
<三> (夕方)
四
유예지
大五 因 大六自 方五 方四 大六 大五 上 方七 方五 内 方五 因 因 方四 大六
11
현행보
다앙 동 上 도 라 살갱 당 둥 둥 上 둥 당 둥 둥 둥 더 링
유예지
方五 方七 方四 方八自 方七 方五 因 方四 大六 大五 因 方四 大六 大五 大四 大六自
13 <중여음(中餘音)>
현행보
슬기두 응 뜰 上 中 둥 당 뜰 동 당 둥 둥 上 뜰 동 뜨 루
<夕方>
四
유예지
清 清 清 清
大五 因 大六自 上 下 上 外 方七 因 方五 因 因 大六自
15 <4장>
현행보
上 흥 中 下
유예지
清 흥 清
上 示 下

우이엽

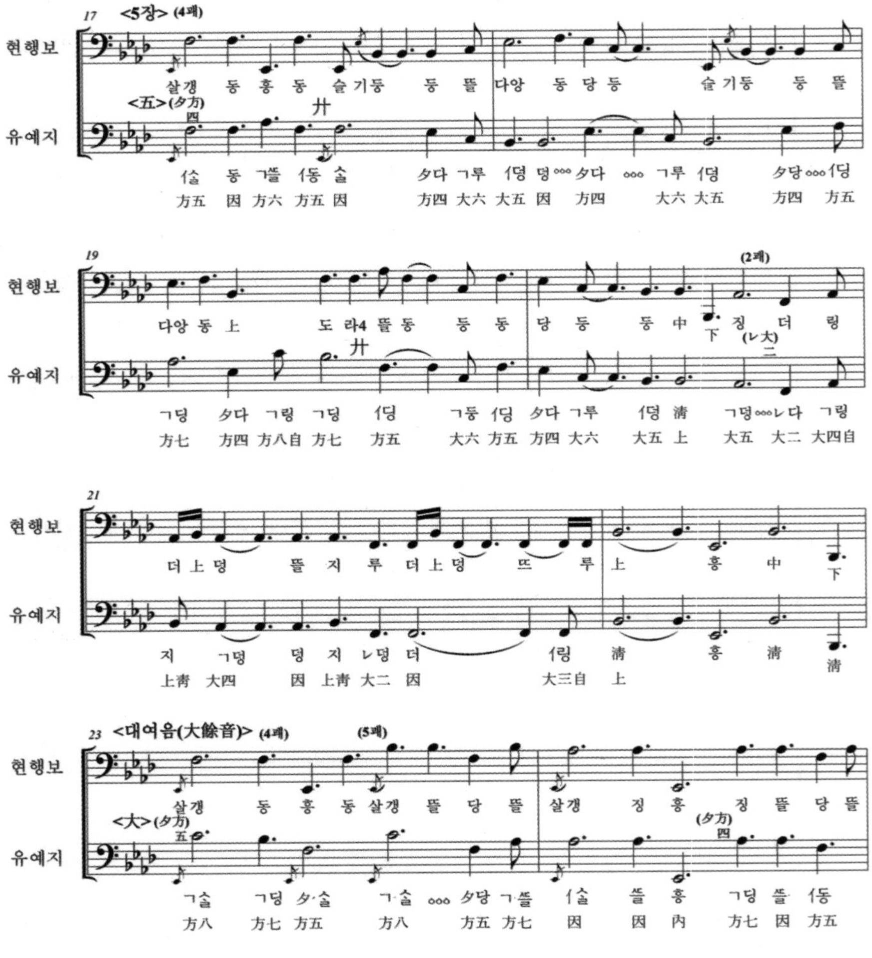
17 <5장> (4패)
현행보
살갱 동 홍 동 슬기둥 둥 뜰 다앙 동 당 둥 슬기둥 둥 뜰
<五> (夕方)
四
卄
유예지
亻슬 동 ㄱ뜰 亻동 슬 夕다 ㄱ루 亻덩 덩ㅇㅇㅇ 夕다 ㅇㅇㅇ ㄱ루 亻덩 夕당ㅇㅇㅇ 亻딩
方五 因 方六 方五 因 方四 大六 大五 因 方四 大六 大五 方四 方五
19
(2패)
현행보
다앙 동 上 도 라4 뜰 동 둥 동 당 둥 둥 中 징 더 링
下 (ㄴ大)
卄
二
유예지
ㄱ덩 夕다 ㄱ링 ㄱ덩 亻덩 ㄱ둥 亻딩 夕다 ㄱ루 亻덩 淸 ㄱ덩ㅇㅇㅇㄴ다 ㄱ링
方七 方四 方八自 方七 方五 大六 方五 方四 大六 大五 上 大五 大二 大四自
21
현행보
더 上 덩 뜰 지 루 더 上 덩 뜨 루 上 홍 中
下
유예지
지 ㄱ덩 덩 지 ㄴ덩 더 亻링 淸 홍 淸
淸
上靑 大四 因 上靑 大二 因 大三自 上
23 <대여음(大餘音)> (4패) (5패)
현행보
살갱 동 홍 동 살갱 뜰 당 뜰 살갱 징 홍 징 뜰 당 뜰
<大> (夕方)
五
(夕方)
四
유예지
ㄱ슬 ㄱ딩 夕슬 ㄱ슬 ㅇㅇㅇ 夕당 ㄱ뜰 亻슬 뜰 홍 ㄱ딩 뜰 亻동
方八 方七 方五 方八 方五 方七 因 因 內 方七 因 方五

우이엽

25
(4괘)
현행보
살갱 中 징 뜰 살갱 당 둥 둥 上 둥 당 둥 둥 둥 더 렁
유예지
ㄱ슬 딩 亻뜰 슬 夕다 ㄱ루 亻덩 둥 ∘∘∘ 夕다 ∘∘∘ ㄱ루 亻덩 ㄴ더 ㄱ렁
方七 因 方五 因 方四 大六 大五 因 方四 大六 大五 大四 大六自
27
현행보
슬기두 웅 청 둥 뜰 당 둥 동 당 둥 동 징 동 당 둥 더 上 덩 동
유예지
亻슬 둥 ∘∘∘ 夕다 ㄱ루 亻뜰 ㄱ렁 夕당∘∘∘ 亻당 夕다 ㄱ루 지 ㄱ덩 亻뜰
大五 因 方四 大六 大五 大六自 方四 方五 方四 大六 上青 大六 方五
29
현행보
다앙 뜰 당
유예지
夕당 ∘∘∘
方四

14) 우삼엽(羽三葉)[54] 1장

羽三葉初章

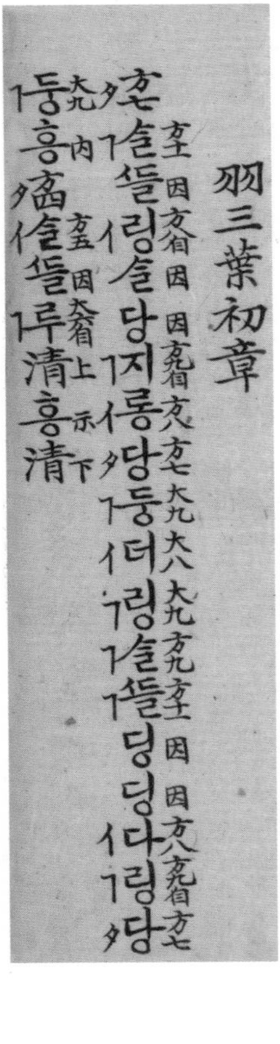

54 우삼엽(羽三葉) : 우조 삼삭대엽(三數大葉)의 준말.

우삼엽 초장(羽三葉初章)

현행보
유예지
(7괘)
싸랭 뜰 징 징 도 라 둥 둥 당
(夕方)
七
ㄱ슬 뜰 ㅓ링 슬 당 ㄱ지 덩 夕당 ㄱ둥 ㅓ더 ㄱ링
方十一 因 方八自 因 因 方九自 方八 方七 大九 大八 大九
싸 랭 싸 랭 징 싸 랭 뜰 징 징 뜰 도 링 당 당 뜰 둥 당 지 라 드 루 슬 기 둥 뜨 루
(夕方)
四
ㄱ슬 ㄱ뜰 딩 딩 ㅓ다 ㄱ링 夕당 ㄱ둥 홍 ㅓ슬 뜰 ㄱ루
方九 方十一 因 因 方八 方九自 方七 大九 內 方五 因 大六自
上 홍 中 下
淸 홍 淸
上 示 下

15) 계중대엽(界中大葉)[55] 5장

界中大葉五章

【대여음은 계초엽(界初葉)의 대여음을 연주한다.】

【大餘音, 以界初葉彈之.】

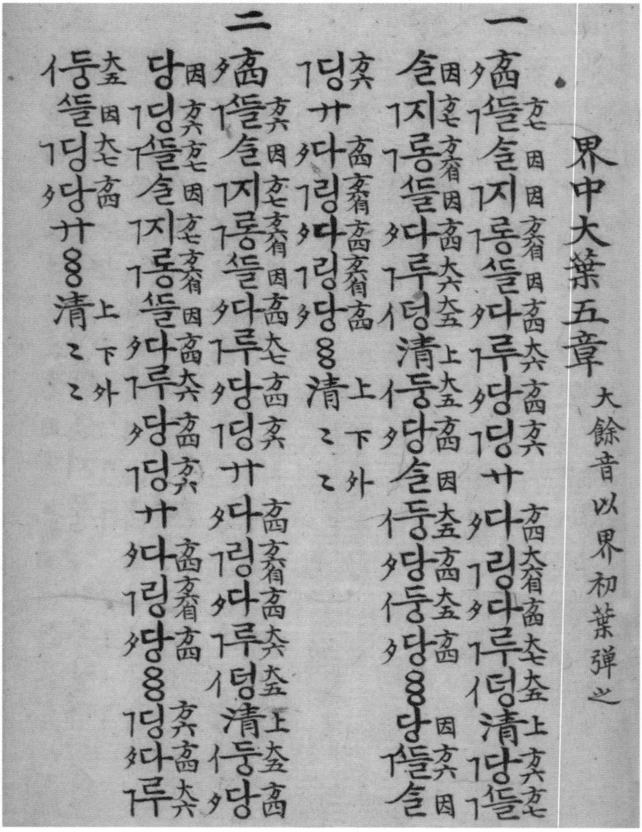

55 계중대엽(界中大葉) : 계면조(界面調) 중대엽(中大葉)의 준말.

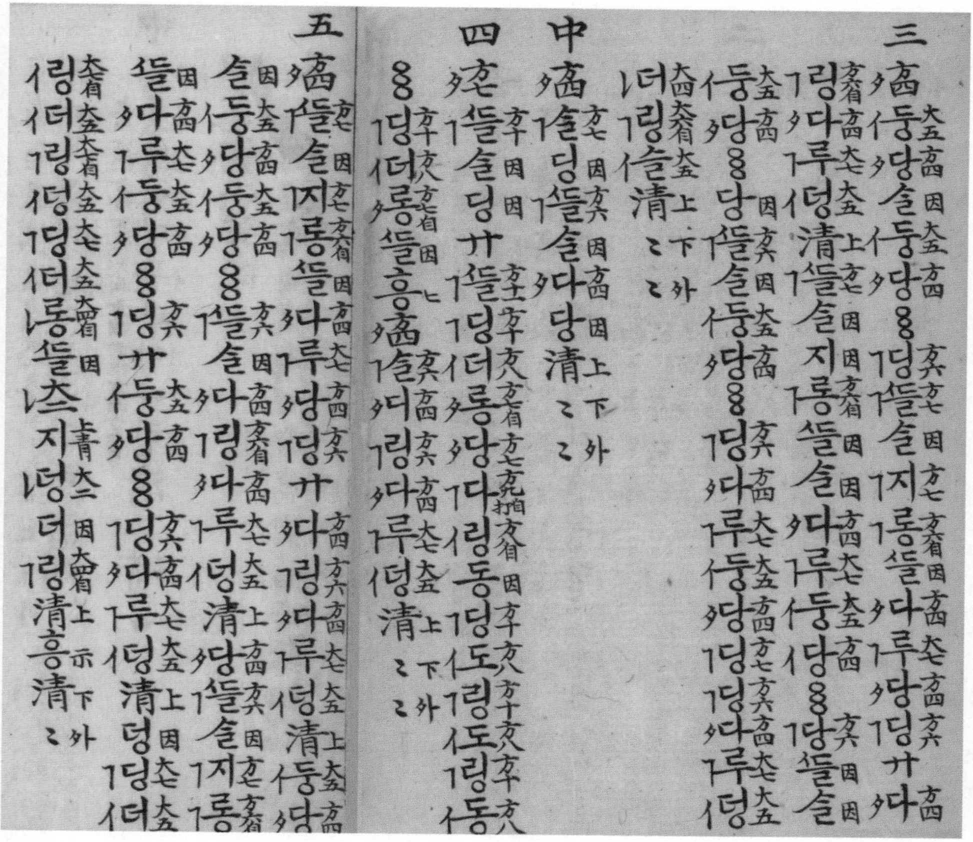
五
四
中
三

계중대엽 5장(界中大葉五章)

계중대엽

<三> (夕方)
7
四
廾
ㅓ둥 夕당 슬 ㅓ둥 夕당ooo ㄱ딩 -뜰 슬 ㄱ지 ㄱ롱 뜰 夕다 ㄱ루 夕당 ㄱ딩 夕다
大五 方四 因 大五 方四 方六 方七 因 方七 方六自 因 方四 大七 方四 方六 方四
8
ㄱ링 夕다 ㄱ루 ㅓ덩 清 ㄱ뜰 슬 지 ㄱ롱 뜰 슬 夕다 ㄱ루 ㅓ둥 ㅓ당ooo ㄱ당 뜰 슬
方六自 方四 大七 大五 上 方七 因 因 方六自 因 因 方四 大七 大五 方四 方六 因 因
9
ㅓ둥 夕당ooo 당 -뜰 슬 ㅓ둥 夕당ooo ㄱ딩 夕다 ㄱ루 ㅓ둥 夕당 ㄱ딩 ㄱ딩 夕다 ㄱ루 ㅓ덩
大五 方四 因 方六 因 大五 方四 方六 方四 大七 大五 方四 方七 方六 方四 大七 大五
10
ㄴ더 ㄱ링 ㅓ슬 清 清 清外
大四 大六自 大五 上 下
<中> (夕方)
11
四
ㄱ슬 딩 ㄱ뜰 슬 夕다 당 清 清 清外
方七 因 方六 因 方四 因 上 下
<四> (夕方)
12
七
廾
ㄱ뜰 슬 딩 ㄱ뜰 ㄱ딩 ㅓ더 夕롱 夕당 ㄱ다 ㅓ링 동 ㄱ딩 ㅓ도 ㄱ링 ㅓ도 ㄱ링 ㅓ동ooo
方十 因 因 方十一 方十 方八 方七自 方七 方九打自 方八自 因 方十 方八 方十 方八 方十 方八

계중대엽

13
(夕方)
四
ㄱ당 亻더 夕롱 뜰 홍 ㄱ슬 夕디 ㄱ링 夕다 ㄱ루 亻덩 淸 淸 淸
方十 方八 方七自 因 匕 方六 方四 方六 方四 大七 大五 上 下 外
<五> (夕方)
四
14
卄
ㄱ뜰 슬 ㄱ지 ㄱ롱 뜰 夕다 ㄱ루 夕당 ㄱ당 夕다 ㄱ링 夕다 ㄱ루 亻덩 淸 亻둥 夕당
方七 因 方七 方六自 因 方四 大七 方四 方六 方四 方六 方四 大七 大五 上 大五 方四
15
슬 亻둥 夕당 亻둥 夕당 ∘∘∘ㄱ뜰 슬 夕다 ㄱ링 ㄱ다ㄱ루 亻덩 淸 夕당 ㄱ뜰 슬 ㄱ지 ㄱ롱
因 大五 方四 大五 方四 方六 因 方四方六自 方四大七 大五 上 方四 方六 因 方七 方六自
16
卄
뜰 夕다 ㄱ루 亻둥 夕당 ∘∘∘ㄱ당 亻둥 夕당 ∘∘∘ ㄱ당 夕다 ㄱ루亻덩 淸 덩 ㄱ당 亻더
因 方四 大七 大五 方四 方六 大五 方四 方六 方四 大七 大五 上 因 大七 大五
17
(ㄴ大)
二
亻링 亻더 ㄱ링 亻덩 ㄱ당 亻더 ㄴ롱 뜰 지 ㄴ덩 더 ㄱ링 淸 홍 淸 淸
大七自 大五 大七自 大五 大七 大五 大四自 因 上靑 大二 因 大四自 上 示 下 外

16) 계초엽(界初葉)[56] 5장

界初葉五章

1장

2장

3장

4장과 2장은 서로 같다.

四章與二章同.

5장

56 계초엽(界初葉) : 계면조 초삭대엽(初數大葉)의 준말.

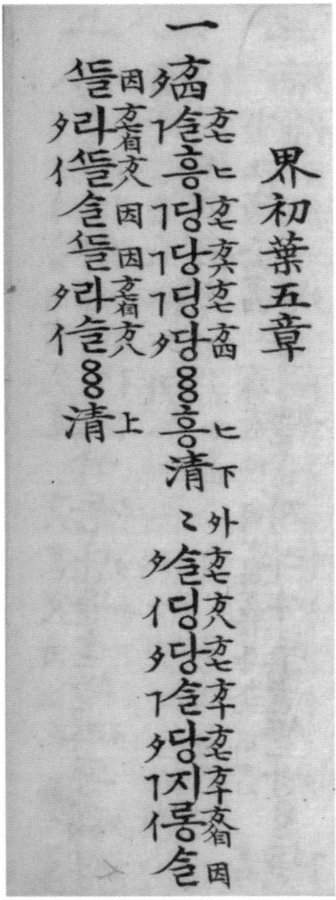
界初葉五章

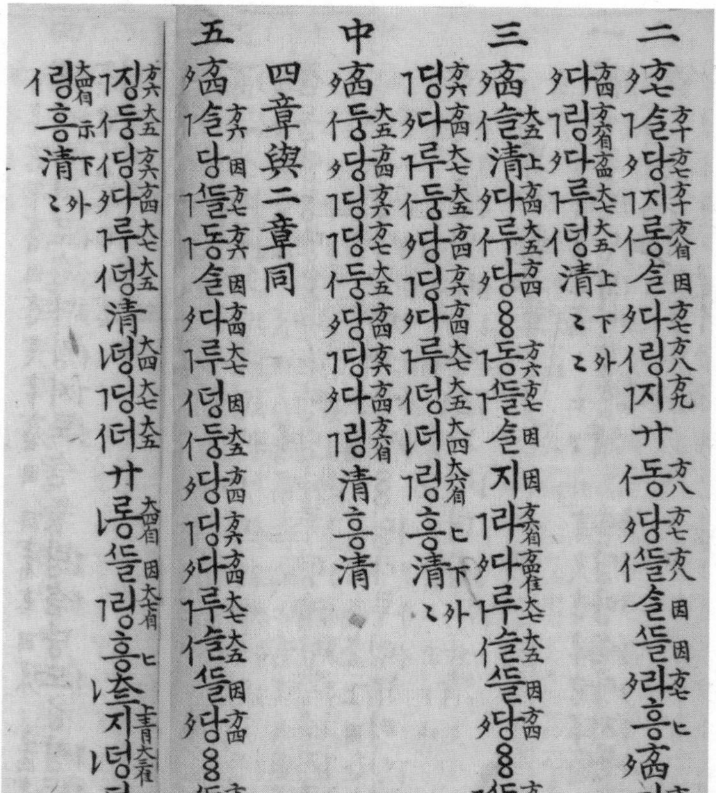
二
三
中
四章與二章同
五

계초엽 5장(界初葉五章)

<초장>
(4괘)
현행보
살갱 징 뜰 살갱 징 홍 中 上 下
(夕方) 四
<一>
유예지
ㄱ슬 홍 ㄱ딩 ㄱ당 ㄱ딩 夕당 ○○○ 홍 淸 淸
方七 匕 方七 方六 方七 方四 匕 下 外
3
(7괘)
현행보
살갱 동 홍 다 로살갱 뜰 다 링 뜰 살갱 뜰 다 로 징 뜰 뜰살갱 도 라 동 징
(夕方) 七
유예지
夕슬 ㅓ딩 夕당 ㄱ슬 夕당 ㄱ지 ㅓ뜰 슬 뜰 夕라 ㅓ뜰 슬 뜰 夕라
方七 方八 方七 方十 方七 方十 方八自 因 因 方七自 方八 因 因 方七自
5
<2장>
현행보
슬기둥 뜰 징 당 두 다 로살갱 뜰 다 링 뜰 살갱 뜰 다 로 지이이잉 동 뜰 다 로
<二> (夕方) 七
井
유예지
ㅓ슬 ○○○ 淸 ㄱ슬 夕당 ㄱ지 ㅓ뜰 슬 夕다 ㅓ링 ㄱ지 ㅓ동 夕당 ㅓ뜰
方八 上 方十 方七 方十 方八自 因 方七 方八 方九 方八 方七 方八
7
(4괘)
현행보
살갱 도 라 홍 징 징싸랭 당 징 다 루 둥 上 中 上 下
(夕方) 四
유예지
슬 뜰 夕라 홍 ㄱ딩 夕다 ㄱ링 夕다 ㄱ루 ㅓ덩 淸 淸 淸
因 因 方七 匕 方六 方四 方六自 方四 大七 大五 上 下 外

9 <3장>
현행보
살갱 징 홍 당 슬기둥 둥 당 두 당 징 다 루 둥 둥 당
<三> (夕力)
四
유예지
亻슬 清 夕다 亻루 夕당 ০০০ ㄱ동 뜰 슬 지 ㄱ라 夕다 ㄱ루
大五 上 方四 大五 方四 方六 方七 因 因 方六自 方四隹 大七
11
현행보
슬기둥 둥 뜰 다앙 징 징 징 당 징 뜨 라 징 다 루 둥 둥 당
유예지
亻슬 뜰 夕당০০০ ㄱ뜰 ㄱ딩 夕다 ㄱ루 亻둥 夕당 ㄱ딩 夕다 ㄱ루 亻덩 ㄴ더 ㄱ링
大五 因 方四 方七 方六 方四 方七 大五 方四 方六 方四 大七 大五 大四 大六自
13 <중여음(中餘音)>
현행보
슬기두 웅 뜰 上 中 당 둥 덩 두 당 징 징 징 당 뜰 둥 두 당 뜰살갱 지 링
<中> (夕力)
四
유예지
홍 清 清 亻둥 夕당 ㄱ딩 ㄱ딩 亻둥 夕당 ㄱ딩 夕다 ㄱ링
匕 下 外 大五 方四 方六 方七 大五 方四 方六 方四 方六自
15 <4장> (7패)
현행보
上 홍 中 下
유예지
清 홍 清

계초엽

17
<5장>
현행보
살갱 뜰 홍 징 살갱 둥 당 두 당 징 다 루 둥 둥 당
<五>(夕方)
四
유예지
ㄱ슬 당 ㄱ뜰 ㄱ동 슬 夕다 ㄱ루 亻덩 亻둥 夕당 ㄱ덩 夕다 ㄱ루
方六 因 方七 方六 因 方四 大七 因 大五 方四 方六 方四 大七
19
현행보
슬기두 웅 둥 뜰 다앙 뜰 징 두 징 다 루 둥 中 덩 징大
下
유예지
亻슬 뜰 夕당 ㄱ뜰 ㄱ징 亻둥 亻덩 夕다 ㄱ루 亻덩 清 ㄴ덩 ㄱ덩
大五 因 方四 方七 方六 大五 方六 方四 大七 大五 大四 大七
21
(3폐)
현행보
두 러 뜰 홍더엉 더 上 덩 더 루 上 홍 中 上
下
卄
(ㄴ大)
三
유예지
亻더 ㄴ롱 뜰 ㄱ링 홍 지 ㄴ덩 더 亻링 홍 清
清
大五 大四自 因 大七自 匕 上青 大三隹 因 大四自 示 下 外

17) 계이엽(界二葉)[57]

界二葉

【계이엽(界二葉)은 초장, 2장 및 4장에 또한 다음과 같이 조금 다른 지법이 있다. 그러므로 3장으로 조리를 삼는다.】

【界二葉, 初·二章及四章又有他指, 故條立三章.】

57 계이엽(界二葉) : 전통 성악곡인 가곡의 하나. 현행 가곡의 계면조(界面調) 이수대엽(二數大葉)을 줄인 말이다. 일명 둘째치라고도 한다.

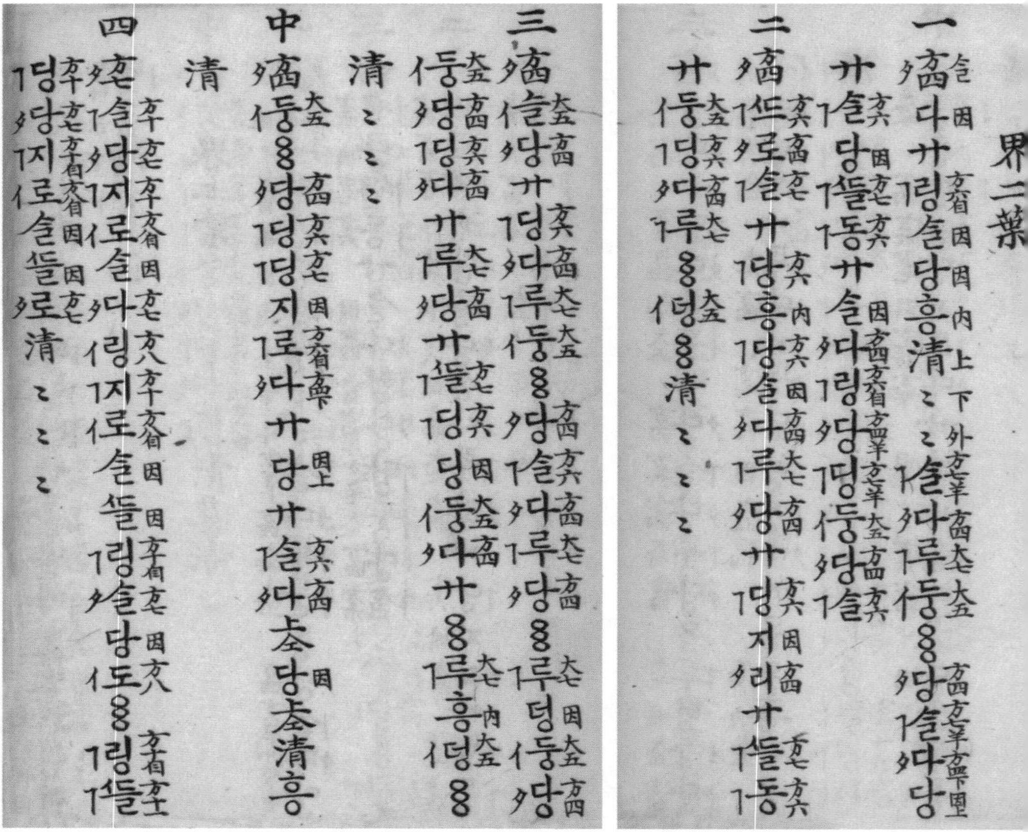
界二葉
一
二
三
中
四

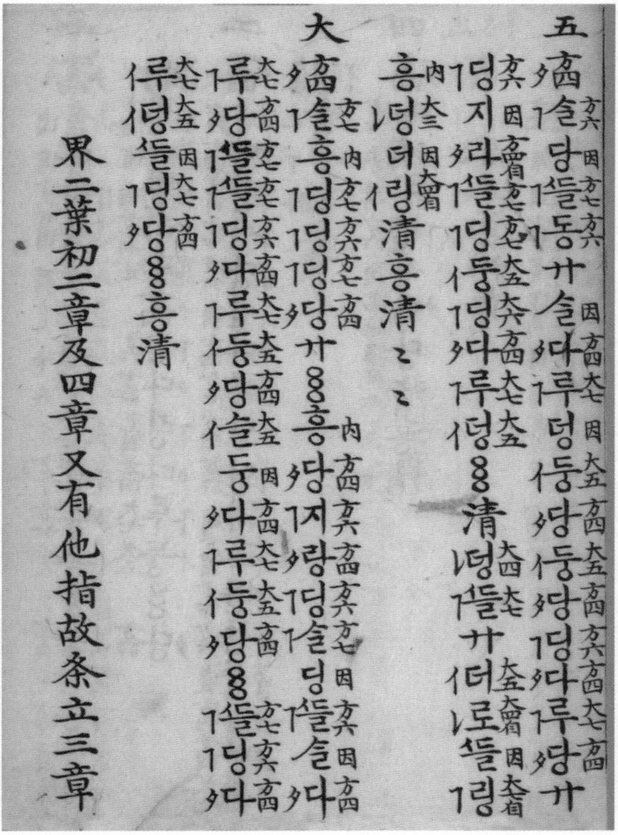
界二葉初二章及四章又有他指故条立三章

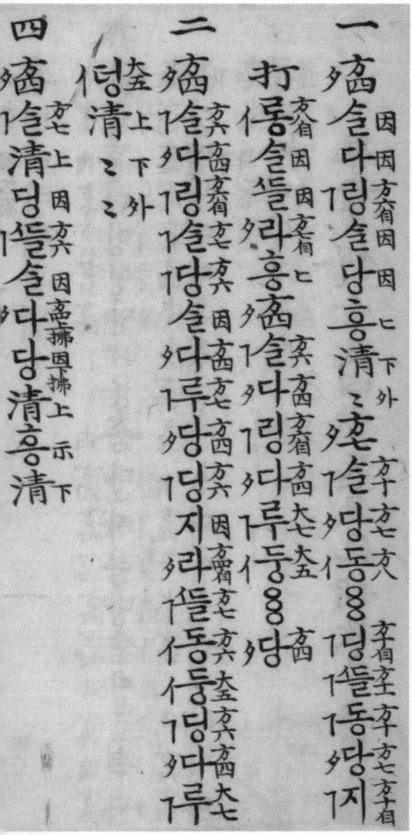

계이엽(界二葉)

<초장>
(4패)
현행보
슬 기둥 둥 당 살갱 징 흥 中 上 下
<一>
(夕方)
四
井
유예지
夕슬 다 ㄱ링 슬 당 흥 清 清 清
方四 因 方六自 因 因 內 上 下 外
3
현행보
살갱 징 흥 징 살갱 뜨 라 살갱 징 흥 징 살갱 지 링
井
井
유예지
ㄱ슬 夕다 ㄱ루 亻둥◦◦◦ 夕당 ㄱ슬 夕다 당 ㄱ슬 당 ㄱ뜰 ㄱ동 슬 夕다 ㄱ링
方七羊 方四 大七 大五 方四 方七羊 方四下 因上 方六 因 方七 方六 因 方四 方六自
5
<2장>
현행보
上 흥 中 下 살갱 뜰 징 뜰 살갱 징 흥 당 슬 기둥 덩 두 당
<二>
(夕方)
四
井
유예지
夕당 ㄱ딩 亻둥 夕당 ㄱ슬 ㄱ쓰 夕로 ㄱ슬 ㄱ당 흥 ㄱ당 슬 夕다 ㄱ루
方四羊 方七羊 大五 方四 方六 方六 方四 方七 方六 內 方六 因 方四 大七
7
현행보
살갱 上 지이 라아 뜰 징 두 징 다 루 둥 上 中 上 下
井
井
井
유예지
夕당 ㄱ딩 지 夕리 ㄱ뜰 ㄱ동 亻둥 ㄱ딩 夕다 ㄱ루 ◦◦◦ 亻덩◦◦◦ 清 清 清 清
方四 方六 因 方四 方七 方六 大五 方六 方四 大七 大五

<3장> (4괘)
현행보
살갱 징 홍 징 살갱 둥 당 살갱 징 홍 징 살갱 다 루
<三> (夕方)
유예지
大五 方四 方六 方四 大七 大五 方四 方六 方四 大七 方四 大七 因 大五
현행보
다앙 징 上 지이 라아살 갱 다 루 둥 上 두 징 다 루 둥 둥 당
유예지
方四 大五 方四 方六 方四 大七 方四 方七 方六 因 大五 方四 大七
<중여음(中餘音)>
현행보
슬기두옹 뜰 上 中 당 둥 덩 두 당 징 징 징 당 뜰 둥 두 당 뜰살갱 지 링
<中> (夕方)
유예지
홍 清 清 清 清
內 大五 大五 方四 方六 方七 因方六自 方四下 因上 方六 方四 因
<4장> (7괘)
현행보
上 홍 中 살 갱 뜰 다 링 뜰 살갱 뜰 다 로 징 징 뜰 살갱 도 라 동 징
<四> (夕方)
유예지
清 홍 清
方十 方七 方十 方八自 因 方七 方八 方十 方八自 因 因 方十自

계이엽

17
현행보
슬기둥 뜰 둥 당 도 오 라 아 뜰 징 뜰 다 랭 뜰 살갱 도 라 上 中 上 下
유예지
夕슬 당 亻도 ∞∞ ㄱ링 ㄱ뜰 ㄱ딩 夕당 ㄱ지 亻로 슬 뜰 夕로 淸 淸 淸 淸
方七 因 方八 方十自 方土 方十 方七 方十自 方八自 因 因 方七
19 <5장> (4패)
현행보
살갱 징 흥 당 살갱 둥 당 살갱 징 흥 징 살갱 다 루
<五> (夕方)
유예지
ㄱ슬 당 ㄱ뜰 ㄱ동 슬 夕다 ㄱ루 덩 亻둥 夕당 亻둥 夕당 ㄱ딩 夕다 ㄱ루
方六 因 方七 方六 因 方四 大七 因 大五 方四 大五 方四 方六 方四 大七
21
현행보
다앙 징 뜰 ㅈ징 징 살갱 두 징 다 루 둥 中 下 덩4 징大
유예지
夕당 ㄱ딩 지 夕라 ㄱ뜰 ㄱ딩 亻둥 ㄱ딩 夕다 ㄱ루 亻덩 ∞∞ 淸 ㄴ덩 ㄱ뜰
方四 方六 因 方四自 方七 方七 大五 大六 方四 大七 大五 大四 大七
23 (3패)
현행보
두 더4 뜰 흥 더엉 더 上 덩 더 루 上 흥 中 上 下
유예지
亻더 ㄴ로 뜰 ㄱ링 흥 ㄴ덩 더 亻링 淸 흥 淸 淸 淸
大五 大四自 因 大七自 內 大三 因 大四自

25
<대여음(大餘音)> (4패)
현행보
살갱 당 흥 당 살갱 다 링 살갱 징 흥 징 살갱 다 루
<大> (夕方)
四
廾
유예지
ㄱ슬 흥 ㄱ딩 ㄱ딩 ㄱ딩 夕당 ㅇㅇㅇ 흥 夕당 ㄱ지 夕랑 ㄱ딩
方七 內 方七 方六 方七 方四 內 方四 方六 方四 方六
27
현행보
다앙 둥 둥 당 살갱 다 루 둥 上 다 루 둥 둥 당
유예지
ㄱ슬 딩 ㄱ뜰 슬 夕다 ㄱ루 夕당 ㄱ뜰 ㄱ뜰 ㄱ딩 夕다 ㄱ루 亻둥 夕당
方七 因 方六 因 方四 大七 方四 方七 方七 方六 方四 大七 大五 方四
29
현행보
슬기두 웅 中 둥 당 둥 당 징 둥 당 살갱 뜰 다 루 둥 뜰 징 大
유예지
亻슬 둥 夕다 ㄱ루 亻둥 夕당 ㅇㅇㅇ ㄱ뜰 ㄱ딩 夕다 亻루 亻덩 뜰 ㄱ딩
大五 因 方四 大七 大五 方四 方七 方六 方四 大七 大五 因 大七
31
현행보
다앙 뜰 당
유예지
夕당 ㅇㅇㅇ 흥 淸
方四

계이엽

<一> (夕方) 四
33
유예지
슬 다 ㄱ링 슬 당 흥 清 =
因 因 方六自 因 因 匕 下 外
(夕方) 七
35
(夕方) 四
ㄱ슬 夕당 亻동∞ ㄱ딩 ㄱ뜰 ㄱ동 夕당ㄱ지 打 僢 슬 뜰 夕라 흥 ㄱ슬 夕다 ㄱ링
方十 方七 方八 方十自 方土 方十 方七方十自 方八自 因 因 方七自 匕 方六 方四 方六自
<二> (夕方) 四
37
夕다 ㄱ루 亻둥∞ 夕당 ㄱ슬 夕다 ㄱ링 ㄱ슬 ㄱ당 슬 夕다 ㄱ루
方四 方七 大五 方四 方六 方四 方六自 方七 方六 因 方四 方七
39
夕당 ㄱ딩 지 夕라 ㄱ뜰 亻동 亻둥 ㄱ딩 夕다 ㄱ루 亻덩 清 清 清
方四 方六 因 方四自 方七 方六 大五 方六 方四 大七 大五 上 下 外
<四> (夕方) 四
41
ㄱ슬 清 딩 ㄱ뜰 슬 夕다 당
方七 上 因 方六 因 方四上拂 因下拂
43
清 흥 清
上 示 下

18) 계삼엽(界三葉)[58] 초장

界三葉初章

1장

【2장 아래부터는 원롱(元弄)[59] 2장 이하와 같다.

【自二章以下與元弄二章以下同.

만약 엇계락(엇界樂)[60]을 연주한다면 이때도 이 초장을 연주하고 2장 이하는 원롱과 같이 한다.】

若彈'엇'界樂則亦以此初章彈之, 二章以下元弄同.】

58 계삼엽(界三葉) : 계면조 삼삭대엽(三數大葉)의 준말.

59 원롱(元弄) : 전통 성악곡인 가곡의 하나. 원롱(原弄). 처음을 평성(平聲)으로 내는 농(弄), 즉 평롱(平弄)을 달리 이르는 말이다. 따라서 처음을 높이 질러 내는 언롱(言弄)과 대비된다.

60 엇계락(엇界樂) : 전통 성악곡인 가곡의 하나. 현행 가곡의 언롱(言弄)에 해당한다.

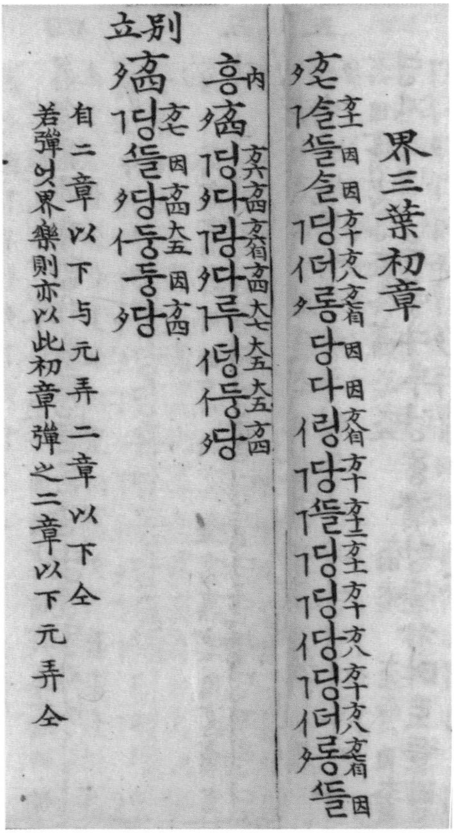

界三葉初章

別立

自二章以下与元弄二章以下仝

若彈엇界樂則亦以此初章彈之二章以下元弄仝

계삼엽 초장(界三葉初章)

현행보
유예지
(7괘)
싸랭 뜰 징 징 도 라 싸랭 당 동
(夕方)
七
ㄱ슬 뜰 슬 ㄱ딩 ㅓ더 夕롱 당 다 ㅓ링
方十一 因 因 方十 方八 方七自 因 因 方八自
싸랭싸랭뜰 징징뜰징지라징 뜰 도 라 둥뜰다로징 뜰도라살갱 뜨 로
ㄱ당 ㄱ뜰 ㄱ딩 ㄱ딩 ㅓ당 ㄱ딩 ㅓ더 夕롱 뜰 홍 ㄱ딩 夕다 ㄱ랑 夕다 ㄱ루
方十 方十二 方十一 方十 方八 方十 方八 方七自 因 内 方六 方四 方六自 方四 大七
(夕方)
四
<別立>
ㄱ딩 뜰 夕당
方七 因 方四
上 홍 中 下
ㅓ덩 ㅓ둥 夕당
大五 大五 方四
ㅓ둥 둥 당
大五 因 方四

19) 농엽(弄葉)[61] 5장

弄葉五章

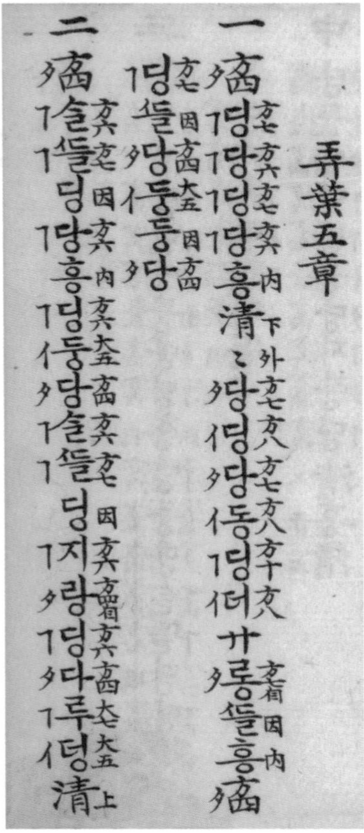

61 농엽(弄葉) : 현행 가곡의 평롱(平弄)에 해당한다. 평롱은 '엇' 형태를 가진 언롱(言弄)이 파생한 뒤, 낮은 농이라는 뜻에서 평롱이라고 한다.

三 中 四 五 大

清下 ㄹ外

夕㑲 亻둥汰 8 夕당㑲 ㄱ딩㳞 딩㳝 亻둥汰 夕당㑲 ㄱ딩㳞 흥內 ㄱ딩㳞 亻둥汰 夕당㑲 ㄱ슬㳞 ㄱ뜰㳝 딩因 ㄱ딩㳞 뜰因 夕당㳞

8 ㄱ딩㳞 夕다㑲 ㄱ루汰 亻덩汰 ㄱ뜰汰 亻덩汰 뜰因 흥內

夕당㑲 亻둥汰 夕당㑲 ㄱ딩㳞 ㄱ딩㳝 亻둥汰 夕당㑲 ㄱ지㳞 夕랑㳞 ㄱ당㳞 清上 흥汰 清上

夕㳝 ㄱ슬㳞 뜰因 亻더㳞 夕라㳞 亻동㳞 ㄱ지㳞 亻로㳞 동因 ㄱ뜰㳞 슬因 뜰因 夕당㳝 뜰因 亻동㳞 ㄱ지㳞 亻로㳞 덩因 더因

夕라㳞 清上 ㄹ下 ㄹ外

夕당㑲 8 ㄱ딩㳞 夕다㑲 ㄱ링㳞 ㄱ딩㳝 뜰因 딩因 ㄱ당㳞 흥內 ㄱ딩㳞 亻둥汰 夕당㑲 ㄱ슬㳞 ㄱ뜰㳝 딩因 ㄱ지㳞 夕랑㳞 ㄱ딩㳞

夕다㑲 ㄱ루汰 亻덩汰 清 亻덩㑲 ㄱ딩汰 亻더汰 亻롱㳞 卄 뜰 흥內 亻덩汰 더 亻덩㳞 清上 흥汰 清下 ㄹ外

夕㑲 亻둥汰 8 夕당㑲 ㄱ딩㳞 ㄱ딩㳝 亻둥汰 夕당㑲 ㄱ딩㳞 흥內 ㄱ딩㳞 亻둥汰 夕당㑲 ㄱ슬㳞 ㄱ뜰㳝 딩因 ㄱ딩㳞 뜰因 夕당㑲

8 ㄱ딩㳞 夕다㑲 ㄱ루汰 亻덩汰 ㄱ뜰汰 亻덩汰 뜰因 흥內 亻덩汰 뜰因 夕당㑲 8 ㄱ딩㳞 夕다㑲 亻루汰 亻덩汰 뜰因 ㄱ당㳝

夕당㑲 8 흥內

농엽 5장(弄葉五章)

현행보
유예지
<초장>(4괘)
<一> (夕方) 四
싸랭 뜰 징 징 징 흥 中 下
ㄱ당 ㄱ당 ㄱ당 ㄱ당 흥 清 清 外
方七 方六 方七 方六 內 下
3
(夕方) 七
싸랭 징 징 징 당 뜰 둥 당 징 흥 징 싸랭 뜰
井
(夕方) 四
夕당 亻딩 夕당 亻동 ㄱ딩 亻더 夕롱 뜰 흥 ㄱ딩 뜰
方七 方八 方七 方八 方十 方八 方七自 因 內 方七 因
5
현
유
<2장>
당 뜰 둥 당 싸랭 뜰 징 징 징 흥 징 싸랭 당
<二> (夕方) 四
夕당 亻둥 둥 夕당 ㄱ슬 ㄱ뜰 딩 ㄱ당 흥 ㄱ딩 亻둥 夕당
方四 大五 因 方四 方六 方七 因 方六 內 方六 大五 方四
7
싸랭 뜰 둥 당 뜰싸랭 두 징 다 루 둥 上 中 下
ㄱ슬 ㄱ뜰 딩 ㄱ지 夕랑 ㄱ딩 夕다 ㄱ루 亻덩 清 清 清 外
方六 方七 因 方六 方四自 方六 方四 大七 大五 上 下

농엽

<3장>
현
유
싸랭 뜰 흥 징 싸랭 뜰 징 징 징 흥 징 싸랭 뜰
싸랭 뜰 흥 당 뜰 둥 당 징 흥 징 싸랭 뜰
(7괘)
(4괘)
슬기두 웅 뜰 흥 싸랭 뜰 다 링 뜰 살갱 뜰 당 흥 징 싸랭 당
<三> (夕方)
四
亻둥 ∞ 夕당 ㄱ딩 딩 亻둥 夕당 ㄱ딩 흥 ㄱ딩 亻둥 夕당
大五 方四 方六 方七 大五 方四 方六 內 方六 方五 方四
싸랭 뜰 징 징 싸랭 둥 다 링 징 뜰 다앙 둥 당
ㄱ슬 ㄱ뜰 딩 ㄱ딩 뜰 夕당 ∞ ㄱ딩 夕다 ㄱ루 亻덩 ㄱ뜰
方六 方七 因 方六 因 方四 方六 方四 大七 大五 大七

농엽

<중여음(中餘音)>
현
둥 뜰 슬기둥 당 둥 두당 징7 징 징 둥 당 뜰싸랭 뜨을 다 링
유
<中>
덩 뜰 홍 夕당 ㅣ둥 夕당 ㄱ당 ㄱ딩 ㅣ둥 夕당 ㄱ지 夕랑 ㄱ딩
大五 因 內 方四 大五 方四 方六 方七 大五 方四 方六 方四自 方六
<4장> (7제)
上 홍 中 살갱 뜰 다 링 뜰 살갱 뜰 다 로 징 징 뜰살갱 뜰 당
<四> (夕方)
七
淸 홍 淸 ㄱ슬 뜰 ㅣ더 夕라 ㅣ둥 ㄱ지 ㅣ로 둥 ㄱ뜰
上 示 上 方十 因 方八 方七自 方八 方十 方八自 因 方十
동 도 라 징 당 둥 다 로 징 징 뜰 살갱 뜨 라 上 中 下
슬 뜰 夕당 뜰 ㅣ둥 ㄱ지 ㅣ로 덩 더 夕라 淸 淸 淸
因 因 方七 因 方八 方十 方八自 因 因 方七自 上 下 外
<5장> (4제)
싸랭 징 징 징 당 뜰7 둥 당 징 홍 징 싸랭 당
<五> (夕方)
四
夕당 ∞ ㄱ딩 夕다 ㄱ링 ㄱ딩 뜰 딩 ㄱ당 홍 ㄱ딩 ㅣ둥 夕당
方四 方六 方四 方六自 方七 因 因 方六 內 方六 大五 方四

농엽

25
현
싸랭 징 징 징 당 뜰7 동 당 징 홍 징 싸랭 당
25
유
27
현
싸랭 뜰 둥 당 뜰싸랭 두 징 다 루 둥 中 下 덩4 징大
27
유
ㄱ슬 ㄱ뜰 딩 ㄱ지 夕랑 ㄱ딩 夕다 ㄱ루 亻덩 淸 ㄴ덩 ㄱ딩
方六 方七 因 方六 方四自 方六 方四 大七 大五 大四 大七
29
(3괘)
현
두 러 뜰4 홍 더엉 더 루4 上 홍 中 下
29
卄
유
亻더 ㄴ롱 뜰 홍 ㄴ덩 더 亻딩 淸 홍 淸 淸
大五 大四自 內 大三 因 大四自 上 示 下 外
<대여음(大餘音)> (4괘)
31
현(평롱)
싸랭 뜰 홍 징 뜰 지 로 당 다 로 징 지7 로 당 둥 두 당
31
(4괘)
현(계락)
싸랭 뜰 홍 징 징 징 징 징 징 지7 징 당
31
<大> (夕方)
四
유
亻둥 ∞ 夕당 ㄱ딩 ㄱ딩 亻둥 夕당 ㄱ딩 홍 ㄱ딩 亻둥 夕당
大五 方四 方六 方七 大五 方四 方六 內 方六 大五 方四

농엽

현(평롱)
현(계락)
유예지
징7 징 징 둥 당 뜰싸랭 둥 다 링 징 뜰 다앙 둥 당
지 링 뜰 둥 당 뜰싸랭 둥 다 링 징 뜰 다앙 둥 당
ㄱ슬 ㄱ뜰 딩 ㄱ딩 뜰 夕당 ∞ ㄱ딩 夕다 ㄱ루 亻덩 ㄱ뜰
方六 方七 因 方六 因 方四 方六 方四 大七 大五 大七
현
유
징 다 당 다앙 둥 당 징 다 링 징 뜰 징 뜨 라앙4 둥 두 다 링
亻덩 뜰 홍 亻덩 뜰 夕당 ∞ ㄱ딩 夕다 亻루 亻덩 뜰 ㄱ딩
大五 因 內 大五 因 方四 方六 方四 大七 大五 因 方七
현
유
다앙 뜰 당
夕당 ∞ 홍
方四 內

20) 우락(羽樂)[62] 5장

羽樂五章

4장과 2장은 서로 같다.

四章與二章同

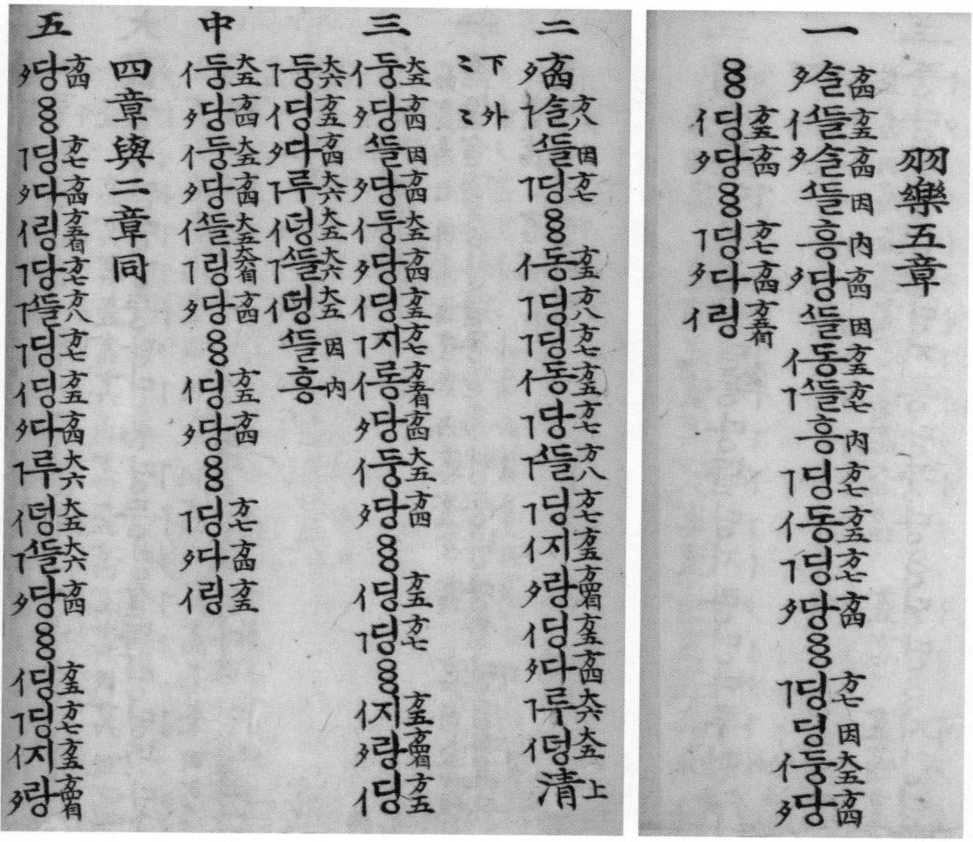

62 우락(羽樂) : 우락 시조(羽樂時調)의 준말. 우조 낙시조(樂時調)란 말이다.

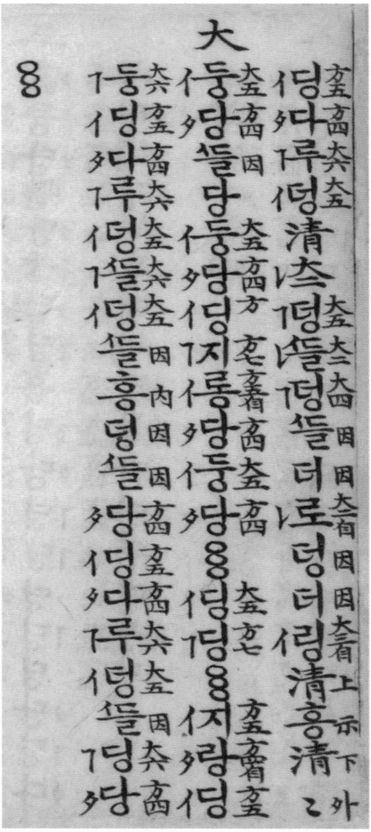
大

우락 5장(羽樂五章)

<초장> (4괘)
현행보
유예지
싸랭 뜰동 징 동 홍 中 下
<一>
夕슬 亻뜰 夕슬 뜰 홍 夕당 뜰
方四 方五 方四 因 內 方四 因
싸래 라 동 징 징 동 지 로 당 징 징7 둥 당 동
亻동 ㄱ뜰 홍 ㄱ딩 亻동 ㄱ딩 夕당 ∞ ㄱ딩 딩 亻둥 夕당 ∞ 亻딩
方五 方七 內 方七 方五 方七 方四 方七 因 大五 方四 方五
<2장>
당 징 다앙 동 징 뜰 지잉 징 지 로 징7 싸랭 동
<二> (夕方)
四
夕당 ∞ ㄱ딩 夕다 亻링 ㄱ슬 뜰 ㄱ딩 ∞ 亻동 ㄱ딩 ㄱ딩 亻동
方四 方七 方四 方五自 方八 因 方七 方五 方八 方七 方五
싸랭 뜰 징 뜰 동 다 링 동 다앙 둥 둥 上 中 下
ㄱ당 ㄱ뜰 ㄱ딩 亻지 夕랑 亻딩 夕다 ㄱ루 亻뎡 淸 淸 淸
方七 方八 方七 方五 方四自 方五 方四 大六 大五 上 下 外

우락

<3장>
현행보
싸랭 징 흥 징 동 징 지 로 지 로 당 동
<三>
유예지
大五 方四 因 方四 大五 方四 方五 方七 方五自 方四 大五
현행보
도 라4 뜰 징 뜰 동 다 링 동 둥 둥 당 도 라 둥 더 링
유예지
方四 方五 方七 方五 方四自 方五 大六 方五 方四 大六 大五 大六
<중여음(中餘音)>
현행보
둥 뜰 슬 기 둥 당 두 당 둥 두 당 둥 등 당 동
<中>
유예지
大五 因 內 大五 方四 大五 方四 大五 大六自 方四 方五
<4장>
현행보
당 징 다앙 동
유예지
方四 方七 方四 方五

17
<5장>
현행보
싸랭 징 흥 징 동 징 지 로 지 로 당 등
17
<五>
유예지
夕당 ∞∞ ㄱ딩 夕다 亻링 ㄱ당 ㄱ뜰 ㄱ딩 亻딩 夕다 ㄱ루 亻덩 ㄱ뜰
方四 方七 方四 方五自 方七 方八 方七 方五 方四 大六 大五 大六
19
현행보
(7패)
도 라4 뜰 징 뜰 동 다 링 동 다앙 뜰 등 中 징 징 뜰 도 링
下(ㄴ大)
19
유예지
夕당 ∞∞ 亻딩 ㄱ딩 亻지 夕랑 亻딩 夕다 ㄱ루 亻덩 清 ㄱ덩 ㄴ뜰
方四 方五 方七 方五 方四自 方五 方四 大六 大五 大五 大二
21
현행보
당 뜰 당 징 지 도 당 등 다 링 싸랭 동 흥 동 싸랭 동 中
21
유예지
ㄱ덩 뜰 더 ㄴ로 덩 더 亻링 清 흥 清 清
大四 因 因 大二自 因 因 大三自 上 示 下 外
23
<대여음(大餘音)>
현행보
싸랭 징 흥 징 동 징 지 로 지 로 당 등
23
<大>
유예지
亻둥 夕당 뜰 당 亻둥 夕당 亻딩 ㄱ지 僂 夕당 亻둥
大五 方四 因 大五 方四 方 方七 方五自 方四 大五

우락

현행보
유예지
도 라4 뜰 징 뜰 동 다 링 동 둥 둥 둥 둥 당 도 라 둥 더 링
夕당 亻딩 ㄱ딩 ooo 亻지 夕랑 亻딩 ㄱ둥 亻딩 夕다 ㄱ루 亻덩 ㄱ뜰
方四 大五 方七 方五 方四自 方五 大六 方五 方四 大六 大五 大六
둥 뜰 흥 기둥 뜰 다 링 동 다앙 뜰 둥 뜰 도 링
亻덩 뜰 흥 덩 뜰 夕당 亻딩 夕다 ㄱ루 亻덩 뜰 ㄱ딩
大五 因 內 因 因 方四 方五 方四 大六 大五 因 大六
다앙 뜰 당
夕당 ooo
方四

21) 계락(界樂)[63] 초장

界樂初章

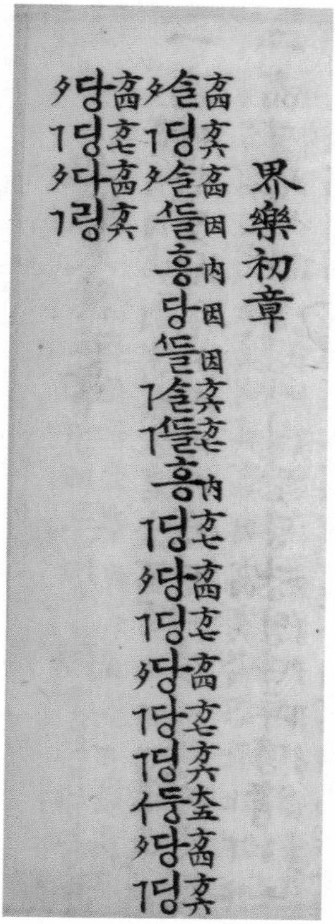

63 계락(界樂) : 계락 시조(界樂時調)의 준말. 계면조 낙시조(樂時調)란 말이다.

계락 초장(界樂初章)

<초장>
(4괘)
현행보
싸랭 뜰 징 징 징 홍 中 下
유예지
夕슬 ㄱ딩 夕슬 뜰 홍 당 뜰
方四 方六 方四 因 內 因 因
현행보
싸랭 징 홍 징 징 뜰 당 징 지잉 둥 당 뜰7
유예지
ㄱ슬 ㄱ뜰 홍 ㄱ딩 夕당 ㄱ딩 夕당 ㄱ당 ㄱ딩 亻둥 夕당 ㄱ딩
方六 方七 內 方七 方四 方七 方四 方七 方六 大五 方四 方六
현행보
당 뜰7 당 징
유예지
夕당 ㄱ딩 夕다 ㄱ링
方四 方七 方四 方六

22) 편삭대엽(編數大葉)[64] 5장

編數大葉五章

4장과 2장은 서로 같다.

四章與二章同

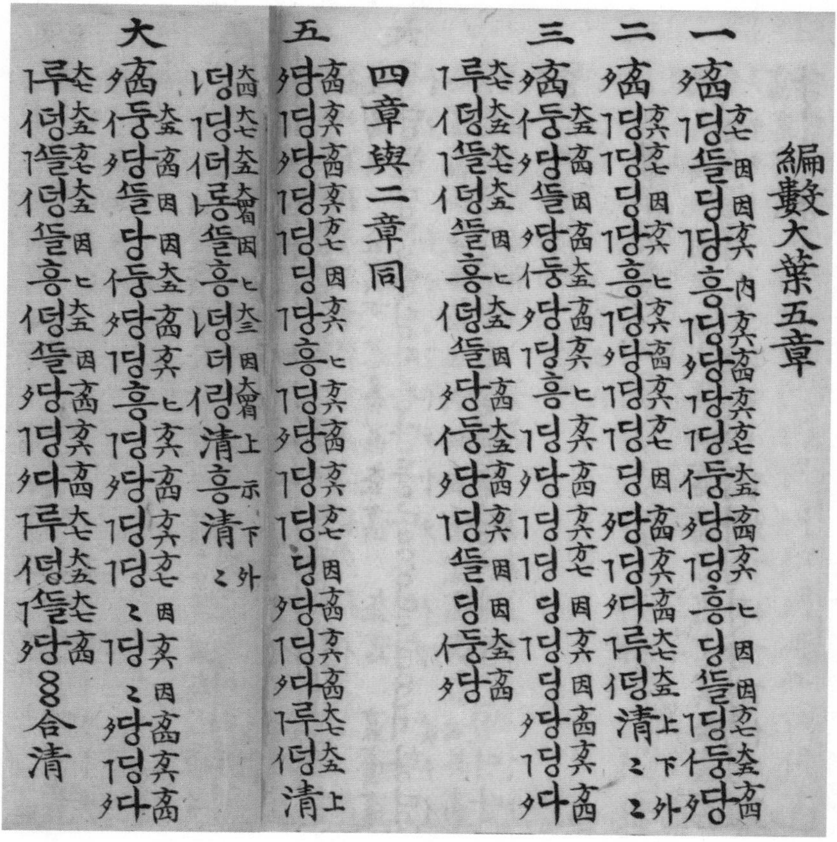

64 편삭대엽(編數大葉) : 삭대엽(數大葉)에서 파생된 편(編) 계열의 한 곡조. 현행 가곡의 열두째 악곡으로, 일명 편삭대엽 · 편잦은한닢 · 편삭엽(編數葉)이라고도 한다.

편삭대엽 5장(編數大葉五章)

편삭대엽

<3장>
현행보
살 갱 당
징 뜰 징 징 당당 징 뜰 징
유예지
현행보
살 갱 징
당 둥 당 징 흥 징 지 라
유예지
현행보
살 갱 당
둥 뜰 당 징 흥 징 지 라
유예지
현행보
살 갱 징
당 둥 당 징 흥 징 뜰
<三> (夕方)
四
유예지
亻둥 夕당 뜰
夕당 亻둥 夕당 ㄱ딩 흥 ㄱ딩
大五 方四 因
方四 大五 方四 方六 匕 方六

편삭대엽

17
현행보
당 뜰 징
징 당 뜰 징 홍 징 中
유예지
夕당 ㄱ딩 ㄱ딩 딩 ㄱ딩 딩 夕당
方四 方六 方七 因 方六 因 方四
19
(7괘)
현행보
동 징 동
당 뜰 둥 둥 동 당 동
유예지
21
현행보
징 뜰 동
뜰 동 징 뜰 도 라 中
유예지
23
(4괘)
현행보
살 갱 당
둥 뜰 당 징 홍 징 뜰
유예지

25
현행보
당 뜰 징 징 뜰 징 홍 당 뜰
유예지
27
현행보
살 갱 뜰 징 뜨을 다 링 징 다 당 둥 당
유예지
ㄱ딩 夕다 ㄱ루 亻덩 ㄱ뜰
方六 方四 大七 大五 大七
<중여음(中餘音)>
29
현행보
둥 뜰 홍 기둥 뜰 당 둥 두 당 징 뜰
유예지
亻덩 뜰 홍 亻덩 뜰 夕당 亻둥 夕당 ㄱ딩 뜰
大五 因 匕 大五 因 方四 大五 方四 方六 因
<4장>
31
현행보
당 둥 당
四章與二章同
유예지
딩 亻둥 夕당
因 大五 方四

편삭대엽

33 <5장>
현행보
살 갱 징
당 둥 당 징 흥 징 뜰
33
유예지
35
현행보
살 갱 당
둥 뜰 당 징 흥 징 지 라
35
유예지
37
현행보
살 갱 당
징 뜰 징 징 흥 징 지 라
37 <五>
유예지
夕당 ㄱ딩 夕당 ㄱ딩
ㄱ딩 딩 ㄱ당 홍 ㄱ딩 夕당
方四 方六 方四 方六
方七 因 方六 匕 方六 方四
39
현행보
살 갱 징
당 둥 당 징 흥 징 뜰
39
유예지

편삭대엽

현행보
유예지
41
당 뜰 징
징 뜰 징7 뜰 징 뜰
43
살 갱 당
징 뜰 징 다 당 둥 中 덩 징大
ㄱ딩 ㄱ딩 딩 夕당 ㄱ딩 夕다 ㄱ루 亻덩 淸 ㄴ덩 ㄱ딩
方六 方七 因 方四 方六 方四 大七 大五 上 大四 大七
45
(3괘)
두 러4 뜰4 홍
더엉 더 루 上 홍 中 下
亻더 ㄴ롱 뜰 홍
ㄴ덩 더 亻링 淸 홍 淸 淸
大五 大四自 因 匕
大三 因 大四自 上 示 下 外
47
<대여음(大餘音)> (4괘)
징 도 링
당 둥 뜰 당 징 홍 징 지 라
<大> (夕方) 四
亻둥 夕당 뜰
당 亻둥 夕당 ㄱ딩 홍 ㄱ딩 夕당 ㄱ딩
大五 方四 因
因 大五 方四 方六 匕 方六 方四 方六

편삭대엽

현행보
유예지
살 갱 뜰
징 뜨을 다 링 징 다 당 둥 당
ㄱ딩 딩 ㄱ딩 딩 夕당 ㄱ딩 夕다 ㄱ루 ㅓ덩 ㅓ덩
方七 因 方六 因 方四 方六 方四 大七 大五 方七
둥 당 둥 다앙 두 당 징 다 링 징 징
ㅓ덩 뜰 홍 ㅓ덩 뜰 夕당 ㄱ딩 夕다 ㄱ루 ㅓ덩 ㄱ뜰
大五 因 匕 大五 因 方四 方六 方四 大七 大五 大七
당 뜰 당
夕당 ooo 合 淸
方四

23) 평우조(平羽調)[65] 5장

平羽調五章

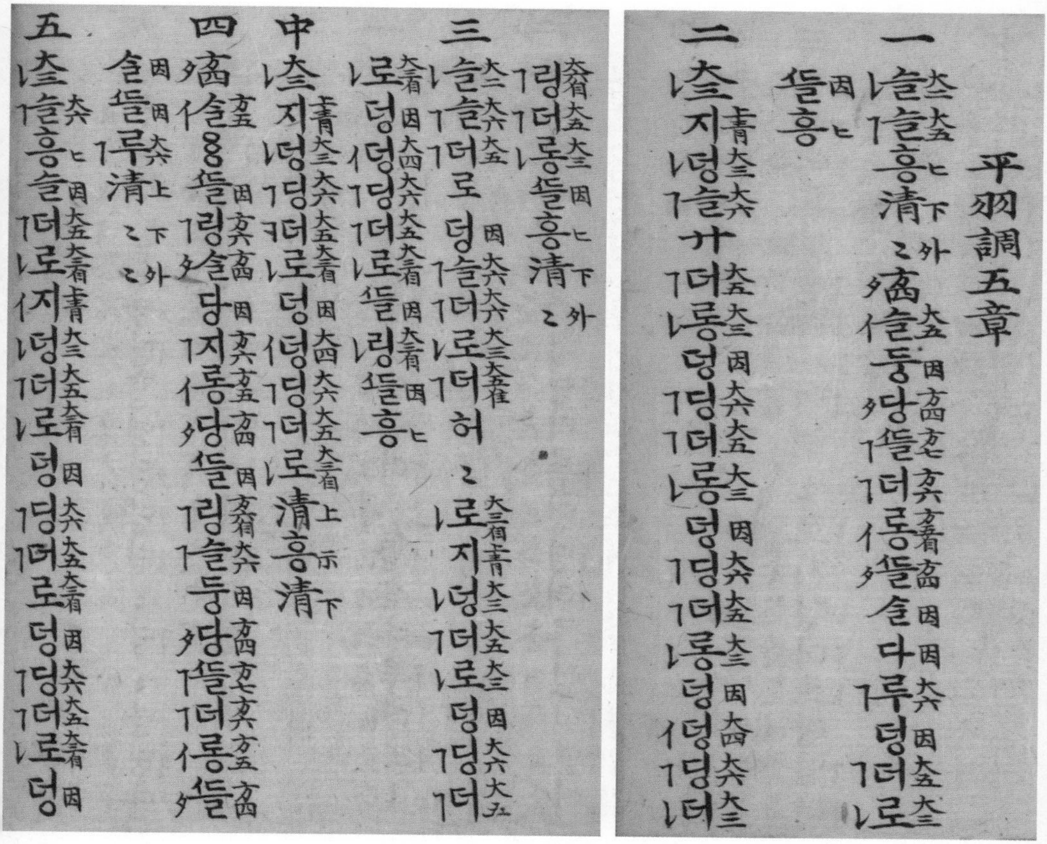

65 평우조(平羽調) : 평조 우조(平調羽調)의 준말. 이는 거문고의 제3현, 대현(大絃) 5괘를 궁(宮, 임종)으로 하는 평조(平調)의 삭대엽으로, 조명(調名) 겸 곡명(曲名)이며, 평조의 와전된 속명(俗名)으로 추정된다.

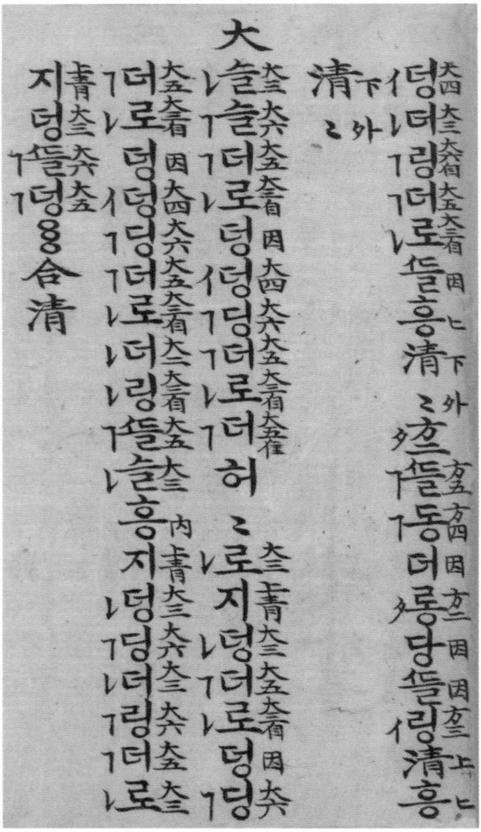
덩 더 링 더 로 뜰 흥 清 징 뜰 동 더 롱 당 뜰 링 清 흥
下外 清
大
슬 슬 더 로 덩 덩 당 더 로 더 허 로 지 덩 더 로 덩 당
더 로 덩 덩 당 더 로 더 링 뜰 슬 흥 지 덩 당 더 링 더 로
지 덩 뜰 덩 8 合 清

평우조 5장(平羽調五章)

<一>
(夕方)
四
ㄴ슬 ㄱ슬 흥 淸 淸 亻슬 둥 夕당 ㄱ뜰 ㄱ더 僁 夕뜰 슬
大二 大五 匕 下 外 大五 因 方四 方七 方六 方五自 方四 因
2
다 ㄱ루 덩 ㄱ더 ㄴ로 뜰 흥
因 大六 因 大五 大三 因 匕
<二> (ㄴ大)
三
卄
3
지 ㄴ덩 ㄱ슬 ㄱ더 ㄴ롱 덩 ㄱ딩 ㄱ더 ㄴ롱 덩 ㄱ딩 ㄱ더 ㄴ롱 덩
上青 大三 大六 大五 大三 因 大六 大五 大三 因 大六 大五 大三 因
4
亻덩 ㄱ딩 ㄴ더 ㄱ링 ㄱ더 ㄴ롱 뜰 흥 淸 淸
大四 大六 大三 大六自 大五 大三 因 匕 下 外
5
<三>
ㄴ슬 ㄱ슬 ㄱ더 로 덩 ㄱ슬 ㄱ더 ㄴ로 ㄱ더 허 허 ㄴ로 지
大二 大六 大五 因 大六 大六 大三 大五隹 大三自 上青
6
ㄴ덩 ㄱ더 ㄴ로 덩 ㄱ딩 ㄱ더 ㄴ로 덩 亻덩 ㄱ딩 ㄱ더 ㄴ로 뜰 ㄴ링 뜰 흥
大三 大五 大三 因 大六 大五 大三自 因 大四 大六 大五 大三自 因 大三自 因 匕

평우조

<中> (ㄴ大)
三
7
지 ㄴ덩 ㄱ딩 ㄱ더 ㄴ로 덩 ㅓ덩 ㄱ딩 ㄱ더 ㄴ로 清 홍 清
上青 大三 大六 大五 大三自 因 大四 大六 大五 大三自 上 示 下
<四> (夕方)
四
8
슬 ooo 뜰 ㄱ링 夕슬 당 ㄱ지 ㅓ롱 夕당 뜰 ㄱ링 ㄱ슬 둥 夕당
方五 因 方六 方四 因 方六 方五 方四 因 方六自 大六 因 方四
9
ㄱ뜰 ㄱ더 ㅓ롱 夕뜰 슬 뜰 ㄱ루 清 清 清
方七 方六 方五 方四 因 因 大六 上 下 外
<五> (ㄴ大)
三
10
ㄱ슬 홍 슬 ㄱ더 ㄴ로 ㅓ지 ㄴ덩 ㄱ더 ㄴ로 덩 ㄱ딩 ㄱ더 로
大六 匕 因 大五 大三自 上青 大三 大五 大三自 因 大六 大五 大三自
11
덩 ㄱ딩 ㄱ더 ㄴ로 덩 ㅓ덩 ㄴ더 ㄱ링 ㄱ더 ㄴ로 뜰 홍
因 大六 大五 大三自 因 大四 大三 大六自 大五 大三自 因 匕
(夕方)
二
12
清 清 ㄱ뜰 ㄱ동 더 夕롱 당 뜰 ㅓ링 清 홍 清 清
上 外 方五 方四 因 方二 因 因 方三 上 匕 下 外

평우조

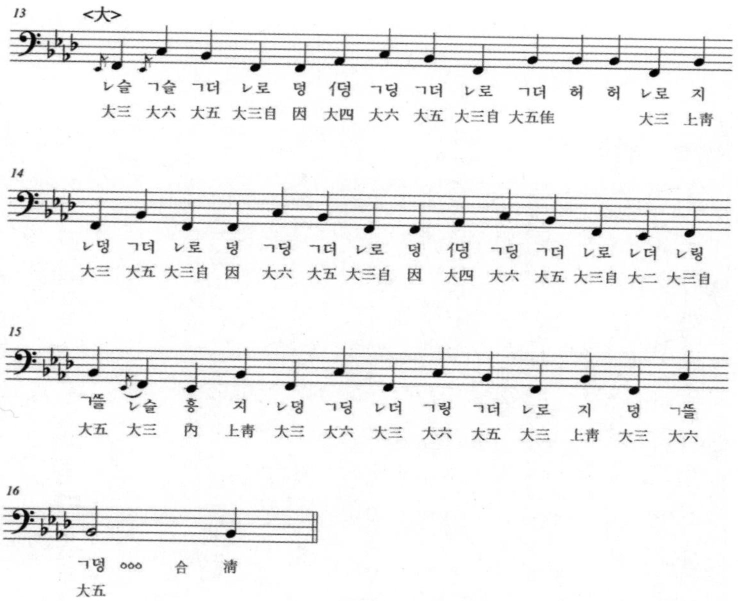
13
<大>
ㄴ슬 ㄱ슬 ㄱ더 ㄴ로 덩 ㄱ덩 ㄱ딩 ㄱ더 ㄴ로 ㄱ더 허 허 ㄴ로 지
大三 大六 大五 大三自 因 大四 大六 大五 大三自 大五隹 大三 上青
14
ㄴ덩 ㄱ더 ㄴ로 덩 ㄱ딩 ㄱ더 ㄴ로 덩 ㄱ덩 ㄱ딩 ㄱ더 ㄴ로 ㄴ더 ㄴ링
大三 大五 大三自 因 大六 大五 大三自 因 大四 大六 大五 大三自 大二 大三自
15
ㄱ뜰 ㄴ슬 홍 지 ㄴ덩 ㄱ딩 ㄴ더 ㄱ링 ㄱ더 ㄴ로 지 덩 ㄱ뜰
大五 大三 內 上青 大三 大六 大三 大六 大五 大三 上青 大三 大六
16
ㄱ덩 ০০০ 合 淸
大五

24) 평계조(平界調)[66] 5장

平界調五章

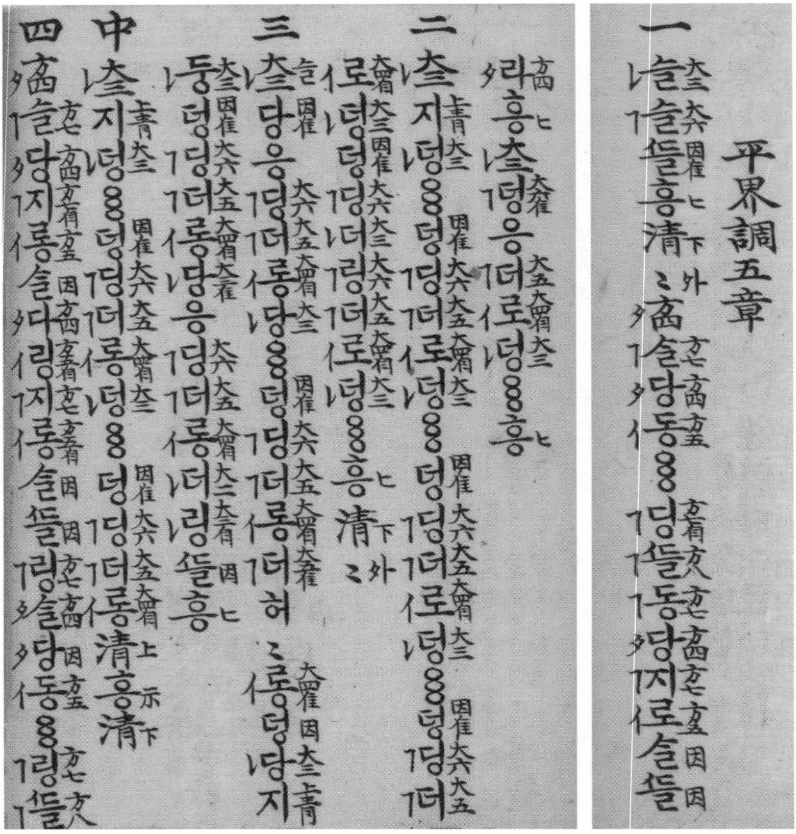

66 평계조(平界調) : 평조 계면조(平調界面調)의 준말. 이는 거문고의 제3현, 대현(大絃) 5괘를 궁(宮, 임종)으로 하는 평조 계면조의 삭대엽이다.

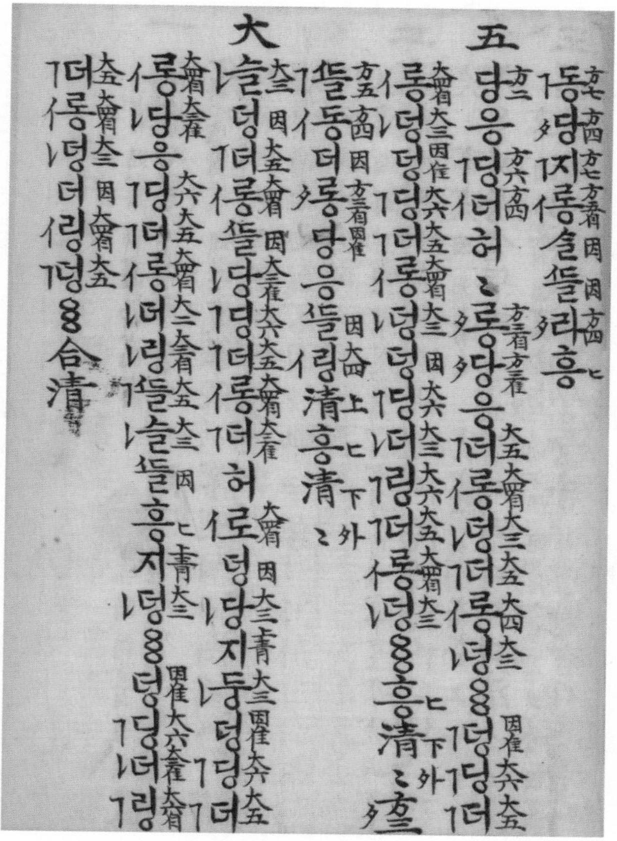

평계조 5장(平界調五章)

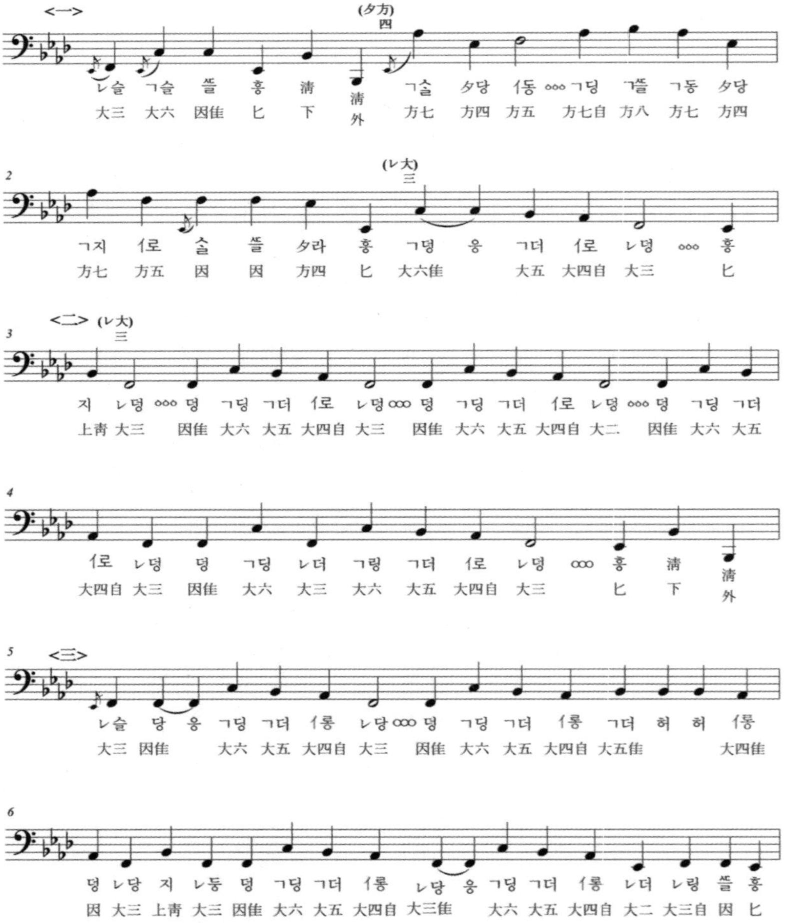

<一>
(夕方)
四
ㄴ슬 ㄱ슬 뜰 홍 淸 淸 ㄱ슬 夕당 亻동 ○○○ ㄱ딩 ㄱ뜰 ㄱ동 夕당
大三 大六 因隹 匕 下 外 方七 方四 方五 方七自 方八 方七 方四
2
(ㄴ大)
三
ㄱ지 亻로 슬 뜰 夕라 홍 ㄱ덩 옹 ㄱ더 亻로 ㄴ덩 ○○○ 홍
方七 方五 因 因 方四 匕 大六隹 大五 大四自 大三 匕
3
<二> (ㄴ大)
三
지 ㄴ덩 ○○○ 덩 ㄱ딩 ㄱ더 亻로 ㄴ덩 ○○○ 덩 ㄱ딩 ㄱ더 亻로 ㄴ덩 ○○○ 덩 ㄱ딩 ㄱ더
上青 大三 因隹 大六 大五 大四自 大三 因隹 大六 大五 大四自 大二 因隹 大六 大五
4
亻로 ㄴ덩 덩 ㄱ딩 ㄴ더 ㄱ링 ㄱ더 亻로 ㄴ덩 ○○○ 홍 淸 淸
大四自 大三 因隹 大六 大三 大六 大五 大四自 大三 匕 下 外
5
<三>
ㄴ슬 당 옹 ㄱ딩 ㄱ더 亻룽 ㄴ당 ○○○ 덩 ㄱ딩 ㄱ더 亻룽 ㄱ더 허 허 亻룽
大三 因隹 大六 大五 大四自 大三 因隹 大六 大五 大四自 大五隹 大四隹
6
덩 ㄴ당 지 ㄴ둥 덩 ㄱ딩 ㄱ더 亻룽 ㄴ당 옹 ㄱ딩 ㄱ더 亻룽 ㄴ더 ㄴ링 뜰 홍
因 大三 上青 大三 因隹 大六 大五 大四自 大三隹 大六 大五 大四自 大二 大三自 因 匕

평계조

7 <中> (ㄴ大) 三
지 ㄴ덩 ᴼᴼᴼ 덩 ㄱ딩 ㄱ더 ㅓ롱 ㄴ덩 ᴼᴼᴼ 덩 ㄱ딩 ㄱ더 ㅓ롱 淸 홍 淸
上青 大三 因隹 大六 大五 大四自 大三 因隹 大六 大五 大四自 上 示 下
8 <四> (夕方) 四
ㄱ슬 夕당 ㄱ지 ㅓ롱 슬 夕다 ㅓ링 ㄱ지 ㅓ롱 슬 뜰 ㄱ링 夕슬 夕당
方七 方四 方七自 方五 因 方四 方五自 方七 方五自 因 因 方七 方四 因
9
ㅓ동 ᴼᴼᴼ ㄱ링 ㄱ뜰 ㄱ동 夕당 ㄱ지 ㅓ롱 슬 뜰 夕라 홍
方五 方七 方八 方七 方四 方七 方五自 因 因 方四 匕
10 <五>
당 응 ㄱ덩 ㅓ더 허 허 夕롱 夕당 응 ㄱ더 ㅓ롱 ㄴ덩 ㄱ더 ㅓ롱 ㄴ덩 ᴼᴼᴼ
方二 方六 方四 方三自 方三隹 大五 大四自 大三 大五 大四 大三
11
ㄱ덩 ㄱ딩 ㄱ더 ㅓ롱 ㄴ덩 덩 ㄱ딩 ㄱ더 ㅓ롱 ㄴ덩 덩 ㄱ딩 ㄴ더 ㄱ링 ㄱ더 ㅓ롱
因隹 大六 大五 大四自 大三 因隹 大六 大五 大四自 大三 因 大六 大三 大六 大五 大四自
12 (夕方) 三
ㄴ덩 ᴼᴼᴼ 홍 淸 淸 ㄱ뜰 ㅓ동 더 夕롱 당 응 뜰 ㅓ링 淸 홍 淸 淸
大三 匕 下 外 方五 方四 因 方三自 因隹 因 大四 上 匕 下 外

평계조

13
<大>
ㄴ슬 덩 ㄱ더 亻롱 뜰 ㄴ당 ㄱ딩 ㄱ더 亻롱 ㄱ더 허 亻로 덩 ㄴ당 지
大三 因 大三 大四自 因 大三隹 大六 大五 大四自 大三隹 大四自 因 大三 上青
14
ㄴ둥 덩 ㄱ딩 ㄱ더 亻롱 ㄴ당 웅 ㄱ딩 ㄱ더 亻롱 ㄴ더 ㄴ링 ㄱ뜰 ㄴ슬 뜰
大三 因隹 大六 大五 大四自 大三自 大六 大五 大四自 大二 大三自 大五 大三 因
15
홍 지 ㄴ덩 ooo 덩 ㄱ딩 ㄴ더 ㄱ링 ㄱ더 亻롱 ㄴ덩 더 亻링 ㄱ덩 ooo 合淸
匕 上青 大三 因隹 大六 大三隹 大六自 大五 大四自 大三 因 大四自 大五

25) 삼중대엽(三中大葉)[67] 5장

三中大葉五章

【대음(大音, 대여음)은 계삼대엽(界三大葉)[68]의 대여음을 연주한다.】

【大音, 以界三大葉彈之.】

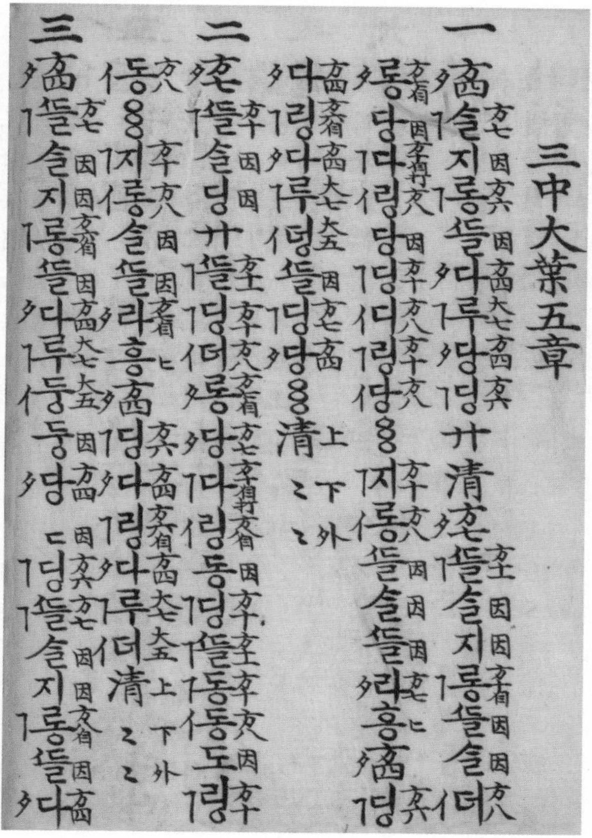

67 삼중대엽(三中大葉) : 중대엽(中大葉)의 한 파생곡으로 이중대엽(二中大葉) 다음에 부르는 곡조이다.

68 계삼대엽(界三大葉) : 전통 성악곡인 가곡의 하나. 현행 가곡의 계면조(界面調) 삼수대엽(三數大葉)을 줄인 말이다. 일명 셋째치라고도 한다. 삼수대엽은 현행 가곡 남녀창 중 남창으로만 불리며, 우조(羽調) 삼수대엽과 계면조 삼수대엽 두 곡이 있다.

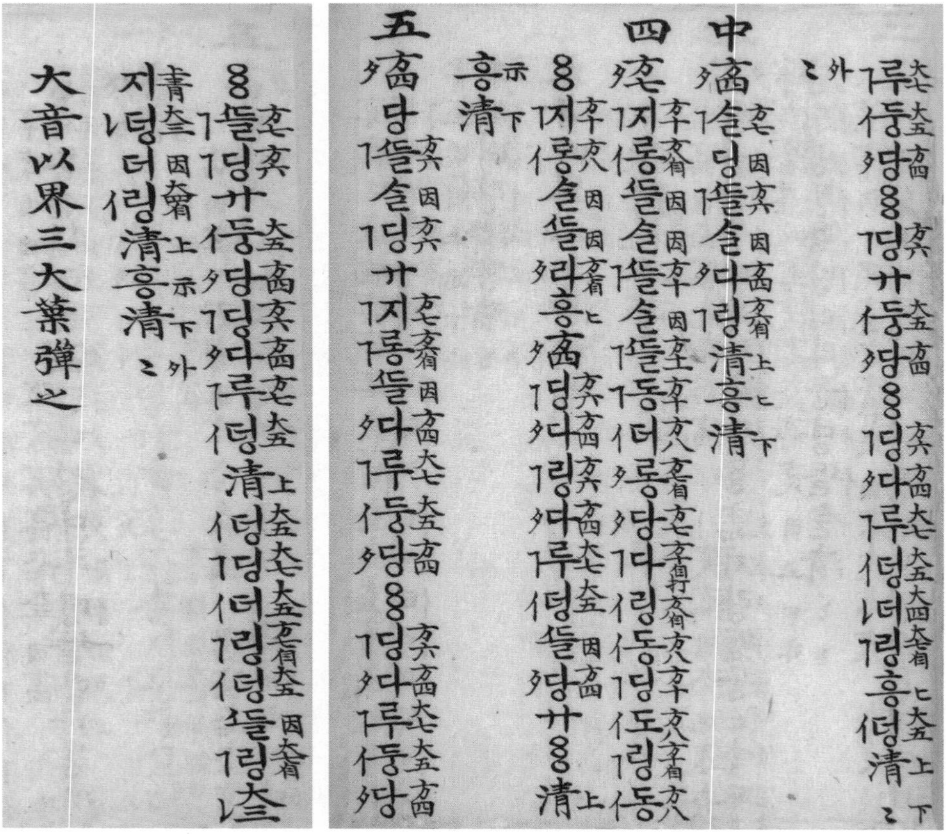

루 둥 당 8 덩 卄 둥 당 8 덩 다 루 덩 더 링 흥 덩 清

中 숟 딩 뜰 숟 다 링 清 흥 清

四 지 롱 뜰 숟 뜰 숟 뜰 동 더 롱 당 다 링 동 당 도 링 동

8 지 롱 숟 뜰 라 흥 덩 다 링 다 루 덩 뜰 당 卄 8 清

흥 清

五 당 뜰 숟 딩 卄 지 롱 뜰 다 루 둥 당 8 딩 다 루 둥 당

8 뜰 딩 卄 둥 당 딩 다 루 덩 清 덩 딩 더 링 덩 뜰 링

지 덩 더 링 清 흥 清

大音以界三大葉彈之

삼중대엽 5장(三中大葉五章)

삼중대엽

7
井
夕다 ㄱ루 亻둥 夕당 ◦◦◦ㄱ딩 亻둥 夕당◦◦◦ㄱ딩 夕다 ㄱ루 亻덩 ㄴ더 ㄱ링 흥 亻덩 清 清 清
方四 大七 大五 方四 方六 大五 方四 方六 方四 大七 大五 大四 大七自 匕 大五 上 下 外
<中> (夕方)
四
8
ㄱ슬 딩 ㄱ뜰 슬 夕다 ㄱ링 清 흥 清
方七 因 方六 因 方四 方六自 上 匕 下
<四> (夕方)
七
9
ㄱ지 亻롱 뜰 슬 ㄱ뜰 슬 ㄱ뜰 ㄱ동 亻더 夕롱 夕당 ㄱ다 亻링 亻동 ㄱ딩
方十 方八自 因 因 方十 因 方十一 方十 方八 方七自 方七 方十自打 方八自 方八 方十
(夕方)
四
10
亻도 ㄱ링 亻동 ◦◦◦ ㄱ지 亻롱 슬 뜰 夕라 흥 ㄱ딩 夕다 ㄱ링 夕다 ㄱ루
方八 方十自 方八 方十 方八 因 因 方七自 匕 方六 方四 方六 方四 大七
11
井
亻덩 뜰 夕당 ◦◦◦ 清 흥 清
大五 因 方四 上 示 下
<五> (夕方)
四
12
井
당 ㄱ뜰 슬 ㄱ딩 ㄱ지 ㄱ롱 뜰 夕다 ㄱ루 亻둥 夕당 ◦◦◦ㄱ딩 夕다 ㄱ루 亻둥 夕당◦◦◦
方六 因 方六 方七 方六自 因 方四 大七 大五 方四 方六 方四 大七 大五 方四

삼중대엽

13
井
ㄱ뜰 ㄱ딩 亻둥 夕당 ㄱ딩 夕다 ㄱ루 亻덩 淸 亻덩 ㄱ딩 亻더 ㄱ링 亻덩 뜰 ㄱ링
方七 方六 大五 方四 方六 方四 大七 大五 上 大五 大七 大五 方七自 大五 因 大七自
14
(ㄴ大三)
지 ㄴ덩 더 亻링 淸 흥 淸 淸
上青 大三 因 大四自 上 示 下 外

26) 후정화(後庭花)[69] 5장　　　後庭花五章

【대여음은 삼중대엽(三中大葉)[70]의 대여음을 연주한다.】

【大餘音, 以三中大葉彈之.】

---

69 후정화(後庭花) : 옥수후정화(玉壽後庭花)를 말함. 달리 뒷던·북전(北殿)이라고도 한다. 이는 진(陳)나라 후주(後主)가 주색(酒色)에 빠져 사치스런 누각을 짓고 날마다 비빈(妃嬪)들을 데리고 그 안에 놀면서 시를 지어 주고받으며, 그중에 아름다운 것을 골라 가곡(歌曲)을 만든 것인데, 언제 성립된 곡인지 정확히 알 수는 없으나, 《악학궤범(樂學軌範)》에 전하는 고려 말기, 조선 초기의 노래로, 성종 때 조선 창업을 송축한 가사로 개작하여 불리기도 하였다.

70 삼중대엽(三中大葉) : 전통 성악곡인 가곡의 하나. 중대엽(中大葉)의 한 파생곡으로, 초중대엽(初中大葉)이나 이중대엽(二中大葉)과 함께 현재 불리지 않는다. 삼중대엽은 《청구영언(靑丘永言)》, 《해동가요(海東歌謠)》, 《가곡원류(歌曲原流)》에 소개되어 있다. 《가곡원류》에서는 삼중대엽을 가리켜, "항우(項羽)가 말을 뛰는 듯하고, 높은 산에 우뚝 솟은 바위 같다.(項羽躍馬, 高山放石)"고 묘사했다.

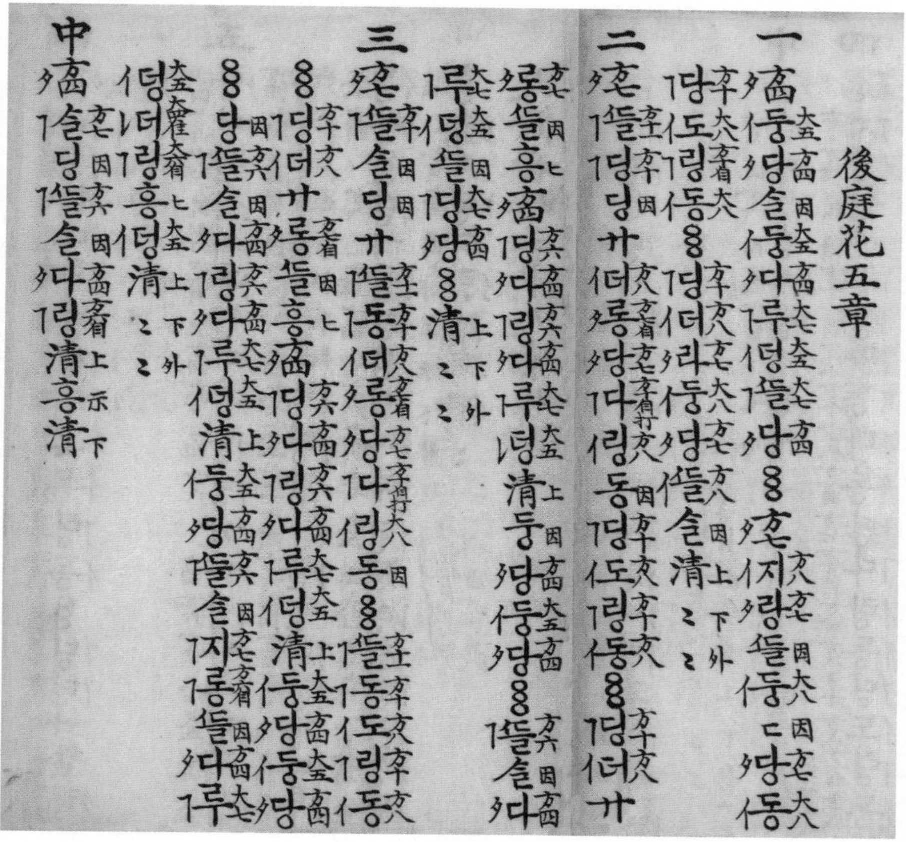
後庭花五章
一
二
三
中

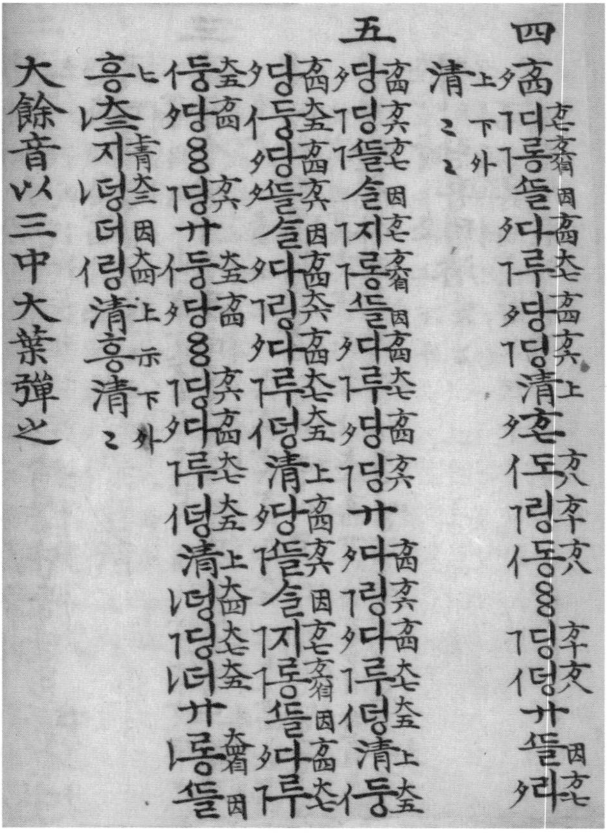
四
五
大餘音以三中大葉彈之

후정화 5장(後庭花五章)

<一> (夕方) 四
(夕方) 七
ㅓ둥 夕당 슬 ㅓ둥 夕다 ㄱ루 ㅓ덩 ㄱ뜰 夕당 ००० ㅓ지 夕랑 뜰 ㅓ둥 둥 夕당 ㅓ동
大五 方四 因 大五 方四 大七 大五 大七 方四 方八 方七 因 大八 因 方七 大八
2
ㄱ당 ㅓ도 ㄱ링 ㅓ동 ००० ㄱ딩 ㅓ더 夕라 ㅓ둥 夕당 ㅓ뜰 슬 淸 淸 淸
方十 大八 方十自 大八 方十 方八 方七 大八 方七 方八 因 上 下 外
<二> (夕方) 七
3
卄 卄
ㄱ뜰 ㄱ딩 딩 ㅓ더 夕롱 夕당 ㄱ다 ㅓ링 동 ㄱ딩 ㅓ도 ㄱ링 ㅓ동 ००० ㄱ딩 ㅓ더
方十一 方十 因 方八 方七自 方七 方十自打 方八 因 方十 方八 方十 方八 方十 方八
4
(夕方) 四
夕롱 뜰 홍 ㄱ딩 夕다 ㄱ링 夕다 ㄱ루 ㄴ덩 淸 둥 夕당 ㅓ둥 夕당 ००० ㄱ뜰 슬 夕다
方七 因 匕 方六 方四 方六 方四 大七 大五 上 因 方四 大五 方四 方六 因 方四
5
ㄱ루 ㅓ덩 뜰 ㄱ딩 夕당 ००० 淸 淸 淸
大七 大五 因 大七 方四 上 下 外
<三> (夕方) 七
6
卄
ㄱ뜰 슬 딩 ㄱ뜰 ㄱ동 ㅓ더 夕롱 夕당 ㄱ다 ㅓ링 동 ००० ㄱ뜰 ㄱ동 ㅓ도 ㄱ링
方十 因 因 方十一 方十 方八 方七自 方七 方十自打 大八 因 方十一 方十 方八 方十

후정화

7
(夕方) 四
廾
亻동ㅇㅇㅇ ㄱ딩 亻더 夕롱 뜰 홍 ㄱ딩 夕다 ㄱ링 夕다 ㄱ루 亻덩 淸 亻둥 夕당 亻둥
方八 方十 方八 方七自 因 匕 方六 方四 方六 方四 大七 大五 上 大五 方四 大五
8
夕당 ㅇㅇㅇ 당 ㄱ뜰 슬 夕다 ㄱ링 夕다 ㄱ루 亻덩 淸 亻둥 夕당 ㄱ뜰 슬 ㄱ지 ㄱ롱
方四 因 方六 因 方四 方六 方四 大七 大五 上 大五 方四 方六 因 方七 方六自
9
뜰 夕다 ㄱ루 亻덩 ㄴ더 ㄱ링 홍 亻덩 淸 淸 淸
因 方四 大七 大五 大四隹 大六自 匕 大五 上 下 外
<중여음(中餘音)> (夕方) 四
10
ㄱ슬 딩 ㄱ뜰 슬 夕다 ㄱ링 淸 홍 淸
方七 因 方六 因 方四 方六自 上 示 下
<四> (夕方) 四
(夕方) 七
廾
11
ㄱ디 ㄱ롱 뜰 夕다 ㄱ루 夕당 ㄱ딩 淸 亻도 ㄱ링 亻동ㅇㅇㅇ ㄱ딩 亻덩 뜰 夕라
方七 方六自 因 方四 大七 方四 方六 上 方八 方十 方八 方十 方八 因 方七
12
淸 淸 淸
上 下 外

후정화

13
<五>
井
夕당 ㄱ딩 ㄱ뜰 슬 ㄱ지 ㄱ롱 뜰 夕다 ㄱ루 夕당 ㄱ딩 夕다 ㄱ링 夕다 ㄱ루 亻덩 淸
方四 方六 方七 因 方七 方六自 因 方四 大七 方四 方六 方四 方六 方四 大七 大五 上
14
亻둥 夕당 亻둥 夕당 夕뜰 슬 夕다 ㄱ링 夕다 ㄱ루 亻덩 淸 夕당 ㄱ뜰 슬 ㄱ지 ㄱ롱
大五 方四 大五 方四 方六 因 方四 大六 方四 大七 大五 上 方四 方六 因 方七 方六自
15
井
井
뜰 夕다 ㄱ루 亻둥 夕당ooo ㄱ딩 亻둥 夕당ooo ㄱ딩 夕다 ㄱ루 亻덩 淸 ㄴ덩 ㄱ딩 ㄴ더 ㄴ롱
因 方四 大七 大五 方四 方六 大五 方四 方六 方四 大七 大五 上 大四 大七 大五 大四自
16
(ㄴ大)
三
뜰 흥 지 ㄴ덩 더 亻링 淸 흥 淸 淸
因 匕 上靑 大三 因 大四 上 示 下 外

27) **염불타령**(念佛打領)

念佛打領

【삼현회입우조별지(別指, 딴 가락)[71]에 있는 검지의 '슬께랑, 청' 아래로 넘어간다.】

【自三絃回入羽調別指，食指'슬께[5]랑靑'以下入.】

---

71 삼현회입우조별지(別指) : 전통 풍류음악의 기악곡 중의 하나. 삼현회입우조별지는 삼현도드리(삼현회입)에서 하현도드리로 진행하기 위한 또 다른 선율을 말한다. 삼현회입은 현행 삼현도드리의 초장, 2장, 3장에 해당하고, 삼현도드리의 4장은 초장을 반복하는 악곡 구성이다. 따라서 삼현회입우조별지는 현행 삼현도드리 초장, 제5장단부터 제8장단까지의 다른 선율을 가리킨 것이다.

[5] 께 : 저본에는 없음. 본문의 삼현회입우조별지에 근거하여 보충.

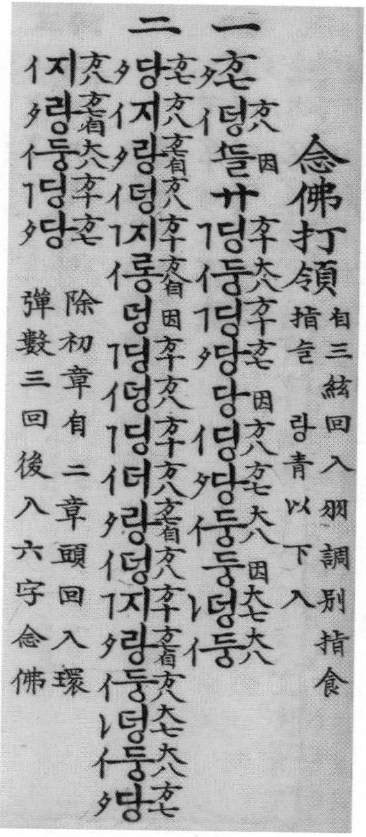
念佛打領 自三絃回入羽調別指食
指숟 랑靑以下入

一

二

除初章自二章頭回入環
彈數三回後入六字念佛

염불타령(念佛打領)

<1장> (7괘)
현행보
유예지
징 도 링동 당 둥 다 링당 당 둥
<一> (夕方)
七 卄
亻덩 뜰 ㄱ딩 亻둥 ㄱ딩 夕당 당 亻딩
方八 因 方十 大八 方十 方七 因 方八
3
당 둥 둥 뜰 둥 다 로뜰 징 뜰 둥
<二>
夕당 亻둥 둥 ㄴ덩 亻둥 夕당 亻지 夕랑 亻덩
方七 大八 因 大七 大八 方七 方八 方七自 方八
5
징 뜰 둥 징 뜰 둥 징 도 라 둥
ㄱ지 亻롱 덩 ㄱ딩 亻덩 ㄱ딩 亻더 夕랑 亻덩
方十 方八自 因 方十 方八 方十 方八 方七自 方八
7
둥 뜰 둥둥 도 라 둥 다 링당 도 라 둥
ㄱ지 夕랑 亻둥 ㄴ덩 亻둥 夕당 亻지 夕랑 亻둥
方十 方七自 方八 大七 大八 方七 方八 方七自 大八

염불타령

【초장을 제외하고 2장 초두로 되돌아 넘어가게 2~3번 연주한 뒤에 육자염불(六字念佛)[72]로 넘어간다.】

【除初章, 自二章頭回入環彈數三回後, 入六字念佛.】

72 육자염불(六字念佛) : 전통 풍류음악의 하나로 본래 노랫말이 있는 기악곡의 하나. 노랫말은 '나무아미타불'과 삼귀의(三歸依) '귀의불양족존(歸依佛兩足尊)'·'귀의법이욕존(歸依法離欲尊)'·'귀의승중족존(歸依僧衆足尊)' 등 모두 6자로 된 염불이나, 지금은 노랫말이 탈락되어 순기악곡으로 연주되고 있다. 《유예지》의 육자염불은 현행의 영산회상 중에서 일곱 번째 악곡인 염불도드리 초장 21~22, 2장 1~2, 3~4, 6~7장단에 해당하는 황종 계면조(黃鐘界面調) 선율이다. 〈염불에 관한 연구〉(장사훈, 《국악논고》, 서울대학교출판부, 1966) 참조.

28) 육자염불(六字念佛)

六字念佛

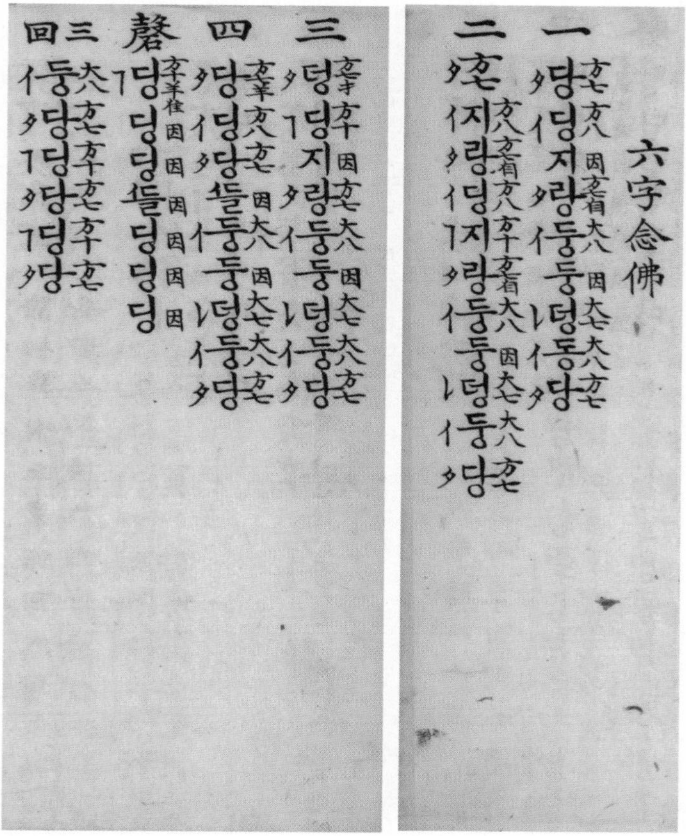

육자염불(六字念佛)

<염불 초장 제22각> (7괘)
현행보
싸랭 동 도 라 둥 당 도 라 둥 당 뜰
<一>
유예지
夕당 亻딩 지 夕랑 亻둥 둥 ㄴ덩 亻동 夕당
方七 方八 因 方七自 大八 因 大七 大八 方七
3
<2장>
현행보
동 징 도 라 둥 둥 더 둥 당 뜰
<二> (夕方七)
유예지
亻지 夕랑 亻딩 ㄱ지 夕랑 亻둥 둥 ㄴ덩 亻둥 夕당
方八 方七自 方八 方十 方七自 大八 因 大七 大八 方七
5
<3장>
현행보
징 뜰 도 라 둥 당 도 라 둥 당 뜰
<三>
유예지
夕덩 ㄱ딩 지 夕랑 亻둥 둥 ㄴ덩 亻둥 夕당
方七才 方十 因 方七 大八 因 大七 大八 方七
7
현행보
징 다로 징 당 동 징 다로 징 당 동
유예지

육자염불

9 <4장>
현행보
정 뜰 도 라 둥 둥 더 둥 당 뜰7
<四>
유예지
夕당 亻딩 夕당 뜰 亻둥 둥 ㄴ덩 亻둥 夕당
方七羊 方八 方七 因 大八 因 大七 大八 方七
11
현행보
덩 두 당 싸 랭 뜰 도 링 당 도 링 당
<磬>
유예지
ㄱ딩 딩 딩 뜰 딩 딩 딩
方十羊隹 因 因 因 因 因 因
13
현행보
도 링 뜰 도 링 뜰 다 링 동 다 링 동
<三回>
유예지
亻둥 夕당 ㄱ딩 夕당 ㄱ딩 夕당
大八 方七 方十 方七 方十 方七

29) 타령(打領)

【삼현회입(삼현도드리) 4장 말에 있는 검지의 '슬께랑' 아래로 넘어간다.】

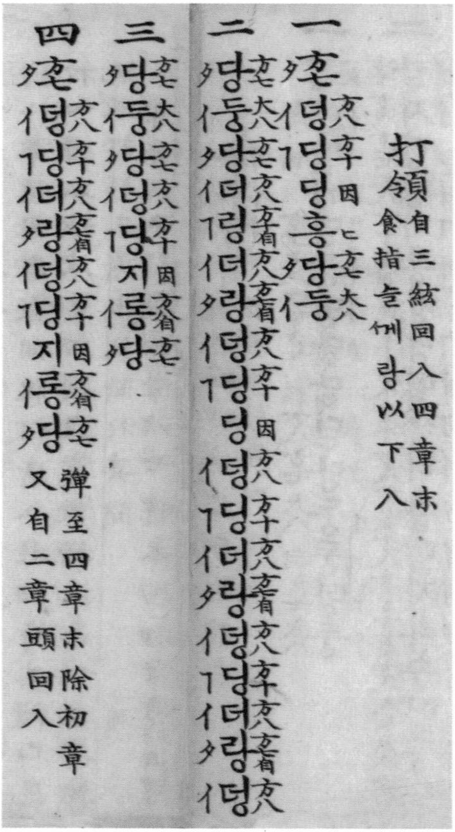

打領

【自三絃回入四章末, 食指'슬께랑'以下入.】

타령(打領)

<一>(夕力)
七
1덩 ㄱ딩 딩 흥 夕당 1둥
方八 方十 因 匕 方七 大八
2 <二>
3
夕당 1둥 夕당 1더 ㄱ링 1더 夕랑 1덩 ㄱ딩 딩 1덩 ㄱ딩 1더 夕랑
方七 大八 方七 方八 方十自 方八 方七自 方八 方十 因 方八 方十 方八 方七自
4
1덩 ㄱ딩 1더 夕랑 1덩
方八 方十 方八 方七自 方八
5 <三>
夕당 1둥 夕당 1덩 ㄱ딩 지 1롱 夕당
方七 大八 方七 方八 方十 因 方八自 方七
<四>(夕力)
6
七
1덩 ㄱ딩 1더 夕랑 1덩 ㄱ딩 지 1롱 夕당
方八 方十 方八 方七自 方八 方十 因 方八自 方七

【4장 끝까지 연주한 뒤 이어서 초장을 제외하고 또 2장 초두로 되돌아 넘어간다.】

【彈至四章末，除初章，又自二章頭回入.】

30) 군악유입타령(軍樂流入打領)

軍樂流入打領

【2장 끝까지 연주한 뒤 초장을 제외하고 이어서 2장 초두로 되돌아 넘어가서 2~3번 연주한 뒤에 청[青, 괘하청]을 치고, 3장으로 넘어간다.】

【彈至二章末, 除初章, 連以二章頭回入, 至數三回後, 打青入三章.】

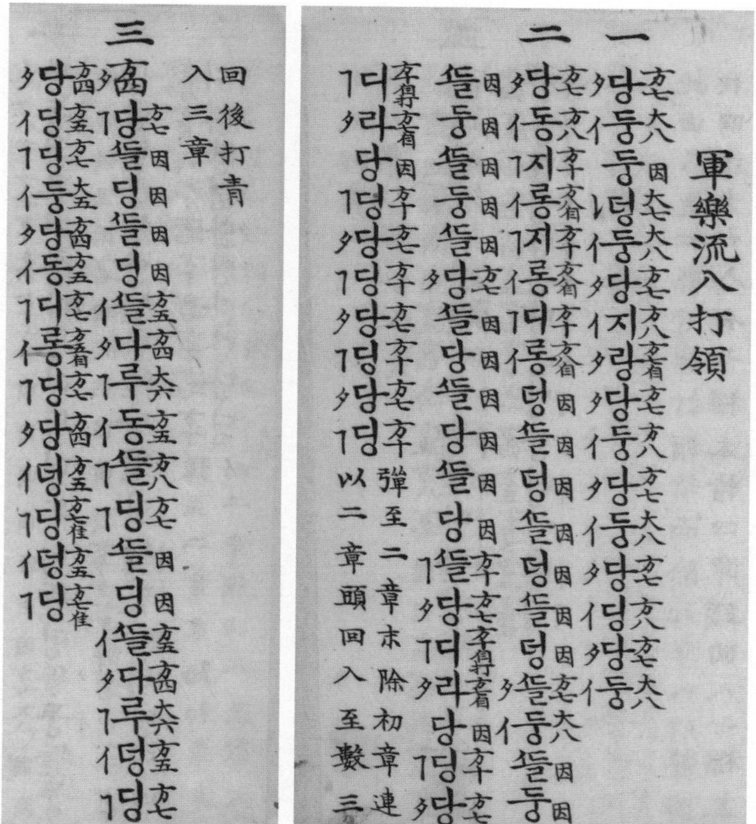

군악유입타령(軍樂流入打領)

31) 우조타령(羽調打領)

羽調打領

【이 악곡은 7괘에서 타령(打領)[73] 지법으로 연주한 것이다. 그러나 초장을 제외하고는 우조 성음으로 4괘에서 연주한다. 넘어갈 때는 7괘의 본지(本指, 본가락) 4장 초두로 되돌아 넘어간다. 그런 뒤 7괘의 본지 2장 초두로 되돌아와 2~3번 되돌아 연주한 다음, 청현(淸絃, 괘상청)을 치고 4장으로 넘어간다. 그 악보는 이미 7괘의 본지에서 볼 수 있으므로 다시 별도로 장(章)의 수와 지법(指法)을 구별하지는 않았다. 군악유입타령(軍樂流入打領)[74] 3장 끝에 이어서 연주하기 때문에 그 사이에 이 우조타령(羽調打領)을 배치했다.

【此曲乃是七棵所彈打領指, 而除初章, 以羽聲彈於四棵者也. 入者, 七棵本指四章頭回入, 七棵本指二章頭回環數回後, 打淸入於四章. 其譜已見於七棵本指, 故更不別立章數指法, 而彈於軍樂流入打領三章末, 故間於其間.

군악유입타령 4장은 7괘의 본지 초장을 4괘에서 연주하고,[75] 군악유입타령 5장은 7괘의 본지 2장을 마찬가지로 4괘에서 연주한다.

軍樂流入打領四章, 以七棵本指初章, 彈於四棵；軍樂流入打領五章, 以七棵本指二章, 亦彈於四棵.

다만 이 장을 되돌아 연주하는 방법은 한결같이 2장 연주 방법과 같이 한 뒤에 청현(淸絃, 괘상청)을 치고 군악타령으로 넘어간다.】

只以此章回環彈之, 一如彈二章法後, 打淸入軍樂打領.】

---

73 타령(打領) : 전통 풍류음악의 기악곡 중의 하나. 현행 영산회상 중에서 여덟 번째 악곡이다. 무용의 반주음악으로 많이 쓰인다.

74 군악유입타령(軍樂流入打領) : 전통 풍류음악의 기악곡 중의 하나. 현행 영산회상 중에서 타령(打領)의 옛 악곡명이다.

75 4장은……연주하고 : 군악유입타령은 거문고 7괘 지법으로 연주하고, 2장은 역시 7괘 지법으로 연주하며, 3장은 4괘 지법으로 연주한다.

羽調打領

此曲乃是七棵所彈打領指而除初章以羽聲彈
於四棵者也入自七棵本指四章頭回入七棵本
指二章頭回環數回後打清入於四章其譜已見
於七棵本指故更不別立章數指法而彈於軍樂
流入打領三章末故間於其間
軍樂流入打領四章以七棵本指初章彈於四棵
軍樂流入打領五章以七棵本指二章亦彈於
四棵
只以此章回環彈之一如彈二章法後打清
入軍樂打領

32) 군악타령(軍樂打領)

軍樂打領

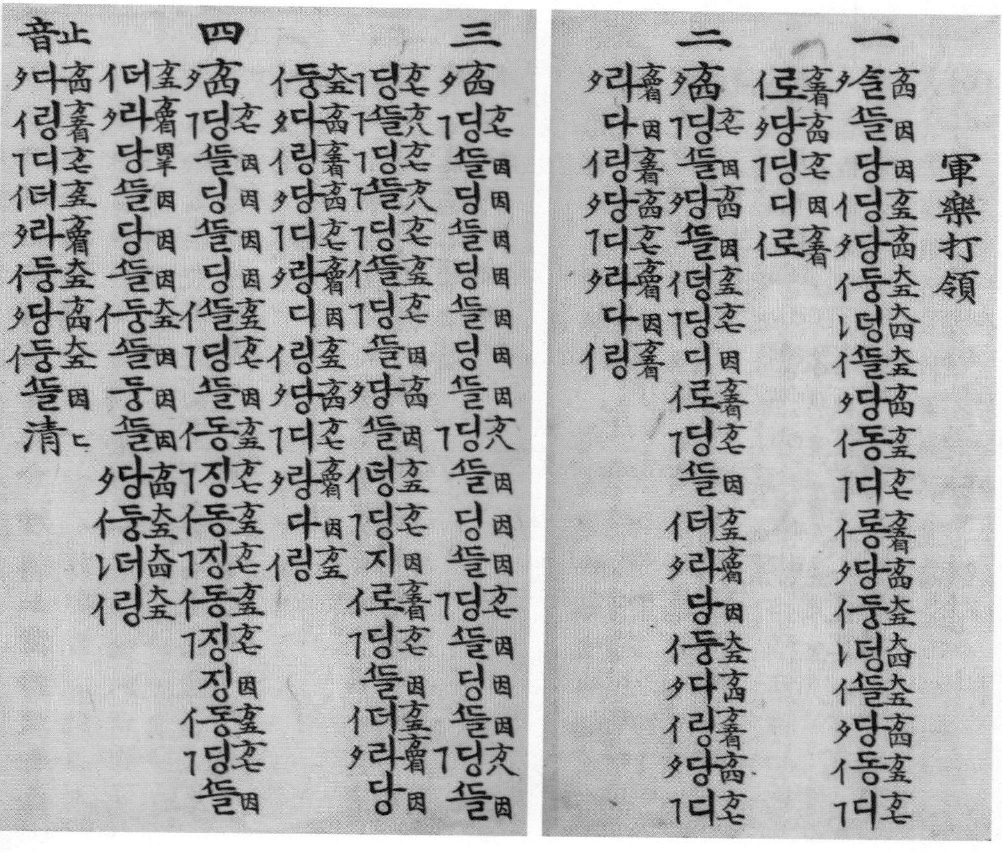

군악타령(軍樂打領)

<초장> (5패)
현행보
유예지
<一> (夕方)
살 갱 뜰 당5 당5 뜰5 징 둥 뜰 덩 덩 뜰
夕숟 뜰 당 亻딩 夕당 亻둥 ㄴ덩 亻뜰
方四 因 因 方五 方四 大五 大四 大五
둥 당 도 라 지 로 당 둥 싸랭 지 로 당 뜰 둥 뜰
夕당 亻동 ㄱ디 亻롱 夕당 亻둥 ㄴ덩 亻뜰
方四 方五 方七 方五自 方四 大五 大四 大五
당 뜰 징 뜰 동 지 로 지 로 다앙 뜰 동 징 지 로
<二> (夕方)
夕당 亻동 ㄱ디 亻로 夕당 ㄱ딩 디 亻로 ㄱ딩 뜰 夕당 뜰 亻덩 ㄱ딩 디 亻로
方四 方五 方七 方五自 方四 方七 因 方五自 方七 因 方四 因 方五 方七 因 方五自
뜰 징 지 로 징 징 살 갱 뜰 둥 둥 뜰 당 뜰 둥 뜰
ㄱ딩 뜰 亻더 夕라 당 亻둥 夕다 亻링
方七 因 方五 方四自 因 大五 方四 方五自

9
현행보
당 홍 다 로 당 홍 다 로 살 갱 上 中
유예지
夕당 ㄱ디 夕라 다 イ링 夕당 ㄱ디 夕라 다 イ링
方四 方七 方四自 因 方五自 方四 方七 方四自 因 方五自
11 <2장> (8괘)
현행보
동 징 지 로 당 뜰 동 징 징 뜰 징 뜰징 징 뜰
(5괘)
현행보 (해탄)
<三> (夕方) 四
유예지
ㄱ딩 뜰 딩 뜰 딩 뜰 딩 뜰 ㄱ딩 뜰 딩 뜰 ㄱ딩 뜰 딩 뜰
方七 因 因 因 因 因 因 因 方八 因 因 因 方七 因 因 因
13
현행보
당 동 징 동 당 동 징 동 당 동 징 동 당 도 라
현행보 (해탄)
유예지
ㄱ딩 뜰 ㄱ딩 ㄱ뜰 ㄱ딩 ㄱ뜰 ㄱ딩 イ뜰
方八 因 方七 方八 方七 方八 方七 方五
15 (5괘)
현행보
지 로 다앙 뜰 동 징 지 로 뜰 징 지 로징 징 살 갱 뜰
유예지
ㄱ딩 뜰 夕당 뜰 イ덩 ㄱ딩 지 イ로 ㄱ딩 뜰 イ더 夕라 당 イ둥 夕다 イ링
方七 因 方四 因 方五 方七 因 方五自 方七 因 方五 方四自 因 大五 方四 方五自

군악타령

17
현행보
둥 둥 뜰 당 뜰 둥 뜰 당 홍 다 로 당 홍 다 로
유예지
夕당 ㄱ디 夕랑 디 亻링 夕당 ㄱ디 夕랑 다 亻링
方四 方七 方四自 因 方五 方四 方七 方四自 因 方五
19
현행보
<3장>
살 갱 지 로 징 뜰 도 링 도 링 드 링 뜰 로
유예지
21
현행보
징 뜰 도 라 둥 당 뜰 둥 둥 뜰 덩 덩 뜰
유예지
23
현행보
둥 당 홍 당 싸랭 뜰 당
유예지
25
현행보
홍 당 싸랭 뜰 싸랭 도 라 동 지 로
유예지

군악타령

27
현행보
싸랭 당 뜰 슬 기둥 둥 당 두
유예지
29
현행보
당 당 둥 당 징 당 징
유예지
31
현행보
당 뜰 징 뜰 살 갱 싸랭 뜰 징
유예지
33
현행보
(8괘)
흥 징 뜰 징 싸랭 뜰 징
유예지
35
현행보
흥 징 뜰 징 흥 징 뜰 징
유예지

37
현행보
싸랭 징 뜰 도 라
싸랭12 뜰12 징12
유예지
39
현행보
홍 징12 뜰12 지잉 뜰
싸랭 뜰 징
유예지
41
현행보
싸랭 징 징 中
살 갱 당 징
<四> (夕方)
四
유예지
ㄱ덩 뜰 덩 뜰 덩 ㅓ뜰 ㄱ덩 뜰
方七 因 因 因 因 方五 方七 因
43
<4장> (5괘)
현행보
당 뜰 징 뜰 동 징 지 로
지 로 다앙 뜰 동 징 지 로
유예지
ㅓ동 ㄱ징 ㅓ동 ㄱ징 ㅓ동 ㄱ징 징 ㅓ동
ㄱ덩 뜰 ㅓ더 夕라 당 뜰 당 뜰
方五 方七 方五 方七 方五 方七 因 方五
方七 因 方五 方四自 因羊 因 因 因
45
현행보
뜰 징 지 로 징 징 살 갱 뜰
둥 둥 뜰 당 뜰 둥 뜰
유예지
ㅓ둥 뜰 둥 뜰 夕당 ㅓ둥 ㄴ더 ㅓ링
大五 因 因 因 方四 大五 大四 大五

군악타령

47
현행보
당 흥 다 로 당 흥 다 로 살 갱 上 中
<止音>
유예지
夕다 亻링 ㄱ디 亻더 夕라 亻둥 夕당 亻둥 뜰 淸
方四 方五自 方七 方五 方四自 大五 方四 大五 因 匕

33) 삼현회입(三絃回入)

【삼현회입(삼현도드리)에 또 1장을 두어 느릿한 소리로 4괘에서 연주한다. 그 지법은 2장 중간 부분에서 들어갔다가 악곡 연주를 마친 뒤, 4장 중간에서 나온다. 그러나 본지와 연주법이 서로 맞는다면, 악곡 연주에 한 지법도 틀림이 없다. 이 1장 또한 원래 판본이지 4장 외에 별도의 지법이 아니다. 사이사이 이 악곡을 서로 섞은 이유는 7괘 상성(商聲)이 지루하면 이 4괘 우성(羽聲)으로 서로 어우러지게 연주하도록 하기 위함이다. 그러므로 지법이 나오고 들어가는 법을 밝힌 것이다.】

三絃回入

【三絃回入, 又有一章以緩聲彈於四棵者, 其指入於二章中間, 其曲彈盡後, 出於四章中間. 而本指對彈相準, 則曲無一指相左. 此亦元板, 非四章外別指也. 間間以此曲相雜者, 七棵商聲支離, 則以此四棵羽聲相和而彈之, 故以明其指出沒之法.】

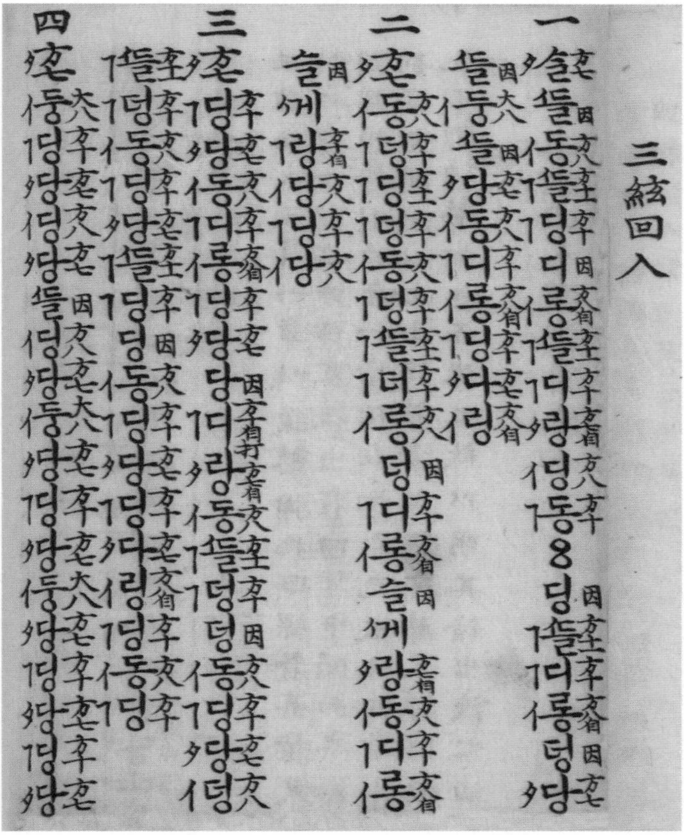
三絃回入
一
二
三
四

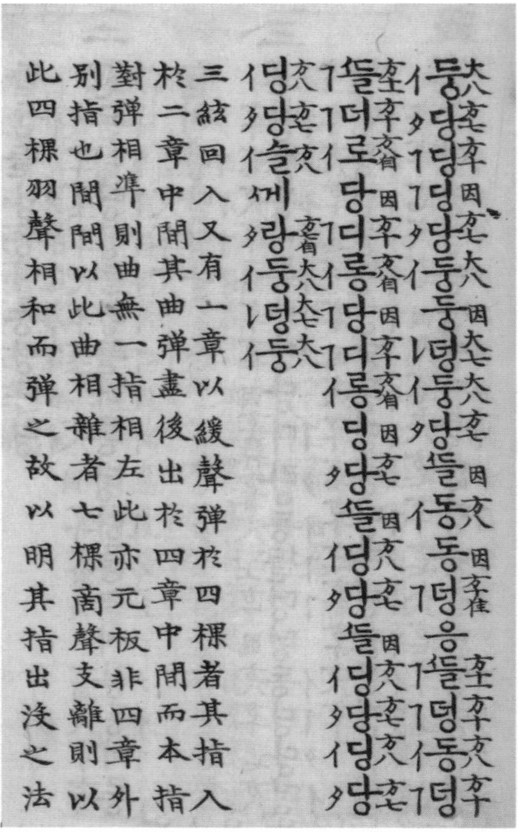

三絃回入又有一章以緩聲弾於四棵者其指入於二章中間其曲弾盡後出於四章中間而本指對弾相準則曲無一指相左此亦元板非四章外別指也間間以此曲相離者七棵商聲支離則以此四棵羽聲相和而弾之故以明其指出沒之法

삼현회입(三絃回入)

<돌장> (7페)
현행보
도 라 둥 다 로 뜰 지 로
<一>
유예지
夕슬 뜰 亻동 ㄱ뜰 ㄱ딩
方七 因 方八 方十一 方十
2
<초장>
현행보
당 홍 당 뜰 홍 당 동 홍 동 뜰 징 뜰
유예지
디 亻롱 ㄱ뜰 ㄱ디 夕랑 亻딩 ㄱ동 딩 ㄱ뜰 ㄱ디 亻롱
因 方八自 方十一 方十 方七自 方八 方十 因 方十一 方十 方八自
4
현행보
동 당 둥 두 당 동 다 로 뜰 다앙 동
유예지
덩 夕당 뜰 亻둥 뜰 夕당 亻동 ㄱ디 亻롱 ㄱ딩 夕다 亻링
因 方七 因 大八 因 方七 方八 方十 方八自 方十 方七 方八自
6
현행보
살 갱 뜰 징 뜰 징 뜰 징 동 징 뜰
<二> (夕方七)
유예지
亻동 ㄱ덩 ㄱ딩 ㄱ덩 亻동 ㄱ덩 ㄱ뜰 ㄱ더 亻롱 덩 ㄱ디 亻롱
方八 方十 方十一 方十 方八 方十 方十一 方十 方八 因 方十 方八自

삼현회입

8
현행보
살 갱 다 로 징 뜰 살 갱 上 中
유예지
슬 쌔 夕랑 亻동 ㄱ디 亻롱 슬 쌔 ㄱ랑 亻당 ㄱ당 亻당
因 方七自 方八 方十 方八自 因 方十自 方八 方十 方八
10 <2장>
현행보
슬 기둥 둥 덩 둥 살 갱 당 동
<三> (夕方七)
유예지
ㄱ딩 夕당 亻동 ㄱ디 亻롱 ㄱ딩 夕당 당 ㄱ디 夕랑 亻동
方十 方七 方八 方十 方八自 方十 方七 因 方十自打 方七自 方八
12
현행보
뜰 징 지 로 징 다 로뜰 지 로 징
유예지
ㄱ뜰 ㄱ덩 덩 亻동 ㄱ딩 夕당 亻덩 ㄱ뜰 ㄱ덩 亻동 ㄱ딩
方十一 方十 因 方八 方十 方七 方八 方十一 方十 方八 方十
14
현행보
딩 동 징 도 라 둥 다 로 징 뜰 동 당 뜰
유예지
夕당 ㄱ뜰 ㄱ딩 딩 亻동 ㄱ딩 夕당 ㄱ딩 夕다 亻링 ㄱ딩 亻동 ㄱ딩
方七 方十一 方十 因 方八 方十 方七 方十 方七 方八自 方十 方八 方十

삼현회입

16
현행보
둥 도 라 동 당 뜰 동 당 두 당 두 당
<四> (夕方)
七
유예지
亻둥 ㄱ딩 夕당 亻딩 夕당 뜰 亻딩 夕당 亻둥 夕당 ㄱ딩 夕당
大八 方十 方七 方八 方七 因 方八 方七 大八 方七 方十 方七
18
현행보
동 당 두 당 두 당 둥 당 징 도 라 둥
유예지
亻둥 夕당 ㄱ딩 夕당 ㄱ딩 夕당 亻둥 夕당 ㄱ딩 ㄱ딩 夕당 亻둥
大八 方七 方十 方七 方十 方七 大八 方七 方十 因 方七 大八
20
<3장>
현행보
둥 덩 둥 당 둥 살 개 라 동 뜰 징
유예지
둥 ㄴ덩 亻둥 夕당 뜰 亻동 동 ㄱ덩 웅 ㄱ뜰
因 大七 大八 方七 因 方八 因 方十隹 方十一
22
현행보
지 로징 동 징 뜰동 징 뜰동 징 뜰
유예지
ㄱ덩 亻동 ㄱ덩 ㄱ뜰 ㄱ더 亻로 당 ㄱ디 亻롱 ㄱ당 ㄱ디 亻롱
方十 方八 方十 方十一 方十 方八自 因 方十 方八自 因 方十 方八自

삼현회입

24
현행보
동 다 링 동 징 뜰 둥 당 둥 두 당
유예지
딩 夕당 뜰 亻딩 夕당 뜰 亻딩 夕당 亻딩 夕당 亻딩 夕당
因 方七 因 方八 方七 因 方八 方七 方八 方七 方八 方七
26
현행보
징 도 링 동 당 둥
유예지
亻슬 쌔 夕랑 亻둥 ㄴ덩 亻둥
方八 方七自 大八 大七 大八

34) 삼현회입우조별지(三絃回入羽調別指)

三絃回入羽調別指

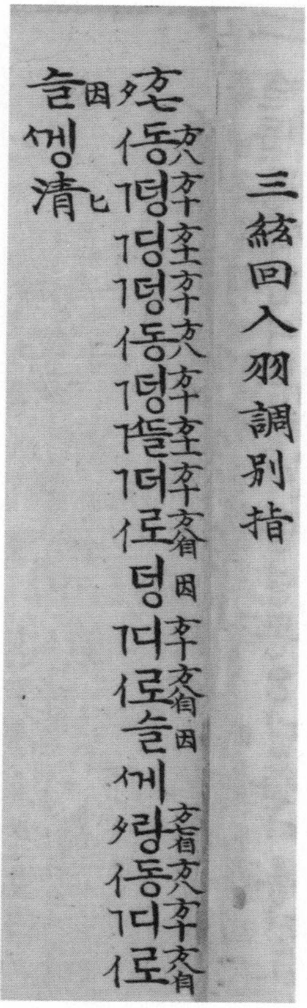

삼현회입우조별지(三絃回入羽調別指)

35) 삼현회입(三絃回入) 2장두

三絃回入二章頭

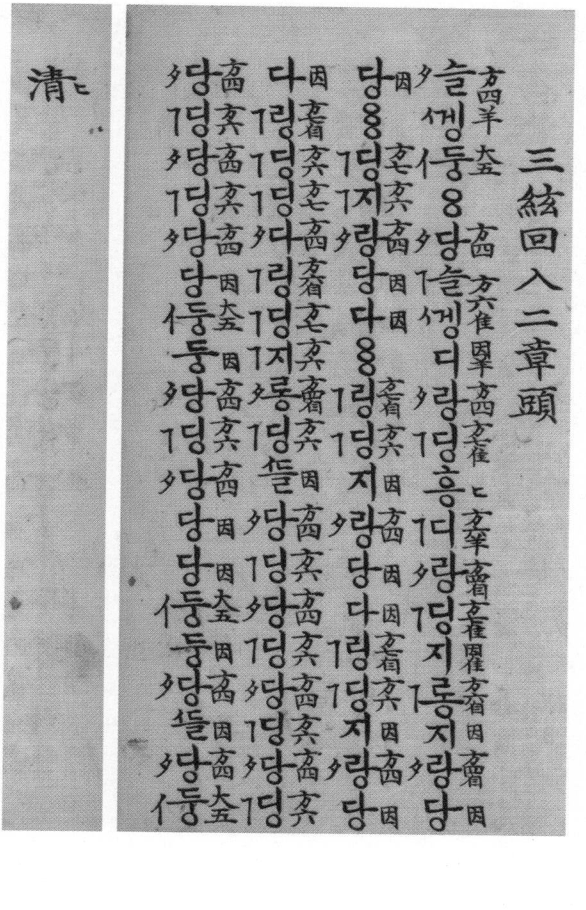

삼현회입2장두(三絃回入二章頭)

삼현회입이장두

9
현행보
당 지 라 지 라 징 동 지 로 징 도 라
유예지
夕당 ㄱ딩 夕당 ㄱ딩 夕당 ㄱ딩 夕당 ㄱ딩 夕당 ㄱ딩 夕당 ㄱ딩
方四 方六 方四 方六 方四 方六 方四 方六 方四 方六 方四 方六
11
현행보
둥 두 당 징 뜰 당 둥 당 둥 도 라
유예지
夕당 당 亻둥 둥 夕당 ㄱ딩 夕당 당 당
方四 因 大五 因 方四 方六 方四 因 因
13
현행보
뜰 둥 당 둥 당 뜰 슬 기 두웅 上 中
유예지
亻둥 둥 夕당 뜰 夕당 亻둥 淸
大五 因 方四 因 方四 大五 匕

36) 삼현회입(三絃回入) 4장말

三絃回入四章末

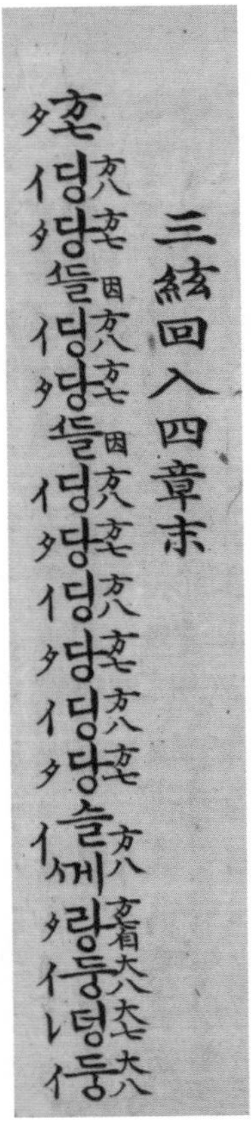

삼현회입4장말(三絃回入四章末)

37) 영산회상(靈山會上)

靈山會上

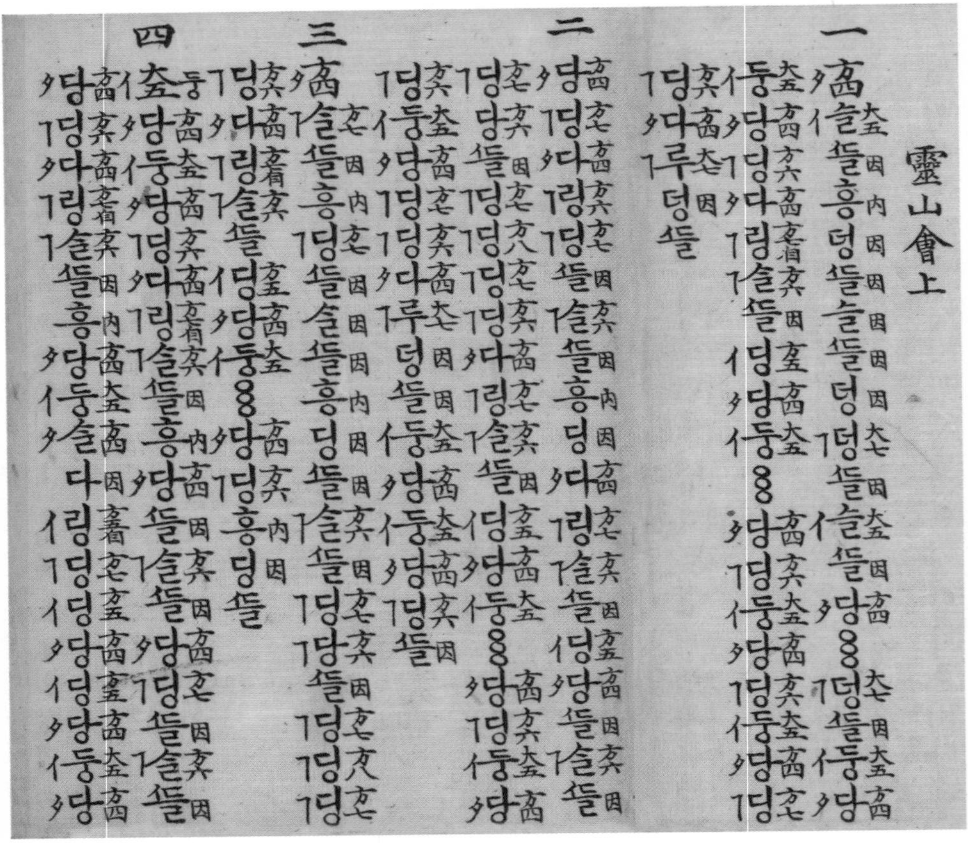

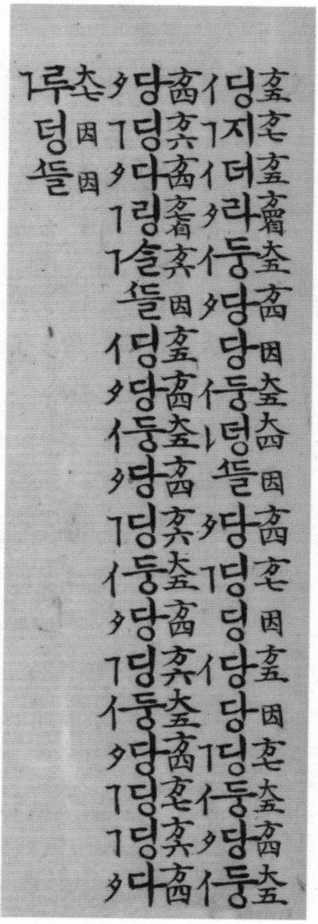
딩 지 더 라 둥 당 당 둥 덩 뜰 당 딩 딩 당 당 딩 둥 당 둥
당 딩 다 링 슬 뜰 딩 당 둥 당 딩 둥 당 딩 둥 당 딩 딩 다
루 덩 뜰

영산회상(靈山會相)

<초장> (4패)
현행보
슬 기둥 뜰 홍 기둥 中 슬 기둥 뜰 둥 장大 뜰大
下
<一> (夕方)
四
유예지
亻슬 뜰 홍 덩 뜰 슬 뜰 덩 ㄱ덩 뜰
大五 因 內 因 因 因 因 因 大七 因
2
현행보
슬 기둥 뜰 당 동 도 라 둥 당 둥 당 징 당 뜰
유예지
亻슬 뜰 夕당 ∞ ㄱ덩 뜰 亻둥 夕당 亻둥 夕당 ㄱ딩 夕다 ㄱ링
大五 因 方四 大七 因 大五 方四 大五 方四 方六 方四 方七自
3
현행보
살 갱 뜰 홍 당 둥 뜰5 당 징 둥 당 징 둥 당
유예지
ㄱ슬 뜰 亻딩 夕당 亻둥 ∞ 夕당 ㄱ딩 亻둥 夕당 ㄱ딩 亻둥 夕당
方六 因 方五 方四 大五 方四 方六 大五 方四 方六 大五 方四
4
<2장>
현행보
징 징 홍 징 징 징 당 징 징 당 징 징 뜰
<二>
유예지
ㄱ딩 ㄱ딩 夕다 ㄱ루 덩 뜰 夕당 ㄱ딩 夕다 ㄱ링 ㄱ딩 뜰
方七 方六 方四 大七 因 方四 方七 方四 方六 方七 因

영산회상

5
현행보
당 징 흥 징 당 뜰 살 갱 뜰 흥 당 上 中
유예지
ㄱ슬 뜰 흥 딩 夕다 ㄱ링 ㄱ슬 뜰 亻딩 夕당 뜰
方六 因 內 因 方四 方七 方六 因 方五 方四 因
6
현행보
살 갱 도 라 징 도 라 뜰7 다앙 동 당 둥 당 징 당 뜰
유예지
ㄱ슬 뜰 ㄱ딩 당 뜰 ㄱ딩 ㄱ딩 ㄱ딩 ㄱ딩 夕다 ㄱ링
方六 因 方七 方六 因 方七 方八 方七 方六 方四 方七
7
현행보
살 갱 뜰 흥 당 둥 뜰5 당 징 둥 당 징 둥 당
유예지
ㄱ슬 뜰 亻딩 夕당 亻둥 ooo 夕당 ㄱ딩 亻둥 夕당 ㄱ딩 亻둥 夕당
方六 因 方五 方四 大五 方四 方六 大五 方四 方六 大五 方四
8
<3장>
현행보
징 징 흥 징 뜰 다앙 둥 당당 둥 당 징 당 뜰
유예지
ㄱ딩 ㄱ딩 夕다 ㄱ루 덩 뜰 亻둥 亻당 亻둥 夕당 ㄱ딩 뜰
方七 方六 方四 大七 因 因 大五 方四 大五 方四 方六 因

9
현행보
살 갱 들 홍 징 당 뜰 살 갱 뜰 홍 징 둥 당
<三> (夕方)
四
유예지
ㄱ슬 뜰 홍 ㄱ딩 뜰 슬 뜰 홍 딩 뜰
方七 因 內 方七 因 因 因 內 因 因
10
현행보
살 갱 뜨 라 징 징 뜰 다앙 둥 당 둥 당 징 당 뜰
유예지
ㄱ슬 뜰 ㄱ딩 ㄱ당 뜰 ㄱ딩 ㄱ딩 ㄱ딩 ㄱ딩 夕다 ㄱ링
方六 因 方七 方六 因 方七 方八 方七 方六 方四 方七自
11
현행보
살 갱 뜰 다 지大 둥 당 둥 당 징 둥 당 징 둥 당
유예지
ㄱ슬 뜰 亻딩 夕당 亻둥 ooo 夕당 ㄱ딩 홍 딩 뜰
方六 方五 方四 大五 方四 方六 內 因
12 <4장>
현행보
둥 당 둥 당 징 당 뜰 살 갱 뜰 홍 둥 도 라
<四>
유예지
亻둥 夕당 亻둥 夕당 ㄱ딩 夕다 ㄱ링 ㄱ슬 뜰 홍 夕당 뜰
大五 方四 大五 方四 方六 方四 方七自 方六 因 內 方四 因

영산회상

13
현행보
살 갱 뜨 라 당 징 뜰 지잉 징 징 당 뜰 징 당 뜰
유예지
ㄱ슬 뜰 夕당 ㄱ딩 뜰 ㄱ슬 뜰 夕당 ㄱ딩 夕다 ㄱ링
方六 因 方四 方七 因 方六 因 方四 方六 方四 方七自
14
현행보
살 갱 뜰 홍 당 등 등 살 갱 다앙 동 징 동 도 라
유예지
ㄱ슬 뜰 홍 夕당 亻등 夕슬 다 亻링 ㄱ딩 亻딩 夕당
方六 因 內 方四 大五 方四 因 方五自 方七 方五 方四
15
현행보
동 당 등 당 동 도 라 등 당 뜰 등 덩 뜰 등
유예지
亻딩 夕당 亻등 夕당 亻딩 ㄱ지 亻더 夕라 亻등 夕당 당 亻등 ㄴ덩 뜰
方五 方四 大五 方四 方五 方七 方五 方四自 大五 方四 因 大五 大四 因
16
현행보
살 갱 다앙 동 징 도 라 뜰7 다앙 등 당 등 당 징 당 뜰
유예지
夕당 ㄱ딩 딩 亻당 당 ㄱ딩 亻등 夕당 亻등 夕당 ㄱ딩 夕다 ㄱ링
方四 方七 因 方五 因 方七 大五 方四 大五 方四 方六 方四 方七自

영산회상

17
현행보
살 갱 뜰 대 지大 둥 당 둥 당 징 둥 당 징 둥 당
유예지
ㄱ슬 뜰 亻딩 夕당 亻둥 夕당 ㄱ딩 亻둥 夕당 ㄱ딩 亻둥 夕당
方六 因 方五 方四 大五 方四 方六 大五 方四 方六 大五 方四
18
현행보
유예지
ㄱ딩 ㄱ딩 夕다 ㄱ루 덩 뜰
方七 方六 方四 大七 因 因

38) 세령산(細靈山)

細靈山

【대령산(大靈山)[76]에서 세령산(細靈山)[77]으로 넘어갈 때, 대령산의 4장 끝부분에 이르러서 둥·당·딩·당을 이어서 계속 딩·흥·청·청을 연주하고 세령산으로 넘어간다.】

【自大靈山入細靈山, 項至四章末, 둥당딩당繼彈딩흥淸淸, 入細靈山.】

---

76 대령산(大靈山) : 전통 풍류음악의 기악곡 중의 하나. 영산회상의 첫 번째 악곡명이다. 달리 상영산(上靈山)이라고도 한다.

77 세령산(細靈山) : 전통 풍류음악의 기악곡 중의 하나. 영산회상의 세 번째 악곡명이다. 달리 잔영산(殘靈山)이라고도 한다.

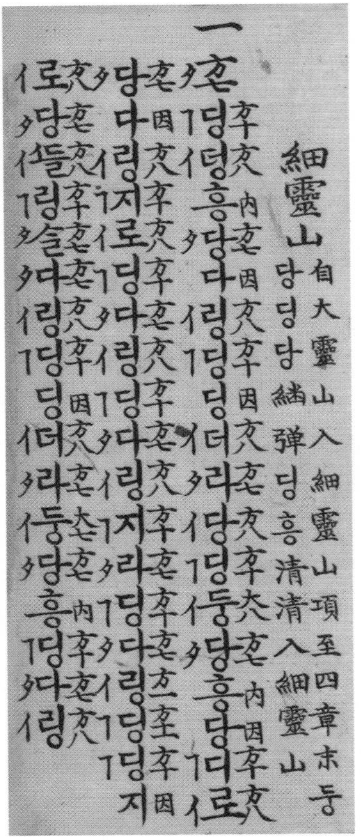
一
細靈山
自大靈山入細靈山項至四章末

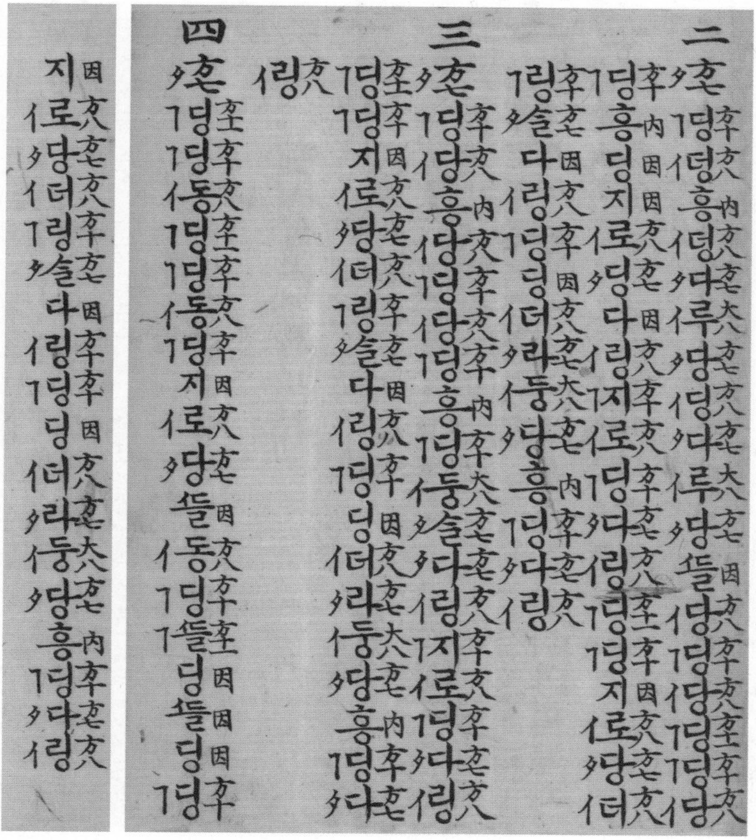
二
三
四

세령산(細靈山)

<초장> (7괘)
현행보
살 갱 뜰 동 징 동 징 다 로 징 다 로 징 뜰 도 라
<一> (夕方) 七
유예지
ㄱ딩 亻덩 홍 夕당 다 亻링 ㄱ딩 딩 亻더 夕라 亻당 ㄱ딩
方十 方八 內 方七 因 方八 方十 因 方八 方七 方八 方十
2
현행보
둥 당 홍 당 지 로 싸랭 뜰 동 징 동 징 다 로
유예지
亻둥 夕당 홍 당 ㄱ디 亻로 夕당 다 亻링 ㄱ지 亻로 ㄱ딩 夕다 亻링
大八 方七 內 因 方十 方八 方七 因 方八 方十 方八 方十 方七 方八
3
현행보
징 다 로 징 뜰 도 라 동 징 뜰 도 링 뜰 다앙 둥
유예지
ㄱ딩 夕다 亻링 ㄱ지 夕라 ㄱ딩 夕다 亻링 ㄱ딩 ㄱ딩 지 亻로 夕당 亻뜰 ㄱ링
方十 方七 方八 方十 方七 方十 方七 方一 方十一 方十 因 方八 方七 方八 方十
4
현행보
당 도 라 둥 뜰 당 둥 덩 둥 당 홍 당 뜰
유예지
夕슬 夕다 亻링 ㄱ딩 딩 亻더 夕라 亻둥 夕당 홍 ㄱ딩 夕다 亻링
方七 方七 方八 方十 因 方八 方七 大七 方七 內 方十 方七 方八

세령산

5 <2장>
현행보
동 징 뜰 동 징 동 당 다 링 동 도 라 둥 뜰 당 지 라
<二> (夕方) 七
유예지
ㄱ딩 亻덩 홍 亻덩 夕다 亻루 夕당 亻딩 夕다 亻루 夕당 뜰
方十 方八 內 方八 方七 大八 方七 方八 方七 大八 方七 因
6
현행보
동 징 당 동 뜰 징 동 징 홍 징 지 로
유예지
亻당 ㄱ딩 亻당 ㄱ딩 ㄱ딩 亻당 ㄱ딩 홍 딩 지 亻로
方八 方十 方八 方十一 方十 方八 方十 內 因 因 方八
7
현행보
싸랭 뜰 동 징 동 징 도 라 동 징 뜰 도 링 뜰 다앙 둥
유예지
夕당 다 亻링 ㄱ지 亻로 ㄱ딩 夕다 亻링 ㄱ딩 ㄱ딩 지 亻로 夕당 亻더 ㄱ링
方七 因 方八 方十 方八 方十 方七 方八 方十一 方十 因 方八 方七 方八 方十
8
현행보
당 도 라 둥 뜰 당 둥 덩 둥 당 홍 당 뜰
유예지
夕슬 다 亻링 亻딩 딩 亻더 夕라 亻둥 夕당 홍 ㄱ딩 夕다 亻링
方七 因 方八 方十 因 方八 方七 大八 方七 內 方十 方七 方八

세령산

현행보
유예지
<3장>
<三> (夕方) 七
징 뜰동 흥 동 다 링 동 도 라 둥 둥 덩 둥
ㄱ딩 亻당 흥 亻당 ㄱ딩 亻당 ㄱ딩 흥 ㄱ딩 亻둥
方十 方八 內 方八 方十 方八 方十 內 方十 大八
당 지 라 동 징 동 뜰 동 도라둥 뜰 다 로 징
夕슬 夕다 亻링 ㄱ지 亻로 ㄱ딩 夕다 亻링 ㄱ딩 ㄱ딩 지 亻로 夕당 亻더 ㄱ링
方七 方七 方八 方十 方八 方十 方七 方八 方十一 方十 因 方八 方七 方八 方十
동 도 라 징 동 도 라 둥 당 흥 당 뜰
夕슬 다 亻링 ㄱ딩 딩 亻더 夕라 亻둥 夕당 흥 ㄱ딩 夕다 亻링
方七 因 方八 方十 因 方八 方七 大八 方七 內 方十 方七 方八
<4장>
<四> (夕方) 七
동 징 당 동 뜰 징 동 징 지 로 징 당
ㄱ딩 ㄱ딩 亻동 ㄱ딩 ㄱ딩 亻동 ㄱ딩 지 亻로 夕당 뜰
方十一 方十 方八 方十一 方十 方八 方十 因 方八 方七 因

세령산

13
현행보
동 징 뜰 징 징 뜰징 징 흥 징 지 로
유예지
亻동 ㄱ딩 ㄱ뜰 딩 뜰 딩 ㄱ딩 지 亻로 夕당 亻더 ㄱ링
方八 方十 方十一 因 因 因 方十 因 方八 方七 方八 方十
14
현행보
싸랭 뜰 동 징 동 징 도 라 둥 당 흥 당 뜰
유예지
夕슬 다 亻링 ㄱ딩 딩 亻더 夕라 亻둥 夕당 흥 ㄱ딩 夕다 亻링
方七 因 方十 方十 因 方八 方七 大八 方七 内 方十 方七 方八

39) 영산회상이층제지(靈山會上二層除指)

靈山會上二層除指

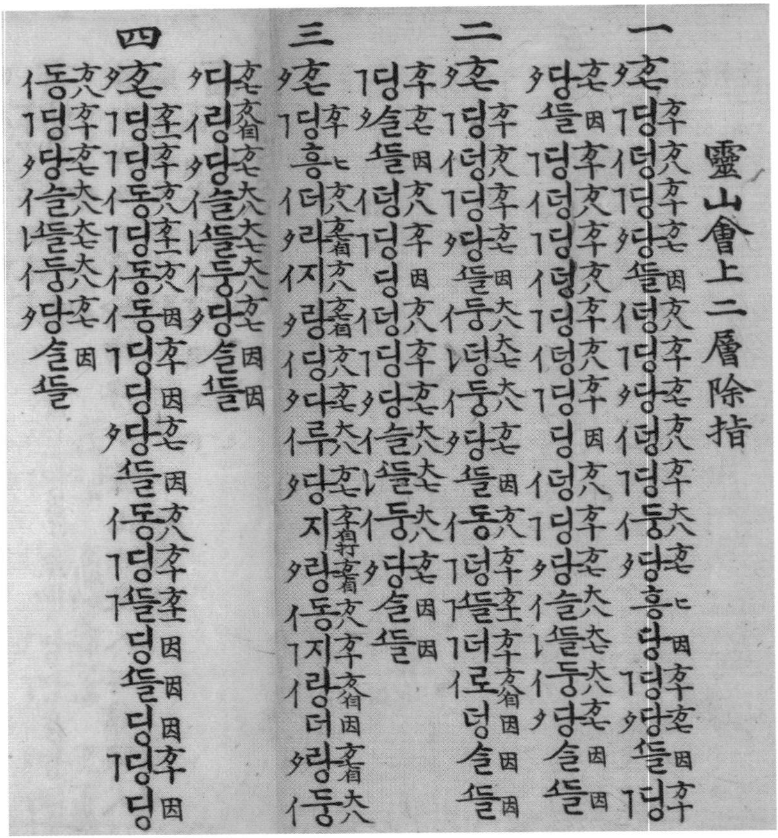

영산회상이층제지(靈山會上二層除指)

이층제지

<세령산 초장>
6
현
도 링 뜰 다 링동 당 둥 당 뜰 동 징 다 로 징 뜰 동 슬 기 둥
<二> (夕方) 七
유
ㄱ딩 亻덩 ㄱ딩 夕당 뜰 亻둥 ㄴ덩 亻둥 夕당 뜰 亻동 ㄱ덩 ㄱ뜰 ㄱ더 亻로 덩 슬 뜰
方十 方八 方十 方七 因 大八 大七 大八 方七 因 方八 方十 方十一 方十 方八自 因 因 因
8
현
당 홍 당 뜰 둥 도 라 둥 당 뜰 슬 기 둥 덩 둥 당 홍 당 뜰
유
ㄱ딩 夕살 뜰 亻덩 ㄱ딩 딩 亻덩 ㄱ딩 夕당 亻슬 ㄴ뜰 亻둥 夕당 슬 뜰
方十 方七 因 方八 方十 因 方八 方十 方七 大八 大七 大八 方七 因 因
10
<2장>
현
징동홍 동 둥 동 뜰 동 둥 둥 당 뜰 동 뜰 징 지 로 징 동 징
<三> (夕方) 七
유
ㄱ딩 홍 亻더 夕라 亻지 夕랑 亻딩 夕다 亻루 夕당 지 夕랑 亻동 ㄱ지 亻랑 더 夕랑 亻둥 夕다 亻링
方十 匕 方八 方七自 方八 方七自 方八 方七 大八 方七 方十自打 方七自 方八 方十 方八自 因 方七自 大八 方七 方八自
12
<3장>
현
당 다 로 징 도 라 둥 당 홍 당 뜰 징 뜰 동 뜰 징 동 징 동 징 당
<四> (夕方) 七
유
夕당 亻슬 ㄴ뜰 亻둥 夕당 슬 뜰 ㄱ딩 ㄱ딩 亻동 ㄱ딩 亻동 亻동 ㄱ딩 딩 夕당 뜰
方七 大八 大七 大八 方七 因 因 方十一 方十 方八 方十一 方八 因 方十 因 方七 因

이층제지

14
현
유
도 라동 징당동 징 뜰 동 지로 당 뜰 슬기둥 덩 둥 당 홍당 뜰
亻동 ㄱ딩 ㄱ뜰 딩 뜰 딩 ㄱ딩 딩 亻동 ㄱ딩 夕당 亻슬 ㄴ뜰 亻둥 夕당 슬 뜰
方八 方十 方十一 因 因 因 方十 因 方八 方十 方七 大八 大七 大八 方七 因

40) 영산회상삼층제지(靈山會上三層除指)

靈山會上三層除指

【만약 삼현회입(삼현도드리)을 건너뛰게 되면 삼층제지(三層除指)[78] 4장 중간인 이 지점에서 삼현회입 2장 초두 부분으로 들어간다. 때문에 별도로 1장을 두어 그 연주 방법을 밝혀 둔다.】

【若越三絃回入, 則自三層除指四章中間, 入三絃回入二章頭, 故別立一章以明其法.】

【만약 이층제지와 삼층제지를 연주하지 않고 소령산(小靈山, 세령산) 끝부분을 연주하고서 바로 삼현회입으로 되돌아들면 여기에는 또 그에 맞는 연주 방법이 있다. 때문에 별도로 1장을 두어 그 연주 방법을 밝혀 둔다.】

【若不彈二、三層除指, 彈小靈山, 末直入三絃回入, 則又有其法, 故別立一章以明其法.】

78 삼층제지(三層除指) : 세 번째 가락을 던다는 뜻으로 현행 가락덜이[加樂除只]에 해당한다.《유예지》 영산회상은 현행 상영산(上靈山)에 해당하고, 세령산(細靈山)은 현행 중영산(中靈山), 영산회상 이층제지(二層除指)는 현행 세령산에 해당한다. 각 곡은 4장으로 구성되어 있다.

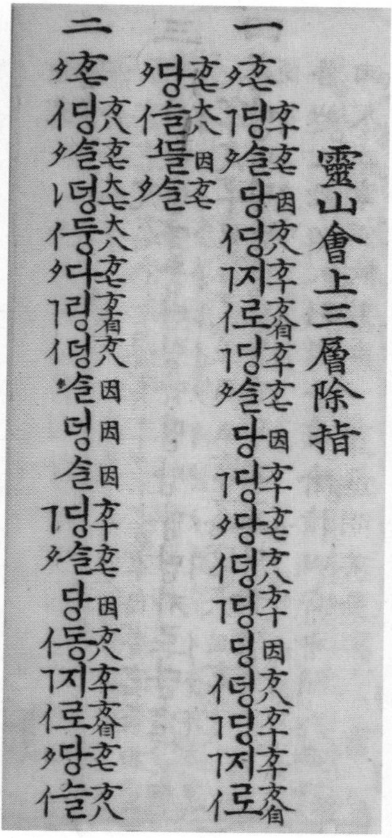
靈山會上三層除指
一
二

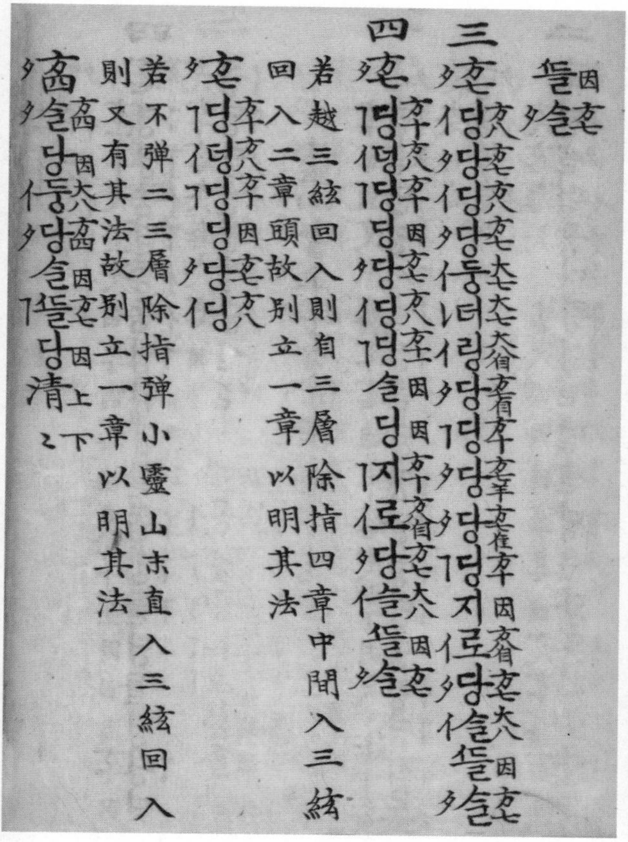
三
四
若越三絃回入則自三層除指四章中間入三絃
回入二章頭故別立一章以明其法
若不弾二三層除指弾小靈山末直入三絃回入
則又有其法故別立一章以明其法

영산회상삼층제지(靈山會上三層除指)

삼층제지

9 <2장>
현
동 징 뜰 동 뜰 다앙 도 라동 징 동 뜰 지 로
<三>(夕方)
七
유
亻딩 夕당 亻딩 夕당 亻동 ㄴ더 亻링 夕당 ㄱ딩 夕당 夕당 ㄱ딩지 亻로
方八 方七 方八 方七 大七 大七 大八自 方七自 方十 方七羊方七隹方十 因 方八自
11
현
당 등 당 등 뜰 당
<3장>
징 흥 징 싸랭 뜰 다앙
<四>(夕方)
七
유
夕당 亻슬 뜰 夕슬 ㄱ딩 亻덩 ㄱ딩 딩 夕당 亻딩
方七 大八 因 方七 方十 方八 方十 因 方七 方八
13
현
도 라동 징 동 뜰 지 로 당 등 당 등 뜰 당
유
ㄱ딩 슬 덩 ㄱ지 亻로 夕당 亻슬 뜰 夕슬
方十一 因 因 方十 方八自 方七 大八 因 方七
15 (夕方)
七
유
ㄱ딩 亻덩 ㄱ딩 딩 夕당 亻딩
方十 方八 方十 因 方七 方八
16 (夕方)
四
유
夕슬 당 亻동 夕당 슬 ㄱ뜰 당 清 清
方四 因 大八 方四 因 方七 因 上 下

삼층제지

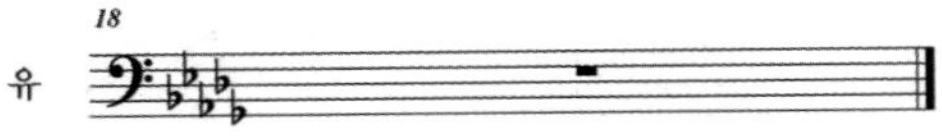

41) 보허사(步虛詞)[79]

步虛詞

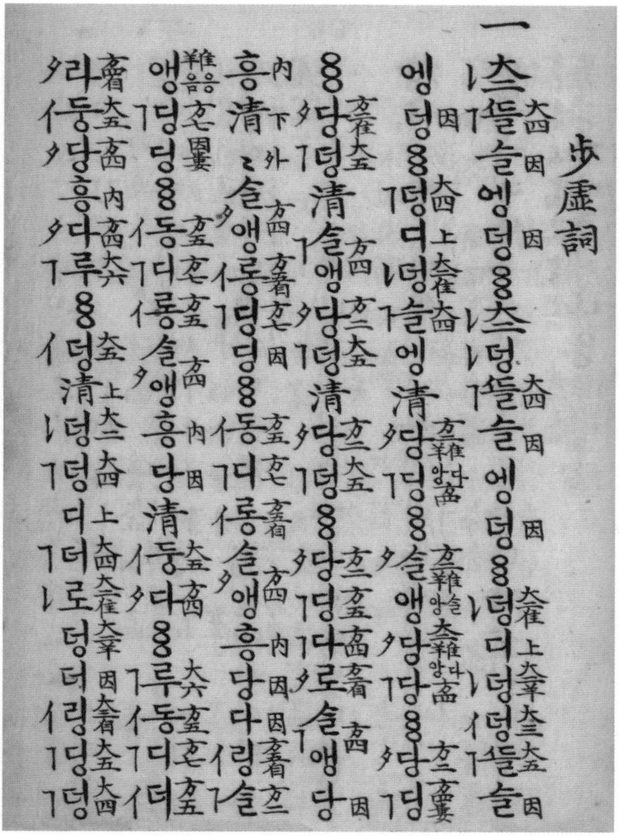

79 보허사(步虛詞) : 원이름은 〈보허자(步虛子)〉이며, 아명(雅名)은 〈황하청(黃河淸)〉으로, 고려 때 중국의 송나라로부터 들어온 악곡이다. 〈보허사〉라는 이름은 조선 영조 때부터 쓰였다.

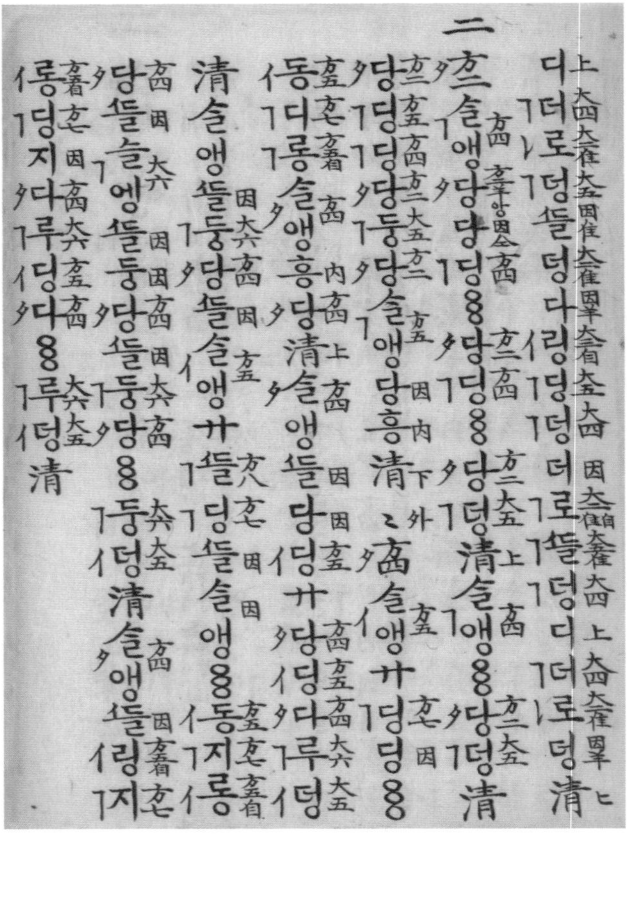

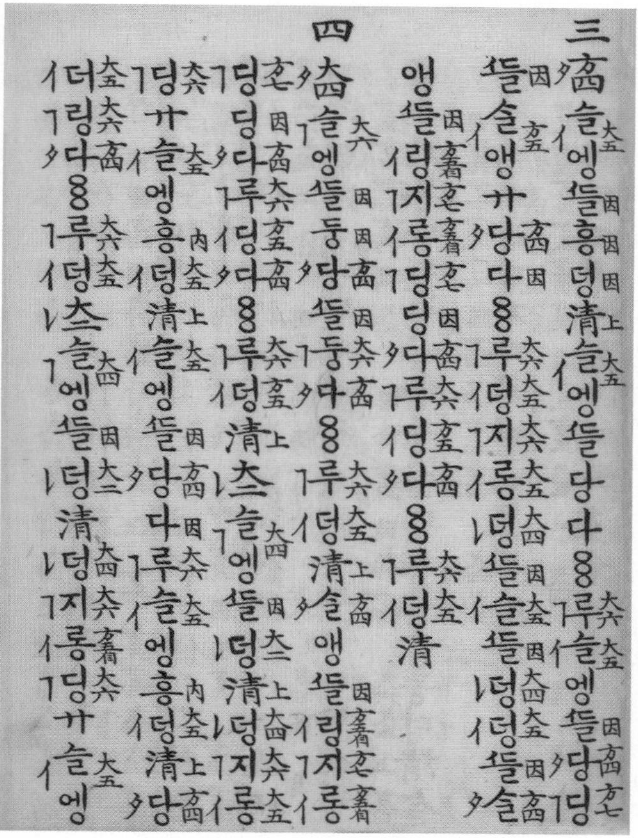
三
四

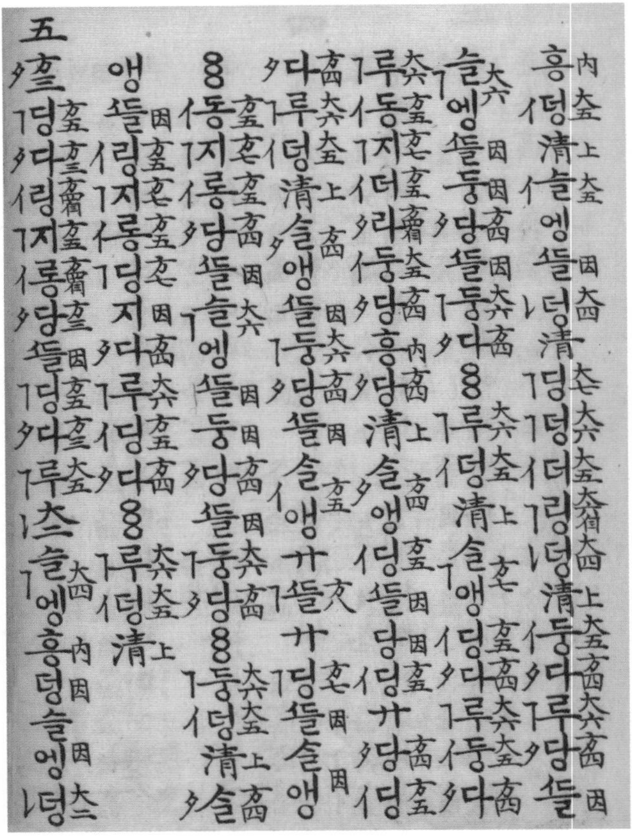

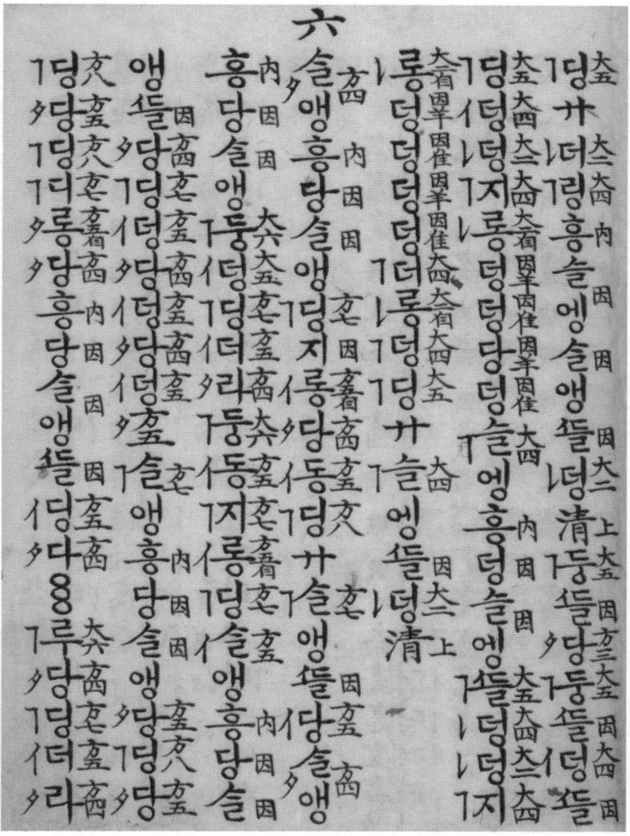
六

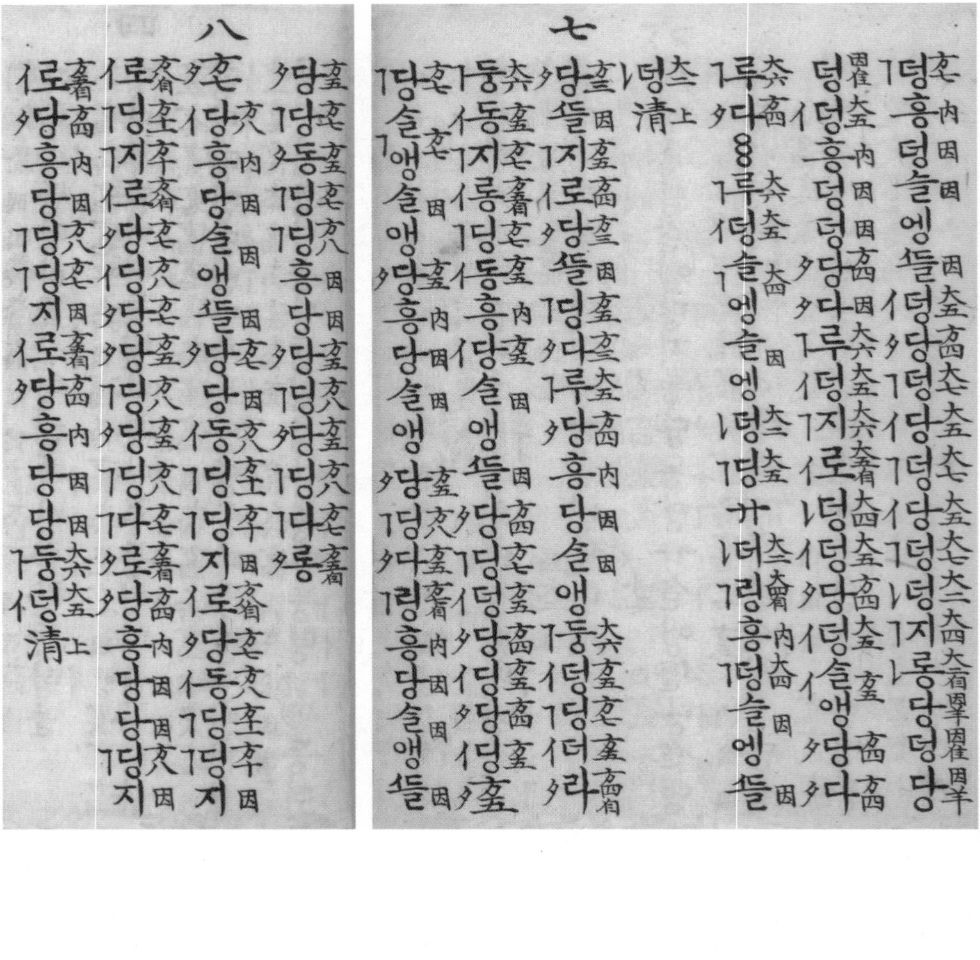
七
八

보허사(步虛詞)

<초장> (2패)
현행보
20
뜰 슬 기징 징 덩 뜰 슬 기징 징 上 더 루 덩大二 덩大二 뜰
<—> (ㄴ大) 二
(ㄴ大) 二
유예지
ㄱ뜰 슬 엥 덩◦◦◦ㄴ덩 ㄱ뜰 슬 엥 덩◦◦◦ㄴ덩 디 ㄴ덩 ㅓ덩 ㄱ뜰
大四因 因 大四 因 因 大二隹 上 大二羊 大三 大五
2
현
슬 기징 뜰 징 上 덩大二 덩 뜰 슬 기징 中 당子二 징 뜰
유
슬 엥 덩◦◦◦ㄱ덩 디 ㄴ덩 ㄱ슬 엥 淸 夕당 ㄱ딩 ◦◦◦
因 因 大四 上 大二隹 大四 方二隹羊 다앙 方四
3
현
살 갱 뜰 동 징 뜰 동 징 동 당 中
유
夕슬 앵 夕당 ㄱ당 ◦◦◦ 夕당 ㄱ딩◦◦◦ 夕당 ㄱ덩 淸
方二 隹羊 슬앙 大二隹羊 다앙方四 方二 方四婁 方二隹 大五
4
현
살 갱 뜰 동 당 뜰 동 당 동 징 도 링
유
ㄱ슬 앵 夕당 ㄱ덩 淸 夕당 ㄱ덩 ◦◦◦ 夕당 ㄱ덩 ㄱ다 夕로
方四 方二 大五 方二 大五 方二 方五 方四 方二自

보허사

5
(4패)
현
살 갱 뜰 홍 당 中 살 갱 다 로 징 뜰 도 링 도 라
유
ㄱ슬 앵 당 홍 淸 淸 夕슬 앵 イ롱 ㄱ딩 딩 ००० イ동 ㄱ디 イ롱
方四 因 內 下 外 方四 方五自 方七 因 方五 方七 方五自
6
현
살 갱 뜰 홍 당 中 살 갱 뜰 징 뜰 도 링 도 라
유
夕슬 앵 홍 당 다 イ링 ㄱ슬 앵 ㄱ딩 딩 ००० イ동 ㄱ디 イ롱
方四 內 因 因 方五自 方二 羊隹응음 方七 因 方五 方七 方五
7
현
살 갱 뜰 홍 당 中 동 당 둥 동 뜰 도 라
유
夕슬 앵 홍 당 淸 イ동 夕다 ००० ㄱ루 イ동 ㄱ디 イ더 夕라
方四 內 因 大五 方四 大六 方五 方七 方五 方四自
8
현
둥 당 홍 당 당 둥 동 당 둥 둥 당 둥
유
イ둥 夕당 홍 夕다 ㄱ루 ००० イ덩 淸
大五 方四 內 方四 大六 大五 上

보허사

9
(2괘)
현
덩 징 上 더 루 덩大二 더 루 징 징 지 루 징 징
유
ㄴ덩 ㄱ덩 디 ㄱ더 ㄴ로 덩 더 ㄹ링 ㄱ덩 ㄱ덩 디 ㄱ더 ㄴ로 ㄱ덩 뜰
大二 大四 上 大四 大二隹 大二羊 因 大三自 大五 大四 上 大四 大二隹 大五 因隹
10
현
덩 더大二 루 징 징 지 루 징 징 上 더 루 덩 中
유
덩 다 ㄹ링 ㄱ덩 ㄱ덩 더 ㄱ로 ㄱ뜰 ㄱ덩 디 ㄱ더 ㄴ로 덩 淸
大二隹 因羊 大三自 大五 大四 因 大二自隹 大五隹 大四 上 大四 大二隹 因羊 匕
11 <2장>
현
살 갱 뜰 동 징 뜰 동 징 동 당 中
<二> (夕方)
유
ㄱ슬 앵 夕당 당 ㄱ딩 ㅇㅇㅇ 夕당 ㄱ딩ㅇㅇㅇ 夕당 ㄱ덩 淸
方四 方二羊앙 因소 方四 方二 方四 方二 大五 上
12
현
살 갱 뜰 동 당 뜰 동 뜰 당 동 당 동
유
ㄱ슬 앵 ㅇㅇㅇ 夕당 ㄱ덩 淸 夕당 ㄱ딩 ㄱ딩 夕당 ㄱ둥 夕당
方四 方二 大五 方二 方五 方四 方二 大五 方二

13
(4괘)
현
살 갱 뜰 흥 동 中 살 갱 다 로 징 뜰 도 링 도 라
(夕方)
四
卄
유
ㄱ슬 앵 당 흥 淸 淸 1슬 앵 ㄱ딩 딩ooo 1동 ㄱ디 ㄱ롱
方五 因 內 下 外 方五 方七 因 方五 方七 方五自
14
현
살 갱 뜰 흥 당 지 로 살 갱 뜰 다앙 동 뜰
卄
유
夕슬 앵 흥 夕당 淸 夕슬 앵 뜰 당 1딩
方四 內 方四 上 方四 因 因 方五
15
현
당 뜰 동 당 등 동 뜰 살 갱 뜰 등 당 中
유
夕당 1딩 夕다 ㄱ루 1덩 淸 슬 앵 뜰 ㄱ둥 夕당 뜰
方四 方五 方四 大六 大五 因 大六 方四 因
16
현
살 갱 다 로 뜰 징 동 뜰 살 갱 뜰 동 당 뜰
卄
유
1슬 앵 ㄱ뜰 ㄱ딩 뜰 슬 앵ooo 1동 ㄱ지 1롱 夕당 뜰
方五 方八 方七 因 因 方五 方七 方五自 方四 因

보허사

17
현
슬 기둥 드 러 둥 당 뜰 둥 당 둥 둥 中
유
ㄱ슬 앵 뜰 둥 夕당 뜰 ㄱ둥 夕당 ∘∘∘ ㄱ둥 亻덩 淸
大六 因 因 方四 因 大六 方四 大六 大五
18
현
살 갱 당 동 징 동 징 당 둥 동 당 둥 둥 당 둥
유
夕슬 앵 뜰 亻링 ㄱ지 亻롱 ㄱ딩 지 夕다 ㄱ루 亻딩 夕다∘∘∘ㄱ루 亻덩 淸
方四 因 方五自 方七 方五自 方七 因 方四 大六 方五 方四 大六 大五
19
(2궤)
현
덩 징 上 더 루 덩大二 더 루大二 징 징 지 루 징 징
유
20
현
덩 더大二 루 징 징 지 루 징 징 上 더 루 덩 中
유

21
<3장> (4페)
현
슬 기둥 뜰 홍 기둥 中 슬기둥 둥 둥 당 뜰 둥
<三> (夕方)
四
유
슬 앵 뜰 홍 덩 淸 슬 앵 뜰 당 다 ∘∘∘ ㄱ루
大五 因 因 因 上 大五 大六
22
현
슬 기둥 뜰 홍 기둥 中 싸랭 지 로 당 뜰 둥
井
유
슬 앵 뜰 夕당 ㄱ딩 뜰 슬 앵 夕당 다 ∘∘∘ ㄱ루
大五 因 方四 方七 因 方五 方四 因 大六
23
현
둥 둥 둥 덩 뜰 슬기둥 뜰 덩 둥 中
유
덩 ㄱ지 롱 ㄴ덩 뜰 슬 뜰 ㄴ덩 덩 뜰
大五 大六 大五 大四 因 大五 因 大四 大五 因
24
현
살 갱당 동 징 동 징 당 둥 동 당둥 둥 당둥
유
夕슬 앵 뜰 링 ㄱ지 롱 ㄱ딩 딩 夕다 ㄱ루 딩 夕다∘∘∘ㄱ루 덩 淸
方四 因 方五自 方七 方五自 方七 因 方四 大六 方五 方四 大六 大五

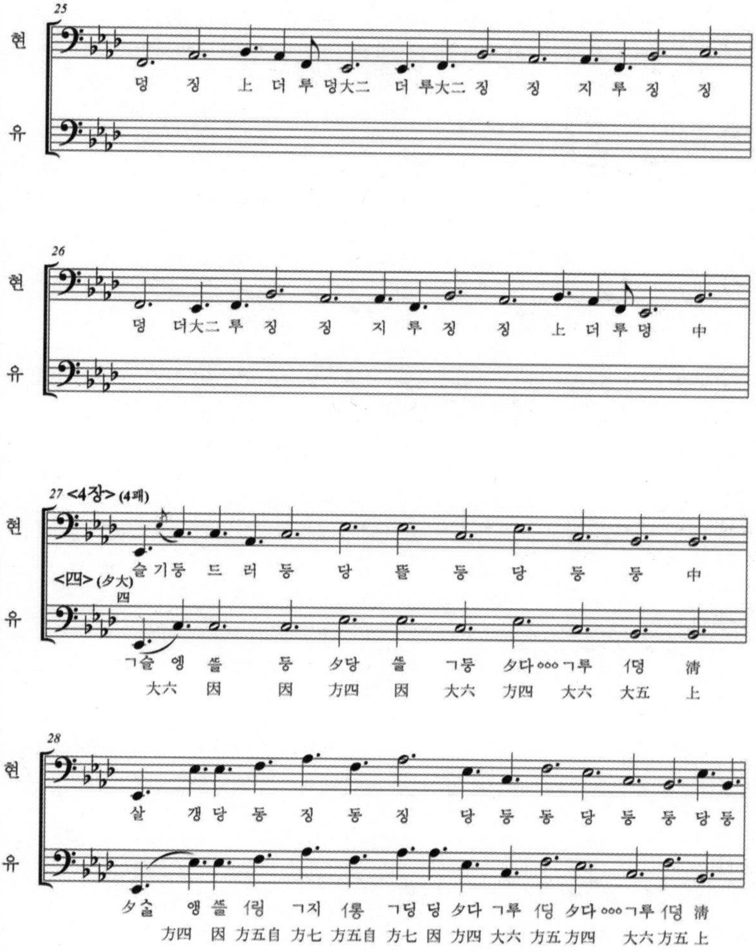
25
현
유
덩 징 上 더 루 덩大二 더 루大二 징 징 지 루 징 징
26
덩 더大二 루 징 징 지 루 징 징 上 더 루 덩 中
27 <4장> (4괘)
슬 기 둥 드 러 둥 당 뜰 둥 당 둥 둥 中
<四> (夕大)
四
ᄀ슬 앵 뜰 둥 夕당 뜰 ᄀ둥 夕다ooo ᄀ루 亻덩 清
大六 因 因 方四 因 大六 方四 大六 大五 上
28
살 갱 당 동 징 동 징 당 둥 동 당 둥 둥 당 둥
夕슬 앵 뜰 亻링 ᄀ지 亻롱 ᄀ당 당 夕다 ᄀ루 亻딩 夕다 ooo ᄀ루 亻덩 清
方四 因 方五自 方七 方五自 方七 因 方四 大六 方五 方四 大六 方五 上

보허사

29
(2괘)
(4괘)
현
슬 기징 뜰 上 더 루 덩大二 中 덩 둥 둥 둥 뜰
(ㄴ大二)
廾
유
ㄱ슬 엥 뜰 ㄴ덩 淸 ㄴ덩 ㄱ지 ㅓ롱 ㄱ덩
大四 因 大二 上 大四 大六 大五 大六
30
현
슬 기둥 뜰 홍 기둥 中 슬 기둥 둥 둥 당 뜰 둥
유
ㅓ슬 엥 홍 ㅓ덩 淸 ㅓ슬 엥 뜰 夕당 다 ㄱ루
大五 內 大五 上 大五 因 方四 因 大六
31
현
슬 기둥 뜰 홍 기둥 中 당 둥 둥 당 둥 둥 당 둥
유
ㅓ슬 엥 홍 ㅓ덩 淸 夕당 ㅓ더 ㄱ링 夕다◦◦◦ㄱ루 ㅓ덩
大五 內 大五 上 方四 大五 大六 方四 大六 大五
32
(2괘)
(4괘)
현
슬 기징 뜰 上 더 루 덩大二 中 덩 둥 둥 둥 뜰
(ㄴ大二)
廾
유
ㄱ슬 엥 뜰 ㄴ덩 淸 ㄴ덩 ㄱ지 ㅓ롱 ㄱ덩
大四 因 大二 大四 大六 方五自 大六

보허사

33
현
유
슬 기둥 뜰 홍 기둥 中 슬 기두웅 뜰 덩 뜰
1슬 엥 홍 1덩 淸 1슬 엥 뜰 ㄴ덩 淸
大五 內 大五 上 大五 因 大四
34
현
유
당 둥 둥 덩 뜰 둥 당 둥 당 뜰
ㄱ딩 ㄱ덩 1더 ㄱ링 ㄴ덩 淸 1둥 夕다 ㄱ루 夕당 뜰
大七 大六 大五 大六自 大四 上 大五 方四 大六 方四 因
35
현
유
슬 기둥 드 러 둥 당 뜰 둥 당 둥 둥 中
ㄱ슬 엥 뜰 둥 夕당 뜰 ㄱ둥 夕다 ㄱ루 1덩 淸
大六 因 因 方四 因 大六 方四 大六 大五 上
36
현
유
살 갱 뜰 동 당 뜰 둥 당 둥 동 뜰 도 라
ㄱ슬 앵 1딩 夕다 ㄱ루 1둥 夕다 ㄱ루 1동 ㄱ지 1더 夕라
方七 方五 方四 大六 大五 方四 大六 方五 方七 方五 方四自

37
현
등 당 홍 당 中 살 갱 당 징 뜰 도 링 도 라
井
유
1둥 夕당 홍 夕당 清 夕슬 앵 1딩 뜰 당 1딩
大五 方四 內 方四 上 方四 方五 因 因 方五
38
현
살 갱 뜰 홍 당 지 로 살 갱 뜰 다앙 동 뜰
유
39
현
당 뜰 동 당 등 둥 뜰 살 갱 뜰 등 당 中
유
夕당 1딩 夕다 ㄱ루 1덩 清 夕슬 앵 뜰 ㄱ등 夕당 뜰
方四 方五 方四 大六 大五 上 方四 因 大六 方四 因
40
현
살 갱 다 로 뜰 징 동 뜰 살 갱 뜰 동 당 뜰
井 井
유
1슬 앵 ㄱ뜰 ㄱ딩 뜰 슬 앵 ooo 1동 ㄱ지 1롱 夕당 뜰
方五 方八 方七 因 因 方五 方七 方五 方四 因

보허사

41
현
유
슬 기둥 드 러 둥 당 뜰 둥 당 둥 둥 中
ㄱ슬 앵 뜰 둥 夕당 뜰 ㄱ둥 夕당ㅇㅇㅇㄱ둥 亻덩 淸
大六 因 因 方四 因 大六 方四 大六 大五 上
42
현
유
살 갱 당 동 징 동 징 당 둥 동 당 둥 둥 당 둥
夕슬 앵 뜰 亻링 ㄱ지 亻롱 ㄱ딩 지 夕다 ㄱ루 亻딩 夕다 ㅇㅇㅇㄱ루 亻덩 淸
方四 因 方五 方七 方五 方七 因 方四 大六 方五 方四 大六 大五 上
43
현
유
덩 징 上 더 루 덩大二 더 루大二 징 징 지 루 징 징
44
현
유
덩 더大二 루 징 징 지 루 징 징 上 더 루 덩 中

45 <5장> (4패) (2패)
현
덩 둥 당 둥 뜰 둥 징 슬 기 징 지 루 징
<五> (夕方) 三 (ㄴ大) 二 卄
유
ㄱ덩 夕다 ㅓ링 ㄱ지 僁 夕당 뜰ㄱ덩 夕다 ㄱ루 ㄱ슬 앵 홍 덩 슬 앵 ㄴ덩 ㄱ덩
方五 方三 方四自 方五 方四自 方三 因 方五 方三 大五 大四 內 因 因 大二 大五
47 (4패)
현
징 슬 기 징 지 루 中 둥 둥 둥 덩 두 러
유
ㄴ더 ㄱ링 홍 슬 앵 슬 앵 뜰 ㄴ덩 清 ㄱ둥 뜰 夕당 ㄱ둥 뜰 ㅓ덩 뜰 ㄱ덩 ㅓ덩
大二 大四 內 因 因 因 大二 上 大五 因 方三 大五 因 大四 因 大五 大四
49 (2패)
현
덩 지 루 덩 덩 더 루 징 슬 기 징 징 징 징
유
ㄴ덩 ㄱ지 ㄴ롱 덩 덩 당 덩 ㄱ슬 앵 홍 덩 슬 앵 ㄱ뜰 ㄴ덩
大二 大四 大二自 因羊 因隹 因羊 因隹 大四 內 因 因 大五 大四
51
현
덩 지 루 덩 덩 더 루 지 루 징 징 징 지 루
卄
유
ㄴ덩 ㄱ지 ㄴ롱 덩 덩 덩 덩 ㄱ더 ㄴ롱 ㄱ덩 ㄱ덩 ㄱ슬 앵 뜰 ㄴ덩 清
大二 大四 大二自 因羊 因隹 因羊 因隹 大四 大二自 大四 大五 大四 因 大二 上

53
(4괘)
<六>
현
유
당 홍 당 싸래 로 뜰 지 로 당 동 뜰 징 뜰 동
夕슬 앵 홍 당 슬 앵 ㄱ딩 지 ㅓ롱 夕당 ㅓ동 ㄱ딩 ㄱ슬 앵 뜰 ㅓ당
方四 內 因 因 方七 因 方五自 方四 方五 方八 方七 因 方五
55
<6장>
당 홍 당 싸랭 등 등 동 당 등 당 동 징
夕슬 앵 홍 당 슬 앵 ㄱ등 ㅓ덩 ㄱ딩 ㅓ더 夕라 ㄱ등 ㅓ동 ㄱ지 ㅓ롱 ㄱ딩
方四 內 因 因 大六 大五 方七 方五 方四 大六 方五 方七 方五自 方七
57
동 살 갱 싸랭 뜰 당 징 동 당 동 뜰 당
ㅓ슬 앵 홍 당 슬 앵 뜰 夕당 ㄱ딩 ㅓ덩 夕당 ㅓ덩 夕당 ㅓ덩
方五 內 因 因 因 方四 方七 方五 方四 方五 方四 方五
59
(5괘)
(夕方五)
징 홍 징 싸랭 당 징 당 뜰 징 징 지 로
ㄱ슬 앵 홍 당 슬 앵 夕당 ㄱ딩 夕당 ㄱ딩 夕당 ㄱ딩 ㄱ디 夕롱
方七 內 因 因 方五 方八 方五 方八 方五 方八 方七 方五自

61 (4괘)
현
당 홍 당 싸랭 뜰 동 당 둥 당 징 동 당
유
夕당 홍 당 슬앵 뜰 亻덩 夕다◦◦◦ㄱ루 夕당 ㄱ덩 亻더 夕라
方四 內 因 因 因 方五 方四 大六 方四 方七 方五 方四
63
현
징 슬기징 징 징 둥 당 둥 둥 둥 둥 둥
유
ㄱ덩 홍 덩 슬앵 뜰 亻덩 夕당 ㄱ덩 亻당 ㄱ덩 亻당 ㄱ덩
方七 內 因 因 因 大五 方四 大七 大五 大七 大五 大七
65 (2괘) (4괘)
현
덩 지 루 덩 덩 더 루 둥 슬기둥 둥 당 둥
유
ㄴ덩 ㄱ지 ㄴ롱 당 덩 당 덩 亻덩 홍 덩 덩 夕당 夕다 ㄱ루
大二 大四 大二自 因羊 因隹 因羊 因隹 大五 內 因 因 方四 因 大六
67
현
둥 둥 둥 덩 둥 덩 둥 싸랭 당 뜰 둥 당 둥 둥
유
亻덩 ㄱ지 亻로 ㄴ덩 亻덩 夕당 亻덩 亻슬 앵 夕당 夕다 ㄱ루夕다 ◦◦◦ㄱ루 亻덩
大五 大六 大五自 大四 大五 方四 大五 方五 方四 方四 大六 方四 大六 大五

69
(2괘)
현
덩 슬기징 지 루 징 덩 슬기징 징 징 징
(ㄴ大)
二
井
유
ㄱ슬 엥 슬 엥 ㄴ덩 ㄱ딩 ㄴ더 ㄱ링 흥 ㄱ덩 슬 엥 뜰 ㄴ덩 淸
大四 因 大二 大五 大二 大四自 內 大四 因 因 大二 上
71
(2괘)
현
덩 지 루 덩 덩 더 루 지 루 징 징 징 지 루
<七>
유
夕당 뜰 ㄱ지 亻로 夕당 뜰 ㄱ딩 夕다 ㄱ루
方三 因 方五 方四 方三 因 方五 方三 大五
73
<7장> (4괘)
현
당 흥 당 싸랭 등 둥 동 당 등 당 동 징
유
夕당 흥 당 슬 앵 ㄱ둥 亻덩 ㄱ딩 亻더 夕라 ㄱ등 亻동 ㄱ지 亻롱 ㄱ딩
方四 內 因 因 大六 方五 方七 方五 方四自 大六 方五 方七 方五自 方七
75
현
동 흥 동 싸랭 뜰 당 징 동 당 동 당 동
유
亻동 흥 亻당 슬 앵 뜰 夕당 ㄱ딩 亻덩 夕당 亻딩 夕당 亻딩
方五 內 方五 因 因 方四 方七 方五 方四 方五 方四 方五
75 (夕方)
五
유
ㄱ당 ㄱ슬 앵 슬 앵
方七 方七 因

보허사

77
현
징 흥 징 싸랭 동 뜰 징 흥 징 싸랭 동 당
유
夕당 흥 당 슬앵 夕당 ㄱ딩 夕다 ㄱ링 흥 당 슬앵 뜰 夕당
方五 內 因 因 方五 方八 方五 方七自 內 因 因 因 方五
79
(5괘)
현
징 동 징 징 흥 징 당 뜰 징 뜰 지 로
유
ㄱ당 夕동 ㄱ딩 ㄱ딩 흥 당 夕당 ㄱ딩 夕당 ㄱ딩 ㄱ다 夕롱
方七 方五 方七 方八 因 因 方五 方八 方五 方八 方七 方五自
81
(7괘)
현
동 흥 동 싸랭 뜰 당 당 동 징 징 뜰 동
<八> (夕方 七)
유
亻당 흥 당 슬앵 뜰 夕당 당 亻동 ㄱ딩 ㄱ딩 지 亻로
方八 內 因 因 因 方七 因 方八 方十一 方十 因 方八自
83
현
당 동 징 징 뜰 동 징 징 동 당 도 라
유
夕당 亻동 ㄱ딩 ㄱ딩 지 亻로 ㄱ딩 ㄱ지 亻로 夕당 亻딩 夕당
方七 方八 方十一 方十 因 方八自 方十一 方十 方八自 方七 方八 方七

85
(5괘)
(4괘)
현
유
당 지 라 뜰 지 라 당 홍 당 싸래 로 뜰 지 로
夕당 ㄱ딩 夕당 ㄱ딩 ㄱ다 夕로 夕당 홍 당 당 ㄱ딩 지 亻로
方五 方八 方五 方八 方七 方五自 方四 內 因 因 方八 因 方五自
87
현
유
당 동 뜰 징 뜰 동 당 홍 당 당 둥 둥
夕당 홍 당 ㄱ딩 ㄱ딩 지 亻로 夕당 홍 당 당 ㄱ둥 亻덩 淸
方四 內 因 方八 方七 因 方五自 方四 內 因 因 大六 大五 上

42) 대현환입(大絃還入)

大絃還入

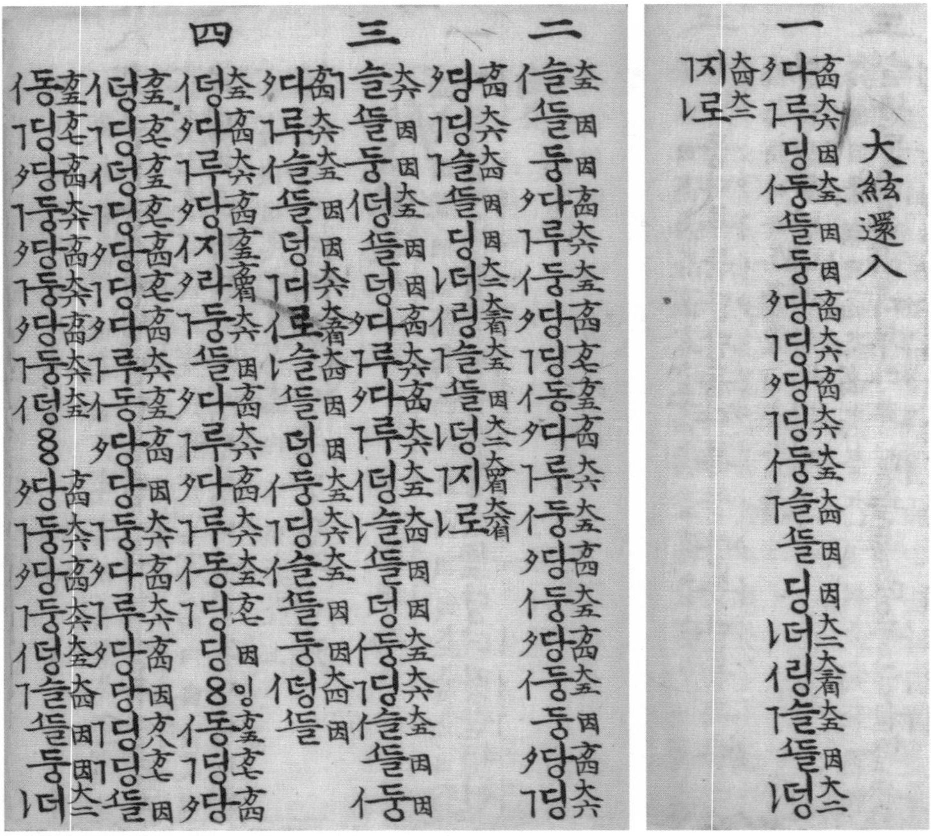

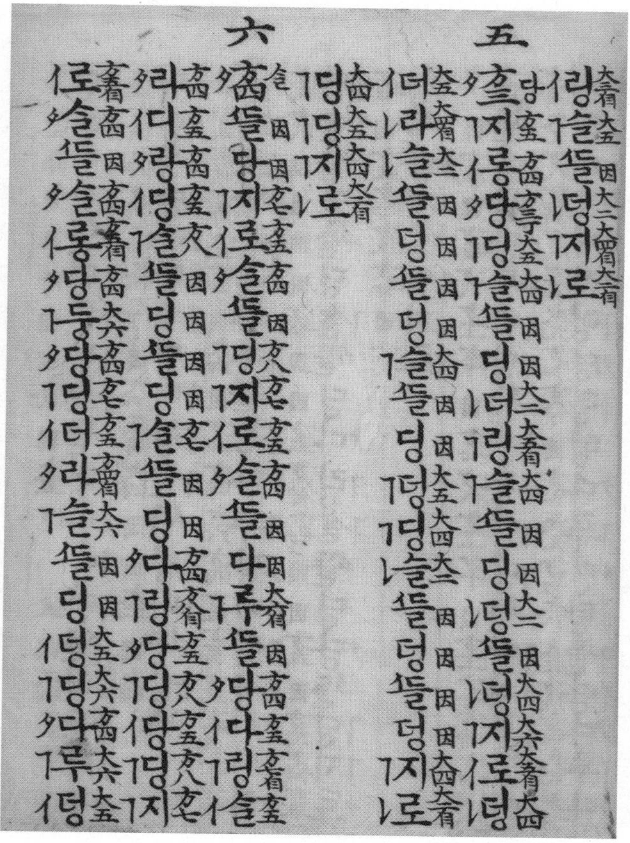
五
六

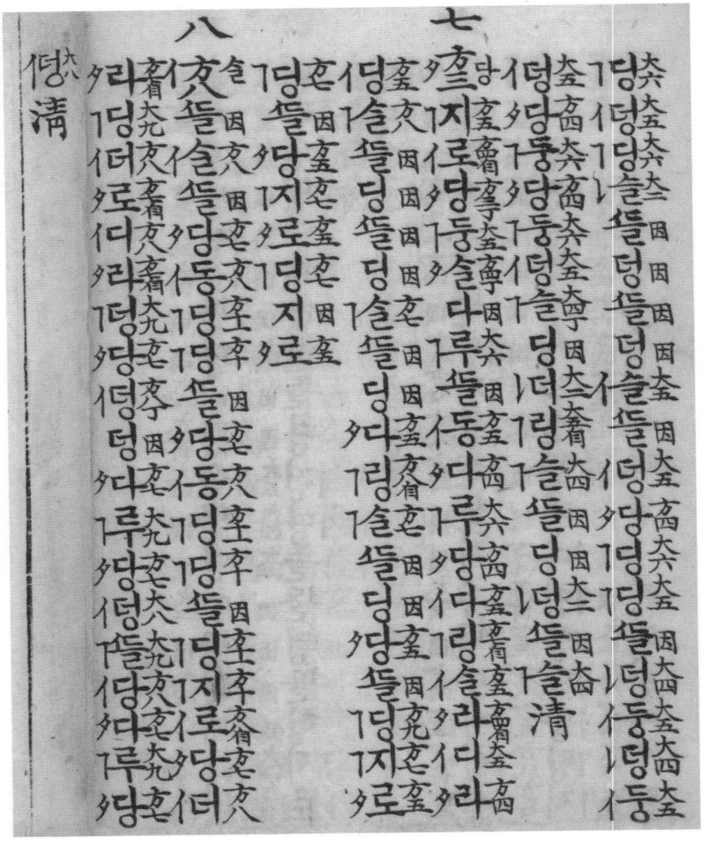

대현환입(大絃還入)

<초장> (4패)
현행보
둥四 둥 뜰 둥 둥 둥 둥 당 둥 뜰 둥四 둥 둥
<一>
유예지
夕다 ㄱ루 딩 亻둥 뜰 둥 夕당 ㄱ딩 夕당 ㄱ딩 亻둥
方四 大六 因 大五 因 因 方四 大六 方四 大六 大五
3
(2패)
현
슬 기징 뜰 지 루 덩大 슬 기징 뜰 더 지 루
유
ㄱ슬 뜰 딩 ㄴ더 亻렁 ㄱ슬 뜰 ㄴ덩 ㄱ지 ㄴ로
大四 因 因 大二 大三自 大五 因 大二 大四 大二
5
<2장> (4패)
현
슬 기둥 뜰 둥 당 둥 둥 다 링 동 당 둥
<二>
유
亻슬 뜰 둥 夕다 ㄱ루 亻둥 夕당 ㄱ딩 亻동 夕다 ㄱ루
大五 因 因 方四 大六 大五 方四 方七 方五 方四 大六
7
현
둥 뜰 당 둥 당 둥 둥 당 둥 뜰 둥四 둥 둥
유
亻둥 夕당 亻둥 夕당 亻둥 둥 夕당 ㄱ딩 夕당 ㄱ딩
大五 方四 大五 方四 大五 因 方四 大六 方四 大六

대현환입

9
(2괘)
현
슬 기징 뜰 지 루 덩大 슬 기징 뜰 더 지 루
유
ㄱ슬 뜰 딩 ㄴ더 亻링 ㄱ슬 뜰 ㄴ덩 ㄱ지 ㄴ로
大四 因 因 大二 大三自 大五 因 大二 大四自 大六自
11
<3장> (4괘)
현
슬 기둥 뜰 둥 둥 둥 둥 당 둥 뜰 둥四 둥 둥
<三>
유
ㄱ슬 뜰 둥 亻덩 뜰 덩 夕다 ㄱ루 夕다 ㄱ루 亻덩
大六 因 因 大五 因 因 方四 大六 方四 大六 大五
13
현
슬 기덩 뜰 덩 둥 둥 슬 기둥 뜰 둥 당 뜰
유
ㄴ슬 뜰 덩 亻둥 ㄱ딩 亻슬 뜰 亻둥 夕다 ㄱ루
大四 因 因 大五 大六 大五 因 因 方四 大六
15
현
슬 기둥 뜰 둥 둥 둥 슬 기덩 뜰 덩 둥 둥
유
亻슬 뜰 덩 ㄱ디 亻로 ㄴ슬 뜰 덩 亻둥 ㄱ딩
大五 因 因 大六 大五自 大四 因 因 大五 大六

대현환입

17
현
슬 기둥 뜰 덩 둥 뜰 둥 당 둥 당 도 라
<四>
유
亻슬 뜰 둥 亻덩 뜰 亻덩 夕다 ㄱ루 夕당 亻지 夕라
大五 因 因 大四 因 大五 方四 大六 方四 方五 方四自
19
현
뜰 둥 당 둥 당 동 살 갱 뜰 징 동
유
ㄱ둥 뜰 夕다 ㄱ루 夕다 ㄱ루 亻동 ㄱ딩 딩 ∞ 亻동
大六 因 方四 大六 方四 大六 大五 方七 因 잉 方五
21
현
뜰 싸랭 당 뜰 도 라 뜰 당 뜰 당 뜰 다앙
유
ㄱ딩 夕당 亻덩 ㄱ딩 亻덩 ㄱ딩 夕당 ㄱ딩 夕다 ㄱ루 亻동
方七 方四 方五 方七 方五 方七 方四 方七 方四 大六 方五
23
현
뜰 당 둥 당 둥 당 동 징 뜰 징 동 당
유
夕당 당 ㄱ둥 夕다 ㄱ루 夕당 당 ㄱ딩 ㄱ딩 뜰 亻동 ㄱ딩
方四 因 大六 方四 大六 方四 因 方八 方七 因 方五 方七

대현환입

25
<4장>
현
둥四 둥 뜰 둥 둥 둥 둥 당 둥 뜰 둥四 둥 둥
유
夕당 ㄱ둥 夕당 ㄱ둥 夕당 ㄱ둥 亻덩 夕당 ㄱ둥 夕당 ㄱ둥 亻덩
方四 大六 方四 大六 方四 大六 大五 方四 大六 方四 大六 大五
27
(2괘)
현
슬 기징 뜰 지 루 덩 슬 기징 뜰 더 지 루 中
유
ㄱ슬 뜰 둥 ㄴ더 亻링 ㄱ슬 뜰 ㄴ덩 ㄱ지 ㄴ로
方四 因 因 大二 大三自 大五 因 大二 大四自 大二自
29
<5장> (3괘)
(2괘)
현
당 징 도 당 뜰 둥大 슬 기징 뜰 지 루 징
<五>
유
夕당 ㄱ지 亻룽 夕당 ㄱ딩 ㄱ슬 뜰 딩 ㄴ더 ㄱ링
方三 方五 方四 方三丁 大五 大四 因 因 大二 大五自
31
(4괘)
현
슬 기징 뜰 지 루 中 둥 둥 둥 덩 둥 뜰
유
ㄱ슬 뜰 딩 ㄴ덩 뜰 ㄴ덩 ㄱ지 亻로 ㄴ덩 亻더 ㄴ라
大四 因 因 大二 因 大四 大六 大五自 大四 大五 大四自

대현환입

33
현
살 갱 다앙 동 다앙 동 살 갱 뜰 징 뜰 징
유
ㄴ슬 뜰 덩 뜰 덩 ㄱ슬 뜰 딩 ㄱ덩 ㄱ딩
大二 因 因 因 因 大四 因 因 大五 大四
35
현
살 갱 다앙 동 다앙 동 징 동 징 뜰 징 동
유
ㄴ슬 뜰 덩 뜰 덩 ㄱ지 ㄴ로 ㄱ딩 ㄱ딩 ㄱ지 ㄴ로
大二 因 因 因 因 大四 大二自 大四 大五 大四 大二自
37
현
살 갱 뜰 당 징 동 당 동 뜰 징 뜰 동
<六>
유
夕슬 뜰 당 ㄱ지 亻로 夕슬 뜰 ㄱ딩 ㄱ지 亻로
方四 因 因 方七 方五 方四 因 方八 方七 方五
39 <6장>
현
살 갱 뜰 당 둥 둥 도 라 둥 당 동 뜰
유
夕슬 뜰 다 ㄱ루 뜰 夕당 亻다 ㄱ링
方四 因 因 大六自 因 方四 方五 方七自

대현환입

41
(5괘)
현
유
살 갱 다앙 동 다앙 동 살 갱 뜰 징 뜰 징
亻슬 夕라 亻디 夕랑 亻딩 ㄱ슬 뜰 딩 뜰 딩
方五 方四 方五 方四 方五 方八 因 因 因 因
43
현
유
살 갱 뜰 징 당 뜰 당 뜰 징 뜰 지 랑
ㄱ슬 뜰 딩 夕다 ㄱ링 夕당 ㄱ딩 亻당 ㄱ딩 ㄱ지 亻로
方七 因 因 方四 方八自 方五 方八 方五 方八 方七 方五自
45
(4괘)
현
유
살 갱 뜰 당 뜰 동 당 둥 다로 징 도 라
夕슬 뜰 夕슬 亻롱 夕당 ㄱ둥 夕당 ㄱ딩 亻떠 夕라
方四 因 方四 方五自 方四 大六 方四 方七 方五 方四自
47
현
유
슬 기징 뜰 징 뜰 둥 당 둥 둥 둥 둥 둥
ㄱ슬 뜰 딩 亻덩 ㄱ딩 夕다 ㄱ루 亻덩 ㄱ딩 亻덩 ㄱ딩
大六 因 因 大五 大六 方四 大六 大五 大六 大五 大六

대현환입

49
현
살 갱 뜰 동 징 뜰 둥 둥 당
유
ㄴ슬 뜰 덩 뜰 덩 亻슬 뜰 亻덩 夕당 ㄱ딩
大二 因 因 因 因 大五 因 大五 方四 大六
51
현
당 둥 당 둥 당 둥 둥 당 둥 뜰 둥四 둥 둥
유
ㄱ딩 뜰 ㄴ덩 亻둥 ㄴ덩 亻둥 亻덩 夕당 ㄱ둥 夕당 ㄱ둥 亻덩
大五 因 大四 大五 大四 大五 大五 方四 大六 方四 大六 大五
53
(2패)
현
슬 기징 뜰 지 루 징 슬 기징 뜰 지 루 덩
(ㄴ大二)
유
ㄱ슬 딩 ㄴ더 ㄱ링 ㄱ슬 뜰 딩 ㄴ더 뜰
大四丁 因 大二 大五自 大四 因 因 大二 因
55
(3패)
현
슬 기징 上 中 당 징 도 당 뜰 둥
<七>
유
ㄱ슬 淸 夕당 ㄱ지 亻로 夕당 ㄱ둥
大四 方三 大五 方四自 方三丁 大五

대현환입

57 <7장> (4괘)
현
살 갱 뜰 당 둥 둥 도 라 둥 당 동 뜰
(夕方)
四
유
夕슬 다 ㄱ루 뜰 亻동 夕다 ㄱ루 夕당 亻다 ㄱ링
方四丁 因 大六 因 方五 方四 大六 方四 方五 方七自
59
(5괘)
현
살 갱 다앙 동 다앙 동 살 갱 뜰 징 뜰 징
유
亻슬 夕라 亻디 夕라 亻딩 ㄱ슬 뜰 딩 뜰 딩
方五 方四自 大五 方四 方五 方八 因 因 因 因
61
현
살 갱 뜰 징 당 뜰 살 갱 뜰 징 당 뜰
유
ㄱ슬 뜰 딩 夕다 ㄱ링 ㄱ슬 뜰 딩 夕당 뜰
方七 因 因 方五 方八自 方七 因 因 方五 因
63
현
살 갱 뜰 당 지 라 살 갱 뜰 징 지 라
유
ㄱ딩 ㄱ지 夕로 ㄱ딩 뜰 夕당 ㄱ지 夕로 ㄱ딩 지 夕로
方九 方七 方五 方七 因 方五 方七 方五 方七 因 方五

대현환입

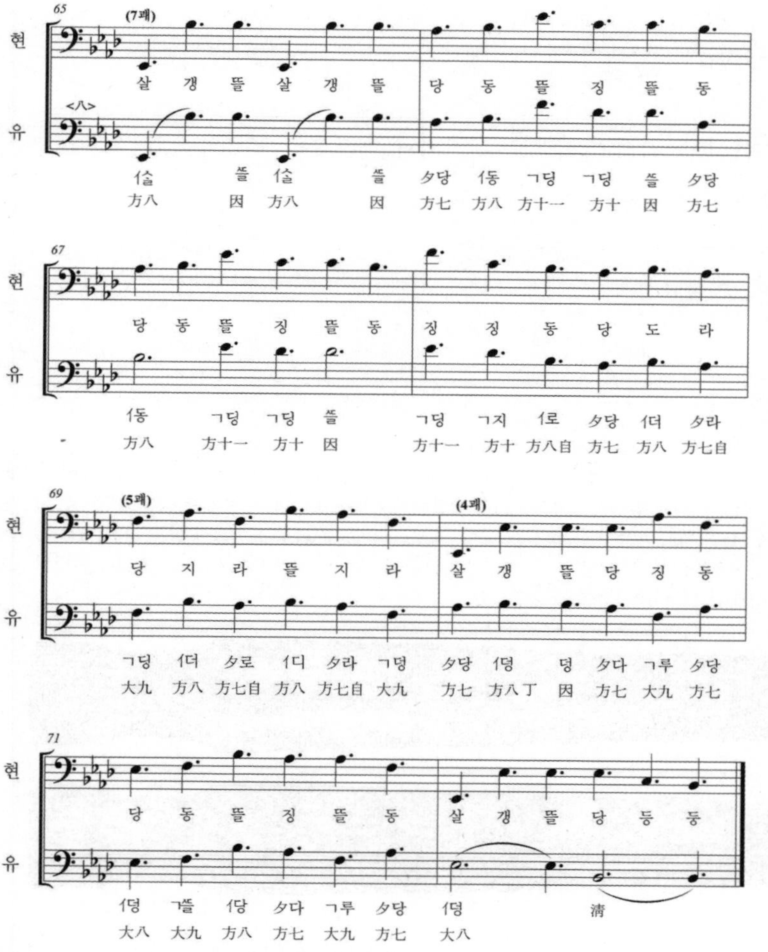
65
(7괘)
현
살 갱 뜰 살 갱 뜰 당 동 뜰 징 뜰 동
<八>
유
슬 뜰 슬 뜰 夕당 ㅓ동 ㄱ딩 ㄱ딩 뜰 夕당
方八 因 方八 因 方七 方八 方十一 方十 因 方七
67
당 동 뜰 징 뜰 동 징 징 동 당 도 라
ㅓ동 ㄱ딩 ㄱ딩 뜰 ㄱ딩 ㄱ지 ㅓ로 夕당 ㅓ더 夕라
方八 方十一 方十 因 方十一 方十 方八自 方七 方八 方七自
69
(5괘)
(4괘)
당 지 라 뜰 지 라 살 갱 뜰 당 징 동
ㄱ딩 ㅓ더 夕로 ㅓ디 夕라 ㄱ덩 夕당 ㅓ덩 덩 夕다 ㄱ루 夕당
大九 方八 方七自 方八 方七自 大九 方七 方八丁 因 方七 大九 方七
71
당 동 뜰 징 뜰 동 살 갱 뜰 당 등 둥
ㅓ덩 ㄱ뜰 ㅓ당 夕다 ㄱ루 夕당 ㅓ덩 清
大八 大九 方八 方七 大九 方七 大八

2. 당금자보(唐琴字譜)[1] 唐琴字譜

1) 당금자보 唐琴字譜

서늘한 바람 갑자기 불어오고 기러기 무리 손님처럼 오네.

涼風倏至, 鴻雁來賓.

소지는 현(絃, 줄)을 고를 때 힘을 조절해서 팽팽하게 뜯는다.[2]

小指纏絃, 用力緊扯.

---

1 당금자보(唐琴字譜): 중국의 고금(古琴) 악보. 고금은 중국의 대표적인 현악기로, 일반적으로 '금(琴)'이라 쓰며, 일곱 줄의 현악기라는 의미에서 '칠현금(七絃琴)'이라고도 한다. 당(唐)나라 이후 고금의 이론 및 악보를 담은 금서(琴書)가 편찬되기 시작해서 청나라까지 많은 금서가 지어졌고, 그 금서에는 여러 자보(字譜)가 수록되어 있다. 자보는 자호(字號)를 조합해서 만든 금 악보이며, 금을 연주하는 수세(手勢) 및 기법을 함축하고 있다. 아래 사진은 금의 모습으로, 사진 위쪽은 금의 윗면[琴面], 아래쪽은 금의 바닥[琴底]이다.

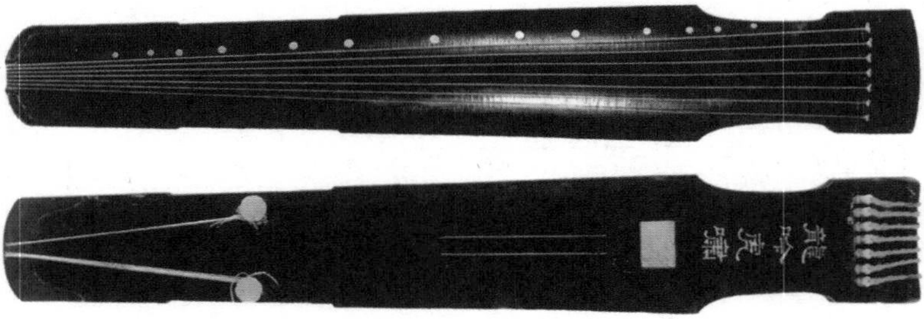

남송(南宋) 때 만든 중니식 용음호소(龍吟虎嘯)금(《칠현금경(七絃琴經)》, 24쪽)

2 소지는……뜯는다: 소지는 금을 연주할 때에 줄을 만지지 않고 현침(絃枕, 줄의 머리를 걸치는 받침 부분)에 올려 두는 손가락이라 해서 '금지(禁指)'로 표기한다. 소지는 현침에 두고 지지대 역할로 쓰기도 하는데, 현을 뜯을 때에 힘을 조절해서 다른 손가락이 현을 팽팽하게 당기거나 뜯을 수 있도록 도와준다.

기러기 갈대 물고[銜蘆][3] 남쪽을 향하니 장차 어진[仁] 이에게 의지하려[依][4] 하네.

銜蘆南嚮, 將以依仁.

장로(張路)의 〈탄금도(彈琴圖)〉 일부(타이베이 고궁박물원)

3 기러기……물고[銜蘆] : 기러기는 그물이나 주살을 피하기 위해 갈대를 입에 물고 난다고 한다. 《모시명물해(毛詩名物解)》 권10 〈석수(釋獸)〉에 "기러기는 갈대를 물어 그물을 피하고, 소는 무리를 지어서 호랑이를 물리친다.(雁銜蘆而捍網, 牛結陣以却虎.)"라 했고, 《회남자(淮南子)》 〈수무훈(脩務訓)〉에 "무릇 기러기는 바람을 타서 기력(氣力)을 아끼며 갈대를 물고 날아서 주살을 대비한다.(夫雁順風以愛氣力, 銜蘆而翔以備矰弋.)"라 했다.

4 어진[仁]……의지하려[依] : 이 구절은 《논어(論語)》 제7편 〈술이(述而)〉에 나오는 공자의 말을 염두에 둔 표현이다. "공자께서 말씀하였다. 도(道)에 뜻을 두고 덕(德)에 의거해서 행동해야 한다. 인(仁)에 의지하고 예(藝)의 세계에서 노닐어야 한다.(子曰 : "志於道, 據於德, 依於仁, 遊於藝.")"

또는 오른손 중지와 약지로 현을 누르고, 왼손 엄지로 현을 당긴다[搯].[5]

或中指、名指按, 左大指搯.

---

5 서늘한……당긴다[搯] : 이 기사에서 첫 문장과 셋째 문장은 중국의 가장 오래된 금서(琴書) 중 하나인《태고유음(太古遺音)》권하(卷下)〈논탄금수세(論彈琴手勢)〉"빈안함로세(賓雁銜蘆勢, 손님으로 온 기러기가 갈대를 물고 있는 모양의 수세)"에 나온다. 이 부분은 시에서 쓰는 기법인 부(賦)·비(比)·흥(興) 중 흥에 해당하는 기법이다. 빈안함로세는 금을 연주하는 수세(手勢) 기법 중 하나이며《태고유음》에 다음과 같은 설명과 함께 도해(圖解)가 있다. "오른손 엄지와 검지 : 염(捻)은 자보에는 '염(念)'으로 쓴다. 두 손가락으로 하나의 현을 집어 올렸다가 놓아 소리를 내는 기법을 '염(捻)'이라 한다.(右手大、食指 : 捻, 譜作'念'. 以兩指捻起一絃, 放之有聲, 曰'捻'.)"
중국 송나라의 문인이자 금(琴) 전문가인 전지옹(田芝翁, ?~?)은 역대의 금 악보 및 탄금법(彈琴法)·지법(指法)·상현법(上弦法)·수세법(手勢法)·품현법(品弦法) 등 금 관련한 기록을 정리하여《태고유음》을 편찬했다. 손가락 명칭과 수세에 대해서는 뒤에 나오는 "수세" 주석 참고.

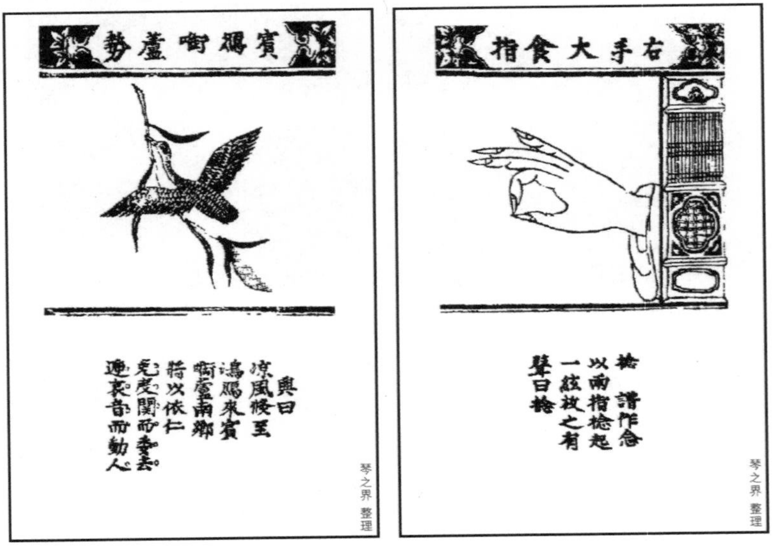

《태고유음(太古遺音)》에 나오는 '빈안함로세(賓雁銜蘆勢)'

2) 자호(字號)[6]

字號

摟[7]【음은 '루(僂)'다.】

摟【音僂.】

擗【음은 '피(皮)'다.】

擗【音皮.】

---

6 자호(字號) : 금을 연주하는 기법을 함축하고 있는 글자 기호. 당나라의 문인이자 금 전문가인 조유(曹柔, 730~?)는 한자로 악보를 편리하게 기록하기 위하여 기존의 자보(字譜)를 간편하게 개량해서 감자보(減字譜)를 만들었고, 이후로 금을 연주하는 이들은 감자보를 써서 금 악보를 기록했다. 감자보는 자호를 조합하여 만들었는데, 대개 기호를 위와 아래로 나누어 윗부분은 왼손 운지법과 현을 연주하는 방법을 표시하고, 아랫부분은 오른손 운지법을 표시하고 있다. 그러나 감자보만으로는 음의 높낮이나 박자를 자세히 알 수 없다.
《유예지》의 "당금자보"와 명나라의 문인 서회영(徐會瀛, ?~?)이 편찬한 《문림취보만권성라(文林聚寶萬卷星羅)》 권13 〈금보문(琴譜門)〉 "태음기원(太音紀原)"(《中國音樂史料》 第四輯)에 있는 자보를 비교하면 도표와 같이 글자의 차이가 있다. 예를 들면, 자보에서 '타(打)'로 쓰는 한자의 자호는 "당금자보"에서는 '下', "태음기원"에서는 '丁'으로 쓰는데, '打'에서 부수인 '扌'를 생략하면 '丁'이 되므로 "태음기원"의 자호가 올바르다고 추정할 수 있다. 또한 서유구가 "당금자보"의 자호 출전을 밝히지 않아 본문에서는 "태음기원"의 자호 등은 중국 금서를 기준으로 번역하고 "당금자보"와 차이가 있는 글자는 교감기 주석에 표기했다. 아래 표는 "당금자보"와 "태음기원" 자호가 다른 부분을 일부 비교한 도표이다.

자보에 쓰는 한자	당금자보의 자호	태음기원의 자호
도(挑)	乙	乚
구(勾)	𠃌	勹
척(剔)	弓	月
타(打)	下	丁
적(摘)	丏	亐
윤(輪)	亼	合
전부(全扶)	⿱全夫	⿱亼夫
쌍탄(雙彈)	⿱卯單	⿱卯品
발자(撥剌)	帘	帟

"당금자보"와 "태음기원" 자호 비교 도표

擽【음은 '력(歷)'이다.】

擽【音歷.】

捋【음은 '란(鑾)'이고, 입성(入聲)이다.】

捋【音鑾, 入聲.】

縹【음은 '표(表)'다.】

縹【音表.】

繚【음은 '료(了)'다.】

繚【音了.】

撇【음은 '편(偏)'이고, 입성이다.】

撇【音偏, 入聲.】

挒【음은 '렬(列)'이다.】

挒【音列.】

木[8]【자보(字譜)에는 '말(抹)'로 쓴다. 검지로 현을 연주자 안쪽으로 들여서 연주하는 기법을 '말'이라 한다.[9]】

木【譜作"抹"[1]也. 以食指入絃, 曰"抹".】

---

7 摟: 摟와 이하 捴·擽·捋·縹·繚·撇·挒은 모두 당금의 구음(口音, 악기가 내는 소리를 표현한 발음)을 나타내는 글자 기호다.

8 木: 이하의 내용은《문림취보만권성라》권13 〈금보문〉 "태음기원" '우수지법편요(右手指法便要)'에서 확인된다. 이하의 글자 기호는 각 한자의 일부분을 떼어 내어 간략하게 만든 기호들이다.

9 검지로……한다: 본문에서 설명하는 손가락의 모습은 다음과 같다. 삽화는 청나라의 금 전문가인 주로봉(周魯封, ?~?)이 1721년 편찬한《오지재금보(五知齋琴譜)》권1 〈좌우수지휘호도(左右手指諱號圖)〉에 나온다. 이하의 삽화도 동일하므로 출처는 생략한다. 여기 나오는 삽화와 원전 자료는 심수시고금투자발전유한공사(深圳市古琴投資發展有限公司)에서 운영하는 금지계(琴之界, www.qinzhijie.com) 홈페이지의 자료를 참고하였다.

[1] 抹: 저본에는 "木抹".《文林聚寶萬卷星羅·琴譜門·太音紀原》과 일반적인 용례에 근거하여 수정.

ㄴ【자보에는 '도(挑)'로 쓴다. 검지로 바깥쪽을 향해 현을 내어서 연주하는 기법을 '도'라 한다.[10]】

ㄴ[2]【譜作"挑". 以食指間[3]外[4]出絃, 曰"挑".】

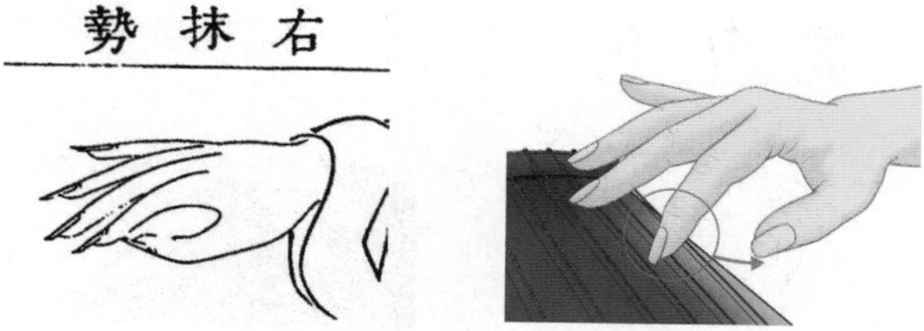

오른손의 말(抹) 기법[《오지재금보(五知齋琴譜)》]
이 삽화를 실제 연주에서의 모습으로 표현하면 오른쪽 그림과 같다.

10 검지로……한다 : 본문에서 설명하는 손가락의 모습은 다음과 같다.

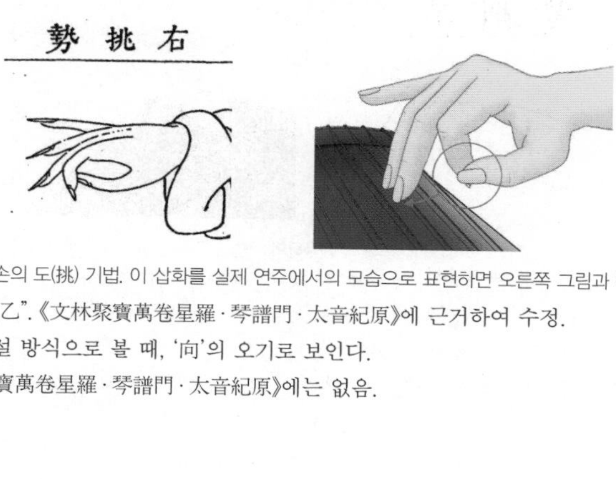

오른손의 도(挑) 기법. 이 삽화를 실제 연주에서의 모습으로 표현하면 오른쪽 그림과 같다.

[2] ㄴ : 저본에는 "乙". 《文林聚寶萬卷星羅 · 琴譜門 · 太音紀原》에 근거하여 수정.

[3] 間 : 앞뒤의 해설 방식으로 볼 때, '向'의 오기로 보인다.

[4] 間外 : 《文林聚寶萬卷星羅 · 琴譜門 · 太音紀原》에는 없음.

勹【자보에는 '구(句)'로 쓴다. 중지로 현을 안쪽으로 들여서 연주하는 기법을 '구'라 한다.[11]】

勹[5]【譜作"句". 以中指入絃, 曰"句".】

月【자보에는 '척(剔)'으로 쓴다. 중지로 바깥쪽을 향해 현을 내어서 연주하는 기법을 '척'이라 한다.[12]】

月[6]【譜作"剔". 以中指向外[7]出絃, 曰"剔".】

丁【자보에는 '타(打)'로 쓴다. 약지로 현을 안

丁[8]【譜作"打". 以名指入絃,

---

11 중지로……한다 : 본문에서 설명하는 손가락의 모습은 다음과 같다.

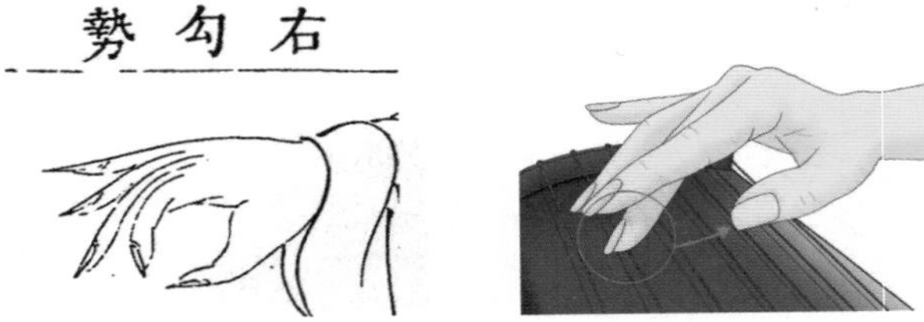

오른손의 구(句) 기법. 이 삽화를 실제 연주에서의 모습으로 표현하면 오른쪽 그림과 같다.

12 중지로……한다 : 본문에서 설명하는 손가락의 모습은 다음과 같다.

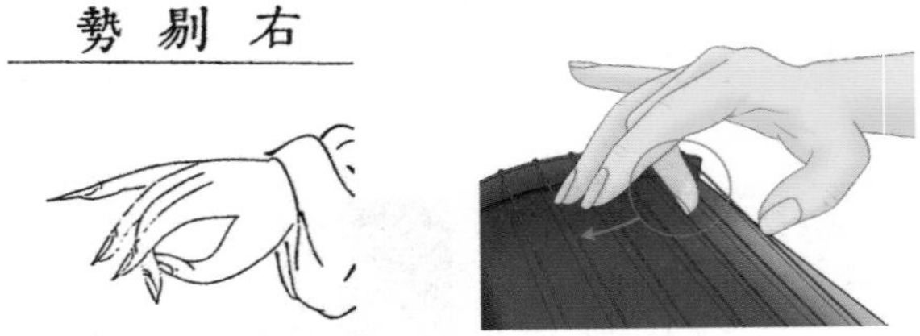

오른손의 척(剔) 기법. 이 삽화를 실제 연주에서의 모습으로 표현하면 오른쪽 그림과 같다.

[5] 勹 : 저본에는 "丁". 《文林聚寶萬卷星羅·琴譜門·太音紀原》에 근거하여 수정.

[6] 月 : 저본에는 "弓". 《文林聚寶萬卷星羅·琴譜門·太音紀原》에 근거하여 수정.

[7] 向外 : 《文林聚寶萬卷星羅·琴譜門·太音紀原》에는 없음.

[8] 丁 : 저본에는 "下". 《文林聚寶萬卷星羅·琴譜門·太音紀原》에 근거하여 수정.

쪽으로 들여서 연주하는 기법을 '타'라 한다.[13]】

曰"打".】

乊【자보에는 '적(摘)'으로 쓴다. 약지로 바깥쪽을 향해 현을 내어서 연주하는 기법을 '적'이라 한다.[14]】

乊⑨【譜作"摘". 以名指向內⑩出⑪絃, 曰"摘".】

尸【자보에는 '벽(擘)'으로 쓴다. 엄지로 현을 안쪽으로 들여서 연주하는 기법을 '벽'이라 한

尸【譜作"擘". 以大指入絃, 曰"擘".】

13 약지로……한다 : 본문에서 설명하는 손가락의 모습은 다음과 같다.

오른손의 타(打) 기법을 실제 연주에서의 모습으로 표현한 그림

14 약지로……한다 : 본문에서 설명하는 손가락의 모습은 다음과 같다.

오른손의 적(摘) 기법을 실제 연주에서의 모습으로 표현한 그림

⑨ 乊 : 저본에는 "丂".《文林聚寶萬卷星羅 · 琴譜門 · 太音紀原》에 근거하여 수정.

⑩ 內 : 앞의 척(剔) 기법과 유사한 기법이므로 '外'의 오기로 보인다. 번역은 '외'를 반영했다.

⑪ 向內出 :《文林聚寶萬卷星羅 · 琴譜門 · 太音紀原》에는 "入".

다.[15]】

乇【자보에는 '탁(托)'으로 쓴다. 엄지로 안을 향해 현을 내어서 연주하는 기법을 '탁'이라 한다.[16]】[17]

乇【譜作"托". 以大指向內入[12]絃, 曰"托".】

厂【자보에는 '역(歷)'으로 쓴다. 검지로 현 2개

厂【譜作"歷". 以食指連挑兩[13]絃,

---

15 엄지로……한다 : 본문에서 설명하는 손가락의 모습은 다음과 같다. 다른 손가락의 연주법과는 달리 이 연주는 엄지의 손톱 쪽을 이용해 안쪽으로 들인다.

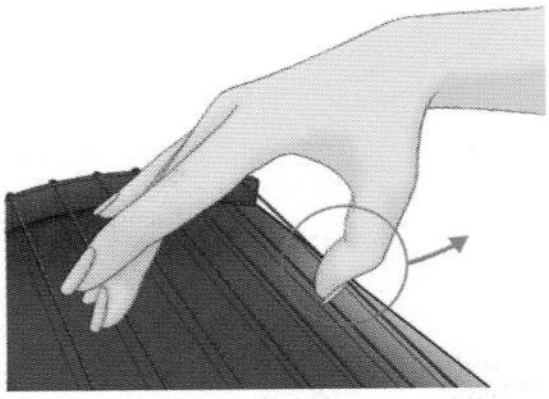

오른손의 벽(擘) 기법을 실제 연주에서의 모습으로 표현한 그림

16 엄지로……한다 : 본문에서 설명하는 손가락의 모습은 다음과 같다. 다른 손가락의 연주법과는 달리 이 연주는 엄지의 지문 쪽을 이용해 바깥으로 낸다.

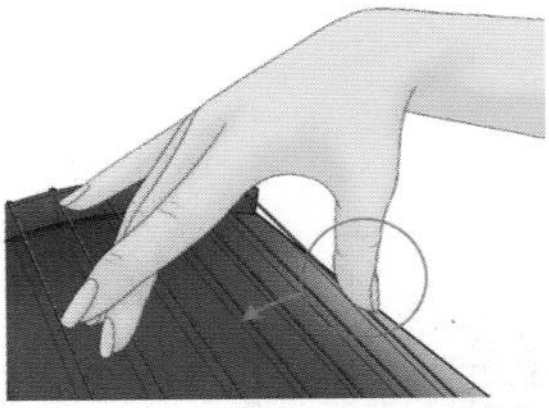

오른손의 탁(托) 기법을 실제 연주에서의 모습으로 표현한 그림

17 이상의 8가지가 오른손가락의 소지를 제외한 나머지 네 손가락을 사용하여 현을 몸 쪽으로 튕기거나 몸 바깥쪽으로 튕기는 연주법의 기본이다. 이후에 소개된 연주법은 서적에 따라 다양한 방법이 소개되고 있어서 일일이 다 설명할 수 없다.

[12] 向內入 :《文林聚寶萬卷星羅·琴譜門·太音紀原》에는 "栂出". "內入"은 "外出"의 오기로 보인다. 번역은 "外出"을 반영했다.

를 연달아 도(挑)하는[18] 기법을 '역'이라 한다.[19]】 曰"歷".】

早【자보에는 '촬(撮)'로 쓴다. 검지와 중지 두 손가락으로 현을 열어[開絃],[20] 쥐고 올렸다가 바로 놓는 기법을 '촬'이라 한다.[21]】 早【譜作"撮". 用食、中二指開絃, 撮起就放⑭, 曰"撮".】

18 도(挑)하는: 연주 기법 중 하나인 도(挑)에 대해서는 앞에서 설명을 했기 때문에 여기서는 그 용어를 제시하도록 한다. 이와 비슷한 사례의 용어에 대해서도 마찬가지로 적용한다.

19 검지로……한다: 본문에서 설명하는 손가락의 모습은 다음과 같다.

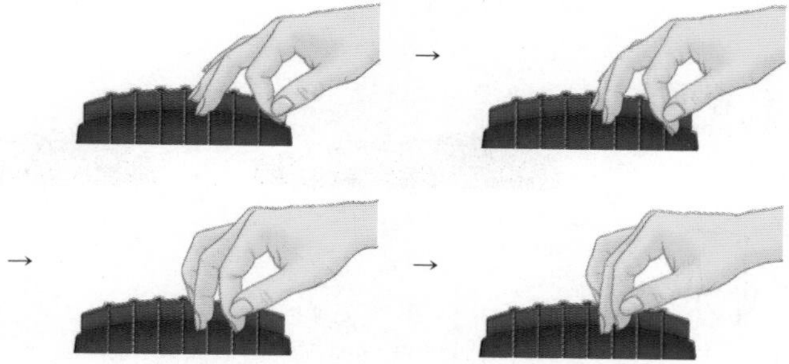

오른손의 역(歷) 기법을 실제 연주에서의 모습으로 표현한 그림

20 현을 열어[開絃]: '開絃'이 '현을 누르지 않는다'는 의미인지 또는 '개방현'이라는 의미인지 확정하기 어렵다. 《행장태음보유(杏莊太音補遺)》〈조씨감자법(曹氏減字法)〉에는 이 구절이 "식지나 중지 한 손가락을 현 사이로 넣어 현을 쥔다.(用食、中一指間絃撮之.)"로 되어 있다. '開'는 '間'을 잘못 옮긴 글자일 수도 있으나 여기서는 "당금자보"를 따라 번역했다.

21 검지와……한다: 검지와 중지 두 손가락으로 현 1개를 잡아 뜨는 연주법으로 보인다.

⑬ 連挑兩: 저본에는 "緊挑兩三".《文林聚寶萬卷星羅·琴譜門·太音紀原》에 근거하여 수정.

⑭ 食中二指開絃撮起就放:《文林聚寶萬卷星羅·琴譜門·太音紀原》에는 "大指食指齊出撫之",《杏莊太音補遺·曹氏減字法》에는 "食中一指間絃撮之".

合【자보에는 '윤(輪)'으로 쓴다. 약지·중지·검지 세 손가락으로 1현을 적(摘)하고, 척(剔)하고, 도(挑)하는 기법을 '윤'이라 한다.[22]】

合[15]【譜作"輪". 用名、中、食三指摘剔挑一絃, 曰"輪".】

卄【자보에는 '산(散)'[23]으로 쓴다. 현을 탈 때 왼손가락으로 현을 누르지 않는 기법을 '산'이라 한다.】

卄【譜作"散". 彈絃不用左指按絃, 曰"散".】

太【자보에는 '곤(衮)'으로 쓴다. 약지로 제7현

太【譜作"衮". 以名指摘七絃

---

22 약지……한다 : 약지·중지·검지의 순서로 연달아 1현을 바깥으로 튕기는 연주법이다. 본문에서 설명하는 손가락의 모습은 다음과 같다.

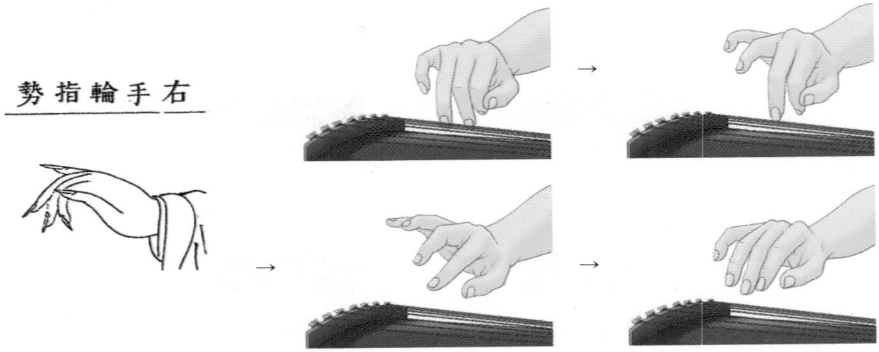

오른손의 윤(輪) 기법. 이 삽화를 실제 연주에서의 모습으로 표현하면 오른쪽 그림과 같다.

23 산(散) : 산음(散音), 곧 개방현 소리이다. 금 연주에서 산음은 오른손가락으로만 소리를 낸다. 참고로 금의 소리는 기본적으로 크게 3가지로 구분된다. 산음(散音)·안음(按音)·범음(泛音) 등이다. 산음은 넓고 시원한 느낌을 주는 소리로 개방현에서 느낄 수 있다. 안음은 줄을 눌러서 내는 소리로 깊고 충실한 느낌을 주며, 범음은 손끝만 줄에 닿아 맑고 멀리 퍼지게 하는 소리이다. 따라서 범음을 하늘의 소리, 산음을 땅의 소리, 안음을 사람의 소리로 구분하기도 한다.

[15] 合 : 저본에는 "亽".《文林聚寶萬卷星羅·琴譜門·太音紀原》에 근거하여 수정

에서 제1현까지 연달아 적(摘)하는 기법을 '곤'이라 한다.[24]】

至一絃, 曰"袞⑯".】

弗【자보에는 '불(拂)'로 쓴다. 검지로 제1현에서 제7현까지 연달아 말(抹)하는 기법을 '불'이라 한다.[25]】

弗【譜作"拂". 以食指抹⑰一至七⑱絃, 曰"拂⑲".】

24 약지로……한다 : 약지로 몸 앞쪽에서 바깥쪽으로 연달아 튕기는 연주법이다. 본문에서 설명하는 손가락의 모습은 다음과 같다.

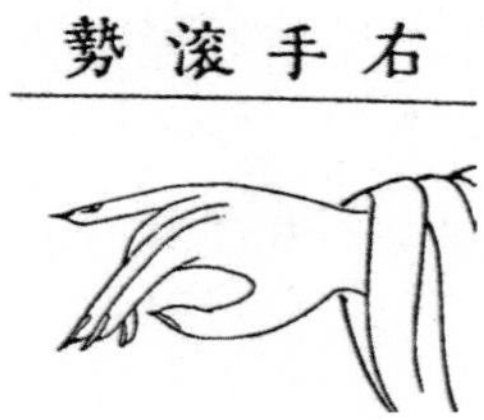

오른손의 곤(袞) 기법

25 검지로……한다 : 검지로 몸 바깥쪽에서 안쪽으로 연달아 튕기는 연주법이다. 본문에서 설명하는 손가락의 모습은 다음과 같다.

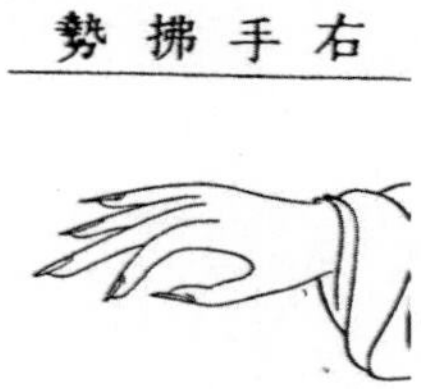

오른손의 불(拂) 기법

⑯ 袞 : 저본에는 "衮". 일반적인 용례에 근거하여 수정.

⑰ 抹 : 저본에는 "拂". 《文林聚寶萬卷星羅·琴譜門·太音紀原》·《杏莊太音補遺·曹氏減字法》에 근거하여 수정.

⑱ 七 : 저본에는 "老". 《文林聚寶萬卷星羅·琴譜門·太音紀原》·《杏莊太音補遺·曹氏減字法》에 근거하여 수정.

⑲ 拂 : 저본에는 "弗". 일반적인 용례에 근거하여 수정.

口【자보에는 '원(圓)'으로 쓴다. 구(句)한 다음에 도(挑)하기를 연달아 3번 타는 기법을 '원'이라 한다.[26]】

口【譜作"圓". 句挑連彈三次, 曰"圓".】

镸【자보에는 '장쇄(長鎖)'로 쓴다. 도(挑)·말(抹) 2개의 소리와 말(抹)·도(挑)·말(抹) 3개의 소리, 또 구(句) 1개의 소리와 구(句)·도(挑)·말(抹) 3개의 소리, 총 9개의 소리[27]를 내는 기법을 '장쇄'라 한다.[28]】

镸【譜作"長鎖". 挑、抹二聲又抹、挑、抹三聲也, 又句聲又句、挑、抹三聲[20], 曰"長鎖".】

矢【자보에는 '단쇄(短鎖)'로 쓴다. 먼저 도(挑)·말(抹) 2개의 소리, 또 말(抹)·도(挑)·말(抹) 3개의 소리, 총 5개의 소리를 내는 기법을 '단쇄'

矢【譜作"短鎖". 先抹、挑二聲, 又抹、挑、抹三聲, 共五聲, 曰"短鎖".】

---

26 구(句)한……한다 : 중지를 써서 안쪽으로 튕긴 뒤 검지를 써서 바깥쪽으로 튕기는 연주법이다. 이때 현 1개에만 탈 필요는 없다.

27 9개의 소리 : 《행장태음보유》 〈조씨감자법〉에는 이 부분에 '共九聲'이라는 구절이 있어서 이를 반영하여 옮겼다.

28 도(桃)·말(抹) 2개의……한다 : 이 9개의 소리를 순서대로 낸다.

[20] 三聲 : 《杏莊太音補遺·曹氏減字法》에는 "三聲共九聲".

라 한다.[29]】

尛【자보에는 '소쇄(小鎖)'로 쓴다. 검지로 말(抹)하고 또 도(挑)하고 또 말(抹)하여 3개의 소리를 내는 기법을 '소쇄'라 한다.】

尛【譜作"小鎖". 用食抹又挑又抹, 共三㉑聲, 曰"小鎖".】

省【자보에는 '소식(少息)'[30]으로 쓴다. 소리가 점점 줄어들 때 다시 탄(彈)하는 기법을 '소식'이라 한다.】

省【譜作"少㉒息". 得聲稍歇又彈, 曰"小息".】

关【자보에는 '전부(全扶)'로 쓴다. 2개의 현을

关㉓【譜作"全扶". 入㉔兩絃一㉕聲,

---

29 먼저……한다 : 본문에서 설명하는 손가락의 모습은 다음과 같다.

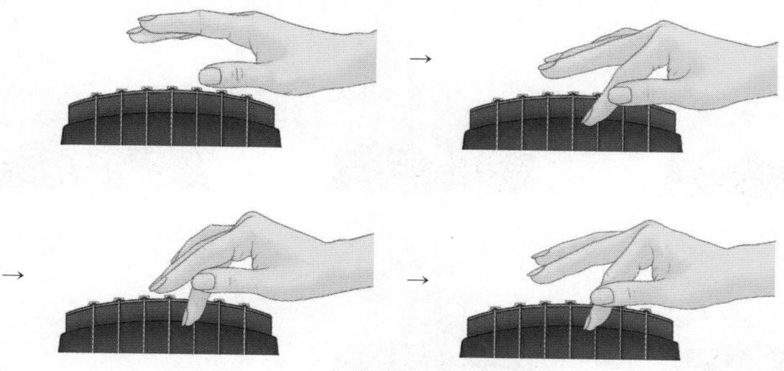

오른손의 단쇄(短鎖) 기법을 실제 연주에서의 모습으로 표현한 그림

30 소식(少息) : 금을 연주하는 중간에 조금[少] 쉬었다가[息] 다시 연주한다는 의미를 담고 있다.

㉑ 三 : 저본에는 "二".《杏莊太音補遺 · 曹氏減字法》에 근거하여 수정.

㉒ 少 : 저본에는 "小". 일반적인 용례에 근거하여 수정.

㉓ 关 : 저본에는 "龚".《文林聚寶萬卷星羅 · 琴譜門 · 太音紀原》에 근거하여 수정.

㉔ 入 : 저본에는 "七".《文林聚寶萬卷星羅 · 琴譜門 · 太音紀原》에 근거하여 수정.

㉕ 一 :《文林聚寶萬卷星羅 · 琴譜門 · 太音紀原》에는 "如一".

안으로 들여서 하나의 소리처럼 내는 기법을 '전부'라 한다.[31]】

曰"全扶".】

짧【자보에는 '쌍탄(雙彈)'으로 쓴다. 검지와 중지의 손톱 부분을 먼저 엄지의 지문 부분으로 막은 뒤에 도(挑)하여[32] 소리를 내는 기법을 '쌍탄

짧[26]【譜作"雙彈". 以食指、中指先阻後挑聲[27], 曰"雙彈".】

31 2개의……한다 : 본문에서 설명하는 손가락의 모습은 다음과 같다.

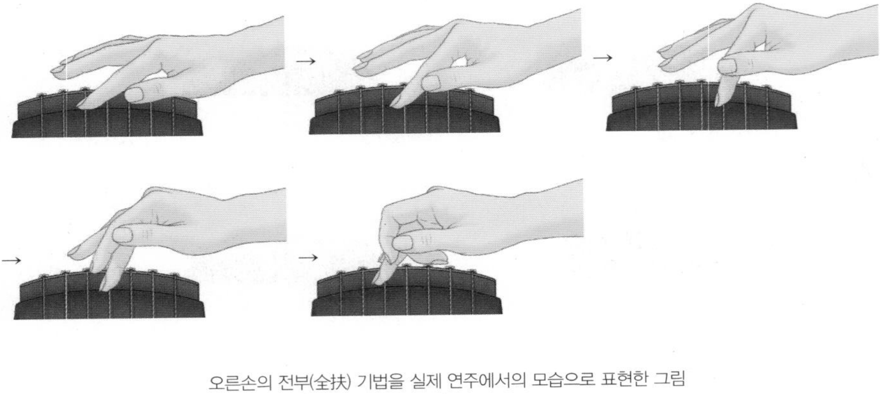

오른손의 전부(全扶) 기법을 실제 연주에서의 모습으로 표현한 그림

32 막은 뒤에 도(挑)하여 : 바둑으로 알까기 놀이를 할 때 검지나 중지를 엄지로 막은 뒤에 엄지가 제지한 반동을 이용해서 검지나 중지로 바둑알을 튕기듯이 연주하는 방법이다.

[26] 짧 : 저본에는 "犟". 《文林聚寶萬卷星羅·琴譜門·太音紀原》에 근거하여 수정.

[27] 先阻後挑聲 : 《文林聚寶萬卷星羅·琴譜門·太音紀原》에는 "齊抹句齊踢桃".

(雙彈)'이라 한다.[33]】

帟【자보에는 '발자(撥刺)'로 쓴다. 중지와 검지 두 손가락을 나란히 붙인 다음에 먼저 안으로 들

帟[28]【譜作"撥刺[29]". 以中、食[30]指二指夾定, 先入後出[31], 曰

---

33 검지와……한다 : 본문에서 설명하는 손가락의 모습은 다음과 같다.

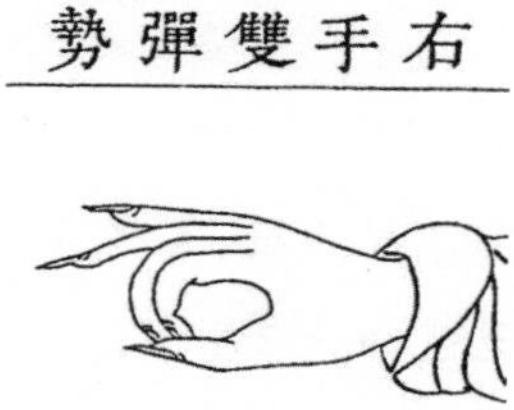

오른손의 쌍탄(雙彈) 기법

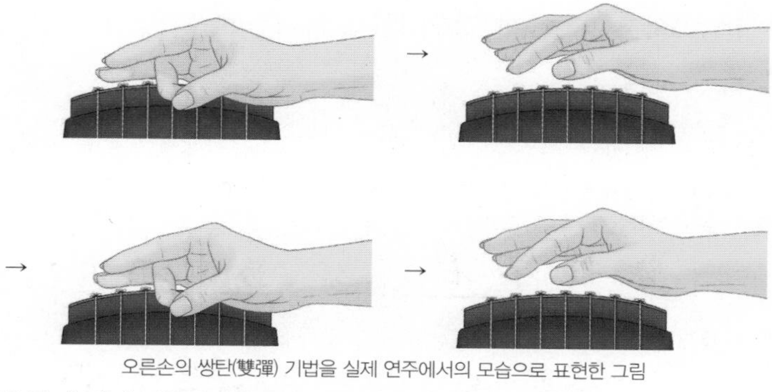

오른손의 쌍탄(雙彈) 기법을 실제 연주에서의 모습으로 표현한 그림

[28] 帟 : 저본에는 "帟".《文林聚寶萬卷星羅 · 琴譜門 · 太音紀原》에 근거하여 수정.

[29] 撥刺 :《文林聚寶萬卷星羅 · 琴譜門 · 太音紀原》에는 "雙刺".

[30] 食 : 저본에는 없음.《文林聚寶萬卷星羅 · 琴譜門 · 太音紀原》에 근거하여 보충.

[31] 夾定先入後出 :《文林聚寶萬卷星羅 · 琴譜門 · 太音紀原》에는 "齊出齊入".

였다가 밖으로 내는 기법을 '발자'라 한다.[34]】

"撥刺".】

捻【자보에는 '염(捻)'으로 쓴다. 엄지와 검지로 현을 집어 올렸다 놓아 소리를 내는 기법을 '염'이라 한다.】

捻【譜作"捻". 大指與食指起絃, 放之有聲, 曰"捻".】

彈【자보에는 '탄(彈)'으로 쓴다. 쌍탄(雙彈)에 견주어 단탄(單彈)으로, 엄지를 구부려 검지 손톱 끝을 막았다가 검지로 도(挑)하여 소리를 내는 기법을 '탄'이라 한다.】

彈【譜作"彈". 單彈, 曲大指, 以食指挑出發聲, 曰"彈".】

亨【자보에는 '연촬(攣撮)'로 쓴다. 중지와 검지를 쓰는데, 중지로 구(句)하고 검지로 도(挑)해서 2개의 소리를 내는 기법을 '연촬'이라 한다.】

亨【譜作"攣撮". 用中、食二指, 中句食挑共二聲, 曰"攣撮".】

急【자보에는 '급쇄(急鎖)'로 쓴다. 먼저 도(挑)한 다음 말(抹)하고 또 도(挑)하고 말(抹)하여

急【譜作"急鎖". 先挑次抹, 又挑抹有聲, 曰"急鎖".】

---

34 중지와……한다 : 본문에서 설명하는 손가락의 모습은 다음과 같다. 앞의 발세(撥勢)는 안으로 들이는 모습을, 뒤의 자세(刺勢)는 밖으로 내는 모습이다.

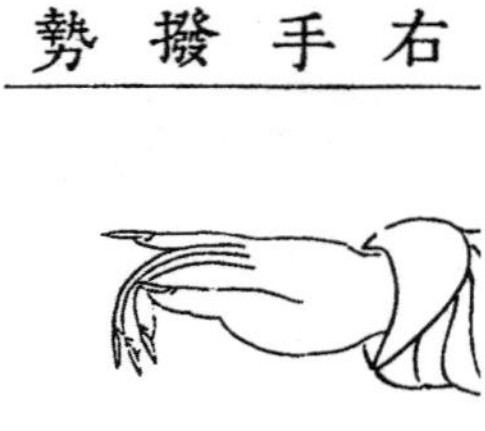

오른손의 발세(撥勢) 기법

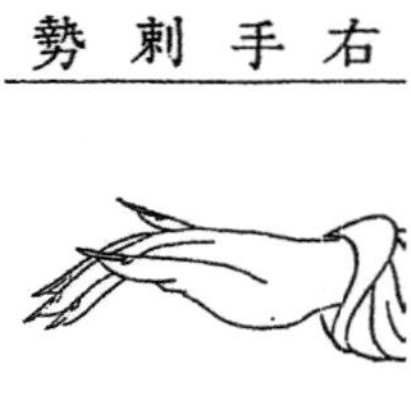

오른손의 자세(刺勢) 기법

소리를 내는 기법을 '급쇄'라 한다.】

[illegible]【자보에는 '대문(大門)'으로 쓴다. 먼저 1번 구(句)하고 3번 타(打)한 다음 구(句)를 2~3번 하고 또 4~1번 도(挑)하는 기법을 '대문'이라 한다.】

[illegible]【譜作"大門". 句先打三次句二三, 又挑四一, 曰"大門".】

[illegible]【자보에는 '소문(小門)'으로 쓴다. 먼저 1번 구(句)하고 3번 구(句)한 다음 2번 구(句)하고 또 4~3번 도(挑)하여 소리를 내는 기법을 '소문'이라 한다.】

[illegible]【譜作"小門". 句先句三次句二, 又挑四三聲, 曰"小門".】

3) 수세(手勢)[35]

手勢

35 수세(手勢) : 금을 연주할 때의 손가락 자세. 금을 연주하거나 금자보(琴字譜)를 이해하기 위해서는 손가락의 명칭과 수세를 숙지해야 한다. 손가락의 명칭을 수세도(手勢圖)에서는 다음과 같이 표기한다. 엄지는 '대지(大指)'이며 자보에서는 '대(大)'라 표기한다. 검지는 '식지(食指)'이며 자보에서는 '인(人)' 또는 '인(亻)'으로 표기한다. 가운뎃손가락은 '중지(中指)'이며 자보에서는 '중(中)'으로 표기한다. 넷째 손가락 약지는 '명지(名指)' 또는 '무명지(無名指)'라 하며 자보에서는 줄여서 '석(夕)'으로 표기한다. 새끼손가락은 '소지(小指)'라고도 하고, 금을 연주할 때 줄을 직접 만지지 않는 손가락이라 해서 '금지(禁指)'로도 표기한다.

신봉함서세(神鳳銜書勢,[36] 신령한 봉황이 글귀를 물고 있는 모양의 수세).

神鳳銜書勢.

《태고유음(太古遺音)》 권하(卷下) 〈변지(辨指)〉에서는 후한 말기의 문인 채옹(蔡邕, 133~192), 당나라의 문인 조유측(趙惟則, ?~?), 당나라의 도사(道士)이자 금 전문가인 조야리(趙耶利, 563~639)의 손가락 명칭에 대한 설을 소개하고 있다. "채옹은 '거지(巨指)란 대지(大指, 엄지)다. 식지(食指)란 두지(頭指, 검지)다. 장지(將指)란 중지(中指)다. 명지(名指)란 무명지(無名指, 약지)다.'라 했다. 조유측은 '수세가 본뜬 모양은 본래 채옹의 5가지 농현(弄絃) 방법에서 왔는데, 조사리가 이것을 수정해서 천지(天指)【오른손 대지를 본뜬 것】· 지지(地指)【오른손 식지를 본뜬 것】· 일지(日指)【오른손 중지를 본뜬 것】· 월지(月指)【오른손 무명지를 본뜬 것】'라 했다.(蔡邕云 : '巨指者大指也. 食指者頭指也. 將指者中指也. 名指者無名指也.' 趙惟則云 : '手勢所象本自蔡邕五弄, 趙耶利修之曰, 天指【右大所象】、地指【右食所象】、日指【右中所象】、月指【右無名所象】'.)"

수세는 크게 오른손과 왼손 자세로 나뉜다. 명나라 성조(成祖, 1402~1424 재위)의 칙령으로 편찬된 《영락금서집성(永樂琴書集成)》 권9 〈지법수세도(指法手勢圖)〉와 명나라의 문인 왕기(王圻, 1530~1615)가 편찬한 《삼재도회(三才圖會)》 〈인사(人事)〉 권1 "고금도(鼓琴圖)"에서는 오른손의 17가지 수세와 왼손의 16가지 수세를 소개하고 있으나, 여기 "당금자보"는 왼손 수세 2가지만을 소개하고 있다.

<table>
<tr><th colspan="2">지법(指法)</th><th colspan="2">수세도(手勢圖)</th><th>연주법</th><th rowspan="3">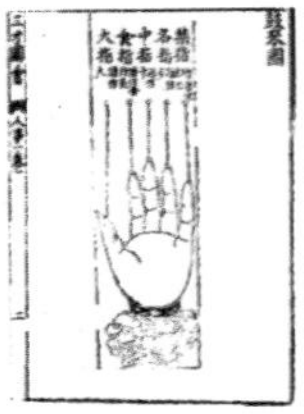</th></tr>
<tr><td rowspan="2">왼손 지법</td><td>왼손 엄지
[左手大指]</td><td>신봉함서세
(神鳳銜書勢)</td><td></td><td>안(按) :
현을 누른다</td></tr>
<tr><td>왼손 검지
[左手食指]</td><td>방림교앵세
(芳林嬌鶯勢)</td><td></td><td>안(按) :
현을 누른다</td></tr>
</table>

수세도와 지법[《삼재도회(三才圖會)》 〈인사(人事)〉 권1 "고금도(鼓琴圖)"]

36 신봉함서세(神鳳銜書勢) : 신령한 봉황이 글귀를 물고 있는 모양의 수세이며 왼손 엄지로 현을 눌러 연주하는 기법을 의미한다. 이 명칭은 주(周)나라 문왕(文王) 때의 다음 고사에서 유래한다. "봉황이 글귀를 물고 문왕의 도읍에서 노닐었으므로 무왕(武王)이 봉서(鳳書, 봉황이 물고 있는 글귀)의 기강을 받아들였다.(鳳皇銜書遊文王之都，故武王受鳳書之紀.)" 《藝文類聚》 卷99 〈祥瑞部〉 下 "鳳皇". 수세도 그림 참고.

방림교앵세[芳林嬌鶯勢,[37] 방초(芳草)가 우거진 숲속에 앉아 있는 아리따운 꾀꼬리 모양의 수세]. 芳林嬌鶯勢.

4) 자보(字譜, 부호에 지법과 휘의 위치를 곁들인 자보) 字譜

按【자보에는 '女(여)'로 쓴다.】 按【譜作"女"[32]】

對【자보에는 '卄(관)'으로 쓴다.】 對【譜作"卄"[33]】

泛【자보에는 'ノ(별)'로 쓴다.】 泛【譜作"ノ"[34]】

外【자보에는 '卜(복)'으로 쓴다.】 外【譜作"卜"[35]】

罨【자보에는 '罓(망)'으로 쓴다.】 罨【譜作"罓"】

---

37 방림교앵세(芳林嬌鶯勢) : 방초가 우거진 숲속에 꾀꼬리가 앉아 있는 모양의 수세이며 왼손 검지로 현을 눌러 연주하는 기법을 의미한다. 이 명칭은 당나라의 시인 최호(崔顥, 704~754)가 지은 유명한 시 〈황학루(黃鶴樓)〉에 나오는 "앵무주(鸚鵡洲)에는 녹음방초 우거졌네.(芳草萋萋鸚鵡洲)"라는 구절을 연상시킨다. 황학루는 중국 호북성(湖北省) 무한시(武漢市)에 있는 명승 누각이고, 앵무주는 무한시를 흐르는 강 가운데 있는 모래섬이다. 수세도 그림 참고.

[32] 女 : 저본에는 "攵". 《三才圖會 · 人事 · 鼓琴圖》에 근거하여 수정.

[33] 卄 : 저본에는 "ノ". 일반적인 용례에 근거하여 수정.

[34] ノ : 저본에는 "乀". 《三才圖會 · 人事 · 鼓琴圖》에 근거하여 수정.

[35] 卜 : 저본에는 "夕". 《三才圖會 · 人事 · 鼓琴圖》에 근거하여 수정.

跪【자보에는 '묘(족)'으로 쓴다.】

跪【譜作"묘[36]"】

散【자보에는 '卄(입)'으로 쓴다. 왼손으로는 현을 누르지 않고 오른손으로만 소리를 낸다.】

散【譜作"卄[37]". 左手不按, 右手得聲.】

女【'按(안)'이다. 오른손으로 현을 연주할 때 왼손 엄지로 현을 누르면서 미세하게 좌우로 문지르듯 움직인다[吟]. 그러면 소리를 낼 때 천천히 울리면서 소리의 떨림이 아주 미세하게 잠깐 동안 울린다.】

女【按也. 右手鳴絃, 左大指按微吟也, 得聲慢慢, 搖動過微少許.】

묘【'跪(궤)'이다. 왼손 약지를 구부려 대휘(大徽)[38] 사이를 누르면서 이 지법을 쓴다.[39]】

묘【跪也. 用指曲按大徽間, 方用此法.】

---

38 대휘(大徽) : 미상. 금(琴)의 13휘 중에 6휘 이상의 휘 수가 큰 휘를 가리킨 듯하다. 다른 문헌에 '4~5휘 이상'이라거나 '5휘 이상'이라거나, '7휘 이상'에 사용한다는 표현이 있기에 이와 같이 추정된다. 여기에서 말하는 휘(徽)는 금의 줄을 고르는 자리를 표시하는 장식으로, 자개 조각이나 금옥(金玉) 등으로 휘를 만들어 13개를 금의 윗면에 박아 넣는다. 아래 사진에서 금의 윗면에 흰색의 작은 동그라미가 박혀 있는 부분이 휘로, 제일 오른쪽이 1휘이며 여기에서 왼쪽으로 갈수록 차례대로 2휘부터 13휘가 된다.

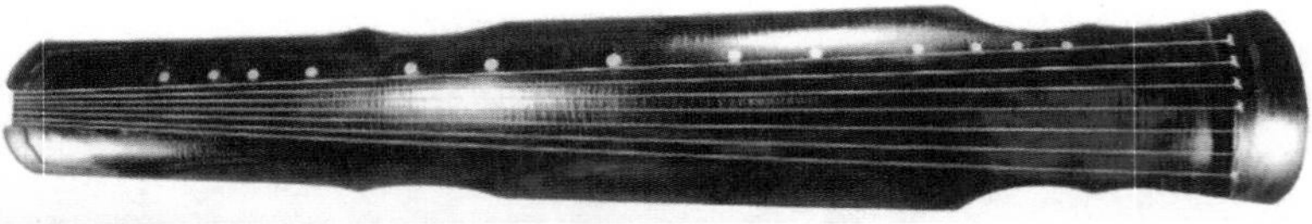

금의 휘(徽)(《칠현금경》, 258쪽)

[36] 묘 : 《三才圖會·人事·鼓琴圖》에는 "됴".

[37] 卄 : 저본에는 "升". 《文林聚寶萬卷星羅·琴譜門·太音紀原》·《三才圖會·人事·鼓琴圖》에 근거하여 수정.

뿓【'對起(대기)'이다. 왼손 약지는 현을 누르고, 엄지는 9휘 자리에 있는데,[40] 오른손으로 소리를 낼 때, 왼손 엄지로 휘를 눌렀다가 당기면서

뿓【對起. 名指按, 大指地[38]九, 右手陽起, 左手掐起上[39].】

39 왼손……쓴다 : 다른 문헌들에 의하면 왼손 약지를 구부리고 끝마디를 현에 대 준다. 본문에서 설명하는 손가락의 모습은 다음과 같다.

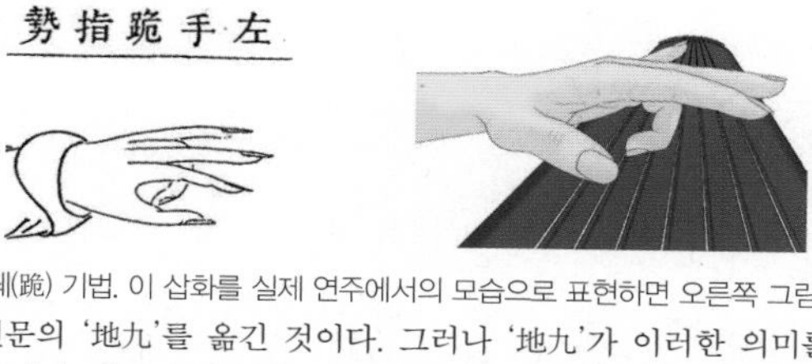

왼손의 궤(跪) 기법. 이 삽화를 실제 연주에서의 모습으로 표현하면 오른쪽 그림과 같다.

40 9휘……있는데 : 원문의 '地九'를 옮긴 것이다. 그러나 '地九'가 이러한 의미를 갖지는 않는다. '地'가 왼손 주법에서 어떤 의미로 사용되었는지는 알 수 없다. 다른 문헌에서는 '對起(대기)' 주법을 설명한 부분에서 '地' 자가 쓰이지 않았다. 다만 이 주법에 대한 설명 중 9휘를 사용한다는 사례가 있기 때문에 '地'의 의미를 알 수 없음에도 이렇게 옮겼다.

[38] 地 : 연문으로 추정됨.

[39] 上 : 연문으로 추정됨.

올려 소리를 낸다.[41]】

爪【'掐(도)'이다. 왼손 엄지로 9휘를 눌렀다가 이 엄지를 당겨 올려 소리를 내는 지법이 이것이다.】

爪【掐也. 若大指按九徽, 掐起有聲便是.】

奐【'渙(환)'[42]이다. 왼손 엄지로 소리를 낸 뒤,

奐【渙也. 大指得聲地[40], 名指

---

41 왼손 약지는……낸다: 이 주법을 한글로 옮기기가 매우 난해하다. 우선 원문의 '地' 자와 '上' 자를 풀기가 어려운 데다(연문으로 추정된다), 생략된 것으로 보이는 글자가 많아서다. 이 부분의 번역은 대체로 아래 두 문헌의 다음과 같은 내용을 참조했다.
《存古堂琴譜》〈左手指法〉'對起' 조에서 "자보에서 대기(對起)가 나오면 모두 도기(掐起) 연주법대로 연주한다.(譜中凡遇此者, 皆作掐起彈法)"라고 했고, 같은 책의 '掐起' 조에서는 "왼손 엄지 손톱으로 튕기고 약지가 누르고 있던 곳을 누르면서 소리 내는 주법을 도기(掐起)라 한다. 옛 금보의 주석에서는 도기(掐起)와 대기(對起)는 같지 않다고 했다. 또 오른손으로 튕기면서 왼손을 드는 주법을 대(對)라 하고 오른손으로 튕기지 않으면서 왼손을 드는 주법을 도(掐)라 한다. 가령 엄지를 8휘에 두고서 오른손으로 튕겨 소리를 내고서 바로 9휘로 내려오는데, 이때 음(吟, 미세하게 좌우로 문지르듯 움직이는 주법)을 하거나 하지 않거나 한다. 그 후 오른손의 튕긴 소리가 없어지면 왼손 약지로 10휘를 누르고 왼손 엄지로 바로 손톱을 튕겨 소리를 내는 주법을 도기(掐起)라 한다. 또 가령 왼손 엄지로 9휘를 누르고서 오른손을 튕겨 소리를 내고 왼손 약지는 바로 10휘로 내려가 누른 뒤 왼손 엄지로 곧장 튕겨 소리를 내는 주법을 대기(對起)라 한다.(大指爪起, 按名指所按之聲曰掐起. 舊譜註掐起與對起不同. 又云有彈而起曰對, 無彈而起曰掐. 假如大指於八徽彈而得聲, 卽下九徽, 或吟或不吟, 已不用彈, 名指隨按下十徽, 大指卽爪起一聲曰掐起. 又如大指按九徽, 用彈一聲而名指隨按下十徽, 大指卽爪起一聲曰對起.)"라고 했다.
《신간발명금보(新刊發明琴譜)》〈좌수결법(左手訣法)〉에는 다음과 같은 내용이 실려 있다. "오른손으로 소리를 낼 때 왼손으로 휘를 눌렀다가 당겨 올려 소리를 내는[掐起] 지법을 대기(對起)라 한다.(如右手得聲, 左手掐起曰對起.)" 원문의 '陽起'를 '得聲(소리를 내다)'의 의미로 옮긴 것은 이곳의 내용을 근거로 했다.

42 渙(환): 《문림취보만권성라(文林聚寶萬卷星羅)》·《삼재도회(三才圖會)》 및 기타 금(琴)의 지법에 관한 내용의 서적에 '환(渙)'은 나오지 않고, '환(換)' 혹은 '환(喚)'이라는 지법이 나온다. 이 둘은 같은 주법으로 판단된다. 본문의 '渙' 주법도 이들과 같다고 보고 옮겼다. 《중국음악사료(中國音樂史料)》에서는 환(換)에 대해 "약지로 4휘의 현을 누르고, 중지로 2현을 누르고, 또 약지로 3현을 누른다.(如名指按四絃徽, 中指按二, 名指又按三絃也.)"라 했다.

[40] 地: 연문으로 추정됨.

왼손 약지는 원래 엄지가 있던 자리에 올 정도로 만 한다.[43]】

便住大指上也.】

尤【'就(취)'이다. 중지로 1현을 안쪽으로 들여서 튕기고[句] 바로 다시 엄지로 1현을 굽혀 한 번 튕긴 다음 검지로 바깥쪽을 향해 현을 내어서 튕기는 지법이 이것이다.】

尤【就也. 如句一絃處, 就再彈一絃是也.】

弓【'引(인)'이다. 소리를 내고 천천히 움직여 끌어올린다.】

弓【引也. 得聲細動而上.】

汁【'注吟(주음)'이다. 소리를 내고 천천히 움직여 아래로 끌어내린다.】

汁[41]【注吟. 得聲細退而下.】

---

43 엄지로……한다 : 엄지로 현을 누른 상태에서 위로 살짝 올라갔다 제자리로 돌아온다. 본문에서 설명하는 손가락의 모습은 다음과 같다.

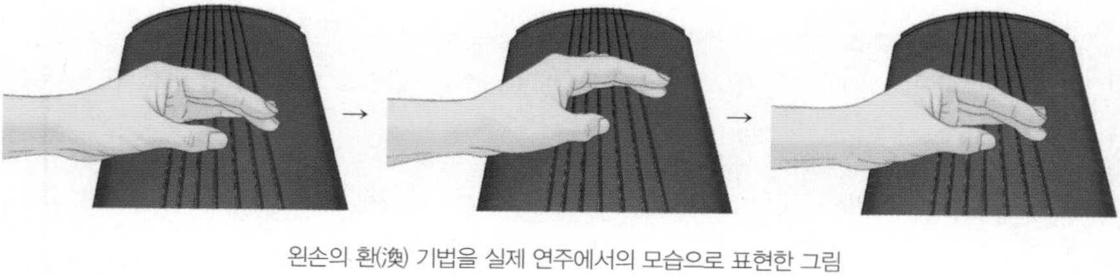

왼손의 환(渙) 기법을 실제 연주에서의 모습으로 표현한 그림

㊶ 汁 : 일반적인 용례는 "汁".

ノ【'泛(범)'이다. 왼손을 줄 위에 살짝 대고 다양한 소리를 낸다.[44]】

ノ[42]【泛也. 以指絃上浮點, 爲之千音.】

乏【'泛止(범지)'이다. 왼손을 줄 위에 살짝 대고 나서 또 검지를 안쪽으로 향하게 하여[木][45] 누르는 지법을 범상(泛上)이라고 한다.】

乏【泛止[43]也. 浮點完, 又按木爲泛上.】

乞【'泛起(범기)'이다. 왼손을 줄 위에 살짝 대고 8휘에서부터 일어난다.】

乞[44]【泛起. 浮點從八而起.】

立【'撞(당)'이다. 소리를 내고 급히 왼손을 위로 끌어올렸다가 내려와서 여음을 두는 주법을 '당(撞)'이라 한다.】

立【撞也. 得聲急之[45]而下, 有餘音曰"撞".】

---

44 왼손을……낸다 : 금 연주 주법인 범음(泛音)을 말한다. 범음은 왼손은 줄에 가볍게 대고 오른손으로 현을 타는 지법이다. 본문에서 설명하는 손가락의 모습은 다음과 같다.

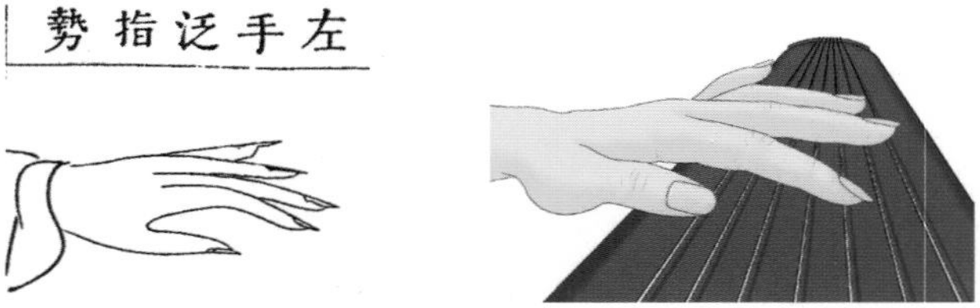

왼손의 범(泛) 기법. 이 삽화를 실제 연주에서의 모습으로 표현하면 오른쪽 그림과 같다.

45 검지를……하여[木] : 원문의 '목(木)'은 '말(抹)'의 약자이다. 검지를 안쪽으로 들여서 연주한다는 부호이다.

[42] ノ : 저본에는 "乀".《三才圖會·人事·鼓琴圖》에 근거하여 수정.

[43] 乏泛止 : 저본에는 "正泛止".《三才圖會·人事·鼓琴圖》에 근거하여 수정.

[44] 乞 : 저본에는 "芑".《文林聚寶萬卷星羅·琴譜門·太音紀原》에 근거하여 수정.

[45] 之 : 여러 문헌의 사례에 근거하면 "上"의 오기로 보인다.

卜【'綽(작)'이다. 소리를 낼 때 왼손을 급하게 위로 끌어올린다.[46]】

卜㊻【綽也. 得聲急綽也㊼.】

岜【'帶起(대기)'[47] 이다. 왼손 약지로 휘 아래의 현을 눌러 소리를 낼 때 곧 현을 눌렀다 튕겨서[帶起] 2개의 소리를 낸다.】

岜㊽【帶㊾起. 用名指按徽得聲, 卽帶㊿起二聲.】

---

46 소리를…끌어올린다 : 본문에서 설명하는 손가락의 이동 모습은 다음과 같다.

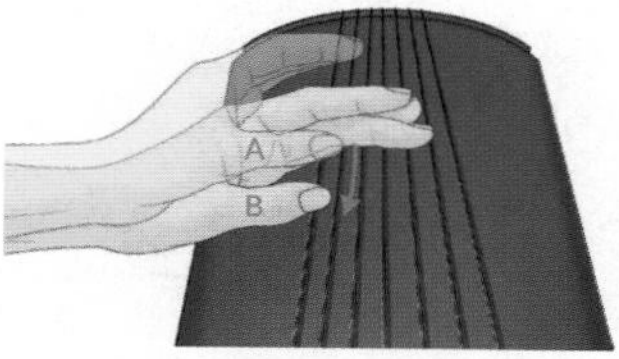

왼손의 작(綽) 기법을 실제 연주에서의 모습으로 표현한 그림

47 帶起(대기) :《오지재금보(五知齋琴譜)》 권1 〈좌지비법(左指秘法)〉에서는 "약지로 현을 누르면서 손가락 끝으로 눌렀다 튕겨 소리를 얻을 때, 이것을 '대기'라 한다.(名指按絃時, 指頭帶起得聲曰'帶起'.)"라 했다. 본문에서 설명하는 손가락의 모습은 다음과 같다.

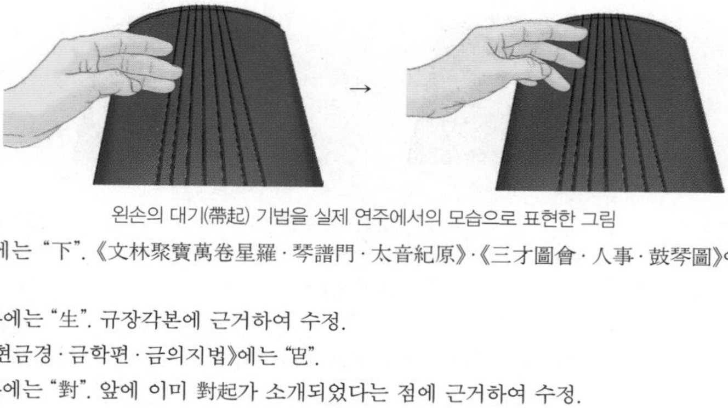

왼손의 대기(帶起) 기법을 실제 연주에서의 모습으로 표현한 그림

㊻ 卜 : 저본에는 "下".《文林聚寶萬卷星羅·琴譜門·太音紀原》·《三才圖會·人事·鼓琴圖》에 근거하여 수정.

㊼ 也 : 저본에는 "生". 규장각본에 근거하여 수정.

㊽ 岜 :《칠현금경·금학편·금의지법》에는 "巴".

㊾ 帶 : 저본에는 "對". 앞에 이미 對起가 소개되었다는 점에 근거하여 수정.

㊿ 帶 : 저본에는 "對". 앞에 이미 對起가 소개되었다는 점에 근거하여 수정.

巵【'掐起(도기)'[48]이다. 왼손 엄지로 휘 아래의 현을 눌러 소리를 내고 이어서 곧 왼손 엄지로 현을 당겨서[掐] 소리 하나를 낸다.】

巵[51]【掐起. 以大指按徽得聲, 卽掐一聲.】

拙【'推出(추출)'[49]이다. 13번째 휘에서 하나의 현을 아래로 밀어내는[推出] 주법이 이것이다.】

拙[52]【推出. 推出一絃在徽十三幾下是也.】

---

48 掐起(도기) :《사제당금보(思齊堂琴譜)》〈좌수지법(左手指法)〉에서는 도기(掐起)에 대해 "왼손 엄지로는 9휘를 누르고 왼손 약지로는 10휘를 누른 상태에서 오른손은 연주하지 않고 왼손 엄지로 현을 타서 올려 하나의 소리를 내는 지법이다.(掐起也, 如大指九徽得聲, 名指按十徽, 右指不彈, 而左大指掐起一聲也.)"라 했다. 본문에서 설명하는 손가락의 모습은 다음과 같다.

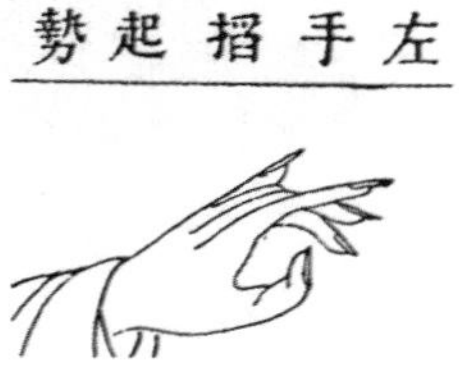

왼손의 도기(掐起) 기법

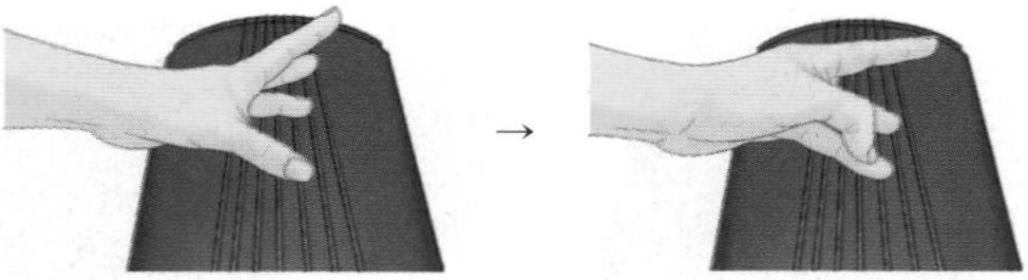

왼손의 도기(掐起) 기법을 실제 연주에서의 모습으로 표현한 그림

49 推出(추출) : 이와 관련하여 예를 들어《태고유음(太古遺音)》권하〈좌수지법(左手指法)〉에서는 "추출은 가령 오른손으로 현을 치면서 왼손 중지로 휘의 현을 눌러 소리를 따라가면서 현 바깥에서 손가락을 아래로 밀어내어 소리를 내게 하는 주법이다.(推出, 如右扣絃, 左中按徽隨聲而下推出指於絃外, 令有聲.)"라 했다.

[51] 巵 : 저본에는 "色".《文林聚寶萬卷星羅·琴譜門·太音紀原》·《三才圖會·人事·鼓琴圖》에 근거하여 수정.

[52] 拙 : 저본에는 "拙".《文林聚寶萬卷星羅·琴譜門·太音紀原》에 근거하여 수정.

卂【'飛吟(비음)'[50]이다. 소리를 낼 때 춤추듯 아래로 현을 쳤다가 물러나는 주법이 이것이다.】

卂[53]【飛吟. 得聲舞下而退是也.】

辻【'遊吟(유음)'[51]이다. 소리를 낼 때 왼손을 좌우로 문지르듯 움직였다가 느슨하게 풀어 두어[52] 여음이 남도록 하는 주법이다.】

辻[54]【遊吟. 得聲且吟且行, 有餘顏也.[55]】

---

50 飛吟(비음) : 이와 관련하여 예를 들어 《태고유음》 권하 〈좌수지법〉에서는 "비음은 소리를 낼 때 1현을 치고 아래로 내려가면서 치다가 물러나는 기법이다.(飛吟, 得聲撞一, 撞飛下去.)"라 했다. 《삼재도회》 〈인사〉 권1 "고금도"에서는 "소리를 낼 때 현을 아래로 치고 다시 위로 올라간다.(得聲撞下復飛上)"라 했다.

왼손의 비음(飛吟) 기법

51 遊吟(유음) : 왼손지법 중 음(吟) 주법의 일종으로, 예를 들어 《동원초당금보(桐園草堂琴譜)》 〈좌수지법(左手指法)〉에는 다음과 같은 내용이 실려 있다. "유음이 있는데, 왼손으로 줄 위를 타면서 소리를 내었다가 아래로 내리고, 다시 왼손을 급하게 아래에서 위로 올렸다가 다시 내리기를 대략 2번 반복한 뒤, 음(音) 하나를 취하는 것으로, 지정된 휘에서 소리를 낸 뒤, 급히 약간 올렸다가 내리는 동작을 2번 반복한 다음 현을 느슨하게 놓아두는 주법과 같다.(有遊吟者, 乘絃上聲就退下, 復綽上, 又退下, 約二次, 取一音, 如雙撞而放緩也.)" 여기서 원문의 '작(綽)'은 왼손을 급하게 위로 끌어올리는 주법이고, '당(撞)'은 급하게 왼손을 위로 끌어올렸다가 본 위치로 내려와 여음(餘音)을 두는 주법이다.

52 느슨하게 풀어 두어 : 원문의 "行"을 옮긴 것이다. 바로 위 주석에서 소개한 《동원초당금보(桐園草堂琴譜)》의 내용 중 '느슨하게 놓아두는[行]'이라는 부분을 고려하여 이렇게 옮겼다. 또한 이 기사 끝부분에 나오는 '行者從容也'라는 구문을 반영하기도 했다.

[53] 卂 : 저본에는 "孔". 《三才圖會·人事·鼓琴圖》에 근거하여 수정.

[54] 辻 : 저본에는 "近". 《三才圖會·人事·鼓琴圖》에 근거하여 수정.

[55] 也 : 규장각본에는 "色".

徠【'往來(왕래)'이다. 소리를 낼 때 왼손을 위에서부터 아래로 3번 왕복하는 지법이 이것이다.】

徠【往來. 得聲自上而下三次者是也.】

赲【'起吟(기음)'이다. 왼손을 위에서부터 아래로 왕복하며 소리를 내고 아래로 끌어내리는 지법이 이것이다.】

赲[56]【起吟. 往來有聲而退便是.】

人【'合(합)'[53]이다. 두 줄을 튕겨 낸 소리가 하나의 뜻으로 모여 마치 하나의 소리처럼 서로 같다.】

人【合也. 以爲絃合一意, 如一聲相同.】

方【'放(방)'이다. 손으로 상현(上絃)을 쳐서 놓고 하현(下絃)을 누르는 지법이 이것이다.】

方【放也. 以手扣上絃放而按下絃者是也.】

犭【'猱(노)'이다. 휘를 누르고 위로 급히 끌어

犭[57]【猱[58]也. 按者得徽, 引出

---

53 合(합) : 왼손지법 중 응합(應合) 주법의 일종으로, 예를 들어 《대환각금보(大還閣琴譜)》〈좌수지법(左手指法)〉에는 다음과 같은 내용이 실려 있다. "응합은 줄을 튕긴 뒤에 손가락을 모처의 휘로 올리거나 아래로 내리면서 낸 소리가 다음에 줄을 튕긴 소리와 호응하면 '응(應)'이고, 다음에 튕긴 소리와 합쳐지면 '합(合)'이다. 만약 왼손 약지로 4현의 10휘를 누르고, 오른손 엄지를 굽혀 한 번 튕긴 다음 검지로 바깥쪽을 향해 줄을 튕겨 소리를 낸 뒤에 곧장 9휘를 튕겼다가 7현을 튕기면 응(應)과 합(合)이 같은 소리를 낸다.(應合, 按彈後, 用指或上某徽, 或下某徽, 有音以應次絃之聲曰"應", 次絃合前絃之音曰"合". 如名指按四絃十徽, 彈一聲, 即上九, 與次彈散七, 應合同聲也.)" 여기서 원문의 탄(彈)은 엄지로 1현을 굽혀 한 번 튕긴 다음 검지로 바깥쪽을 향해 현을 내어 튕기는 지법이고, 산(散)은 산음(散音)이며, 오른손만을 사용하여 소리를 내는 지법으로, 개방현의 소리를 내는 주법이다.

[56] 赲 : 《三才圖會·人事·鼓琴圖》에는 "丯".

[57] 犭 : 저본에는 "彳". 《文林聚寶萬卷星羅·琴譜門·太音紀原》·《三才圖會·人事·鼓琴圖》에 근거하여 수정.

올렸다가 원래 위치로 돌아온다.】	急上, 復原處.】
㧟【'不動(부동)'이다. 일반적으로 손가락을 구부려 2현을 누르지 않고 식지로 바깥쪽을 향해 튕기는 지법을 '부동(不動)'이라 한다. 나머지 지법은 이와 같다.】	㧟[59]【不動也. 凡[60]句二散挑謂之"不動", 餘倣此.】
𠦝【'掐撮(도촬)'이다. 왼손 엄지로 현을 누른 상태에서 오른손 검지·중지 두 손가락으로 현을 옆어 쥐고 올렸다가 바로 놓는다.】	𠦝[61]【掐撮. 左大指、右食·中指撮.】
車【'連(연)'이다. 혹 손가락을 구부려 4현을 튕긴 다음 현을 누르지 않고 둔 채로, 3현을 안으로 뜯는 기법이다.】	車【連也. 或句四絃就散, 踢內三絃.】

58 猱: 저본에는 "猱". 《文林聚寶萬卷星羅·琴譜門·太音紀原》·《三才圖會·人事·鼓琴圖》에 근거하여 수정.

59 㧟:《칠현금경·금학편·금의지법》에는 "㧟".

60 凡: 규장각본에는 "且".

61 𠦝: 저본에는 "𠦝". 《三才圖會·人事·鼓琴圖》에 근거하여 수정.

〈탄금계몽(彈琴啓蒙)〉[54]에는 다음과 같은 내용이 있다.

《彈琴啓蒙》:

작법(綽法)과 주법(注法)으로 원활한[元] 소

聲完綽注須從遠,

54 탄금계몽(彈琴啓蒙) : 작자 미상. 금(琴)을 타는 수준이 낮거나 잘못된 습관을 가지고 있는 사람을 가르쳐서 깨우친다는 내용으로, 각 항목에는 주(注)가 달려 있다. 중국의 역사·서식(書式)·오락·풍속·명구·복서(卜筮) 등의 내용을 담고 있는 《만보전서(萬寶全書)》에는 '탄금결법(彈琴訣法)'이라는 이름으로 실려 있다. 아래 그림은 금을 연주하는 모습을 표현하고 있다.

주덕윤(朱德潤)의 〈임하명금도(林下鳴琴圖)〉 일부(타이베이 고궁박물원)

작자 미상, 〈화청금도(畫聽琴圖)〉(타이베이 고궁박물원)

리를 내려면 원(遠)으로 해야 하고,

【완(完)이란 소리가 원활하여 흠결이 없다는 말이다. 현의 아래에서부터 위로 올라오면서 소리 내는 기법을 '작(綽)'이라 하고, 위에서부터 내려오면서 소리 내는 기법을 '주(注)'라 하며,[55] 소리 낼 때 정해진 곳이 없는 기법을 '원(遠)'이라 한다. 주법과 작법을 쓰면 저절로 소리가 원활해진다.】

【完者, 圓活而不欠缺也. 從下而上謂"綽", 從上而下謂"注", 發無定地謂"遠[62]", 注綽自然圓活也.】

음의 헐법(歇法)·비법(飛法)·음법(吟法)을 비로소 쓸 수 있다.

音[63]歇、飛、吟始用之.

【헐(歇)이란 소리가 사라질 듯 말 듯한 기법의 명칭이고, 짧은 음이 손가락을 따라 잦아들게 하는 기법을 "비(飛)"라 하며, 손가락을 흔들면서 제 휘(徽)의 위치를 떠나지 않는 기법을 "음(吟)"이라 한다. 이 기법들을 오래 연습하면 소리가 성

【歇者將盡未盡之名. 碎音隨指而下曰"飛", 動搖不離其位曰"吟", 久則成熟.[64]】

---

55 위에서부터……하며 : 본문에서 설명하는 손가락의 이동 모습은 다음과 같다.

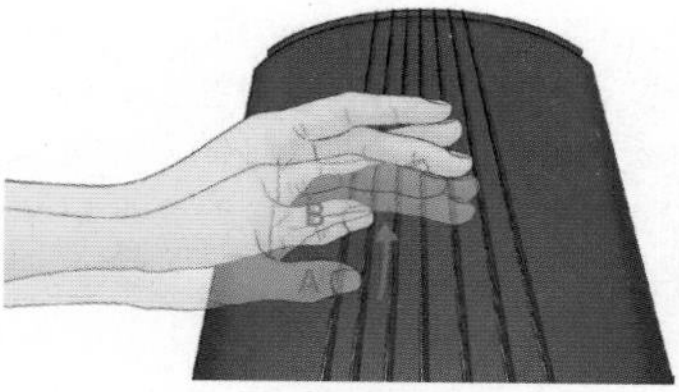

왼손의 주(注) 기법

[62] 遠 : 저본에는 "遠遠". 《五知齋琴譜·琴學須知註解》에 근거하여 삭제.

[63] 音 : 저본에는 "少". 《五知齋琴譜·琴學須知註解》에 근거하여 수정.

[64] 歇者……成熟 : 저본에는 "歇者將盡未盡, 名曰音隨. 音指下曰飛歇, 指徽不離其位曰吟待, 飛歇久則成熟". 《五知齋琴譜·琴學須知註解》에 근거하여 수정.

숙해진다.[56]】

줄을 튕길 때는 현을 끊어 버릴 듯이 급하게 해야 비로소 오묘해지고,

彈欲斷絃方始妙,

【현을 끊어 버릴 듯이 한다는 말은 현을 밀어 낼 때 급하게 하라는 점을 극단적으로 강조한 말로, 부드럽고 낭랑하게 소리가 나기를 기대한 것이다.】

【斷絃者極言其捘絃急去, 期以脆滑[65].】

현을 누를 때는 나무가 파일 듯이 해야 비로소 그 소리가 기묘해진다.

按令入木始稱奇.

【나무가 파일 듯이 한다는 말은 힘을 계속 꽉 주라는 점을 극단적으로 강조한 말로, 음이 청아하고 수려하게 나도록 하기 위함이다.】

【入木者極言其重[66]着力, 取其淸麗.】

가벼움과 무거움, 빠르고 느림은 이어져 호응해야 한다.

輕重、疾徐蒙接應,

【앞의 음(音)이 무거우면 뒤의 음은 가벼워야 하고, 앞의 음이 빠르면 뒤의 음은 천천히 연주해

【前音[67]重, 後音[68]輕, 前音[69]疾, 後音[70]徐是也. 蒙者上接

---

56 헐(歇)이란……성숙해진다 : 원문의 주해 부분 전체가 이해되지 않는 내용이라 여러 문헌에 공통적으로 전하고 있는 내용으로 교감하여 옮겼다. 원문의 내용을 옮기면 대체로 다음과 같은 의미이다. "헐(歇)이란 소리가 사라질 듯 말 듯한 상태로, '음수(音隨)'라 한다. 음이 손가락을 따라 내려가면서 잦아들어 가는 상태를 '비헐(飛歇)'이라 한다. 손가락이 휘(徽)를 짚고 그 자리에서 떠나지 않은 상태를 '음대(吟待)'라 한다. 비법(飛法)과 헐법(歇法)을 오래 연습하면 소리가 성숙해진다.(歇者將盡未盡, 名曰音隨. 音指下曰飛歇, 指徽不離其位曰吟待, 飛歇久則成熟.)"

65 脆滑 : 저본에는 "拖骨". 《五知齋琴譜·琴學須知註解》에 근거하여 수정.

66 重 : 저본에는 "遁". 《五知齋琴譜·琴學須知註解》에 근거하여 수정.

67 音 : 저본에는 "者". 《五知齋琴譜·琴學須知註解》에 근거하여 수정.

68 音 : 저본에는 "者". 《五知齋琴譜·琴學須知註解》에 근거하여 수정.

69 音 : 저본에는 "者". 《五知齋琴譜·琴學須知註解》에 근거하여 수정.

70 音 : 저본에는 "者". 《五知齋琴譜·琴學須知註解》에 근거하여 수정.

야 한다는 말이 이것이다. 몽(蒙)이란 앞과 뒤가 접합을 말하는 것이니, 앞뒤가 서로 호응하지 않으면 절주(節奏, 음악에서 음의 강약과 장단 등의 규칙적인 흐름)는 없는 것과 마찬가지이다.】

下之謂, 不蒙[71]則無節[72]奏矣.】

당(撞)과 노(猱)의 기법, 행(行)과 주(走)의 기법은 마음대로 하게 되면 지리멸렬해진다.

撞·猱[73]、行走恠支離[74].

【손가락을 급하게 위로 올리는 지법을 "당(撞)"이라 하고, 손가락을 위에서 아래로 내리는 지법을 "노(猱)"라 한다. 행(行)이란 천천히 하는 주법이고, 주(走)란 과도하게 급하게 하는 주법이다. 연주를 제멋대로 하는 주법을 '괴(怪)'라 한다.】

【承指急[75]上謂之"撞", 承指上[76]下謂之"猱[77]". 行者從容也, 走者急過度[78], 妄取者曰"恠"也.】

사람들이 그 안의 숨겨진 뜻을 깨달을 수 있다면

人能會得其中意,

【그 음을 깊이 생각하여 깨달을 수 있다면 흥취는 저절로 생겨난다.】

【要能默會其音[79], 則趣自生矣.】

---

[71] 蒙 : 《五知齋琴譜 · 琴學須知註解》에는 "相蒙".

[72] 節 : 저본에는 "前". 《五知齋琴譜 · 琴學須知註解》에 근거하여 수정.

[73] 猱 : 저본에는 "猱". 《文林聚寶萬卷星羅 · 琴譜門 · 太音紀原》·《三才圖會 · 人事 · 鼓琴圖》·《五知齋琴譜 · 琴學須知註解》에 근거하여 수정.

[74] 離 : 저본에는 "離離". 《五知齋琴譜 · 琴學須知註解》에 근거하여 삭제.

[75] 急 : 저본에는 없음. 《五知齋琴譜 · 琴學須知註解》에 근거하여 보충.

[76] 上 : 저본에는 "往". 《五知齋琴譜 · 琴學須知註解》에 근거하여 수정.

[77] 猱 : 저본에는 "猱". 《文林聚寶萬卷星羅 · 琴譜門 · 太音紀原》·《三才圖會 · 人事 · 鼓琴圖》·《五知齋琴譜 · 琴學須知註解》에 근거하여 수정.

[78] 急過度 : 저본에는 "沖撞也". 《五知齋琴譜 · 琴學須知註解》에 근거하여 수정.

[79] 音 : 《五知齋琴譜 · 琴學須知註解》에는 "意".

지법이 비록 심오할지라도 모두 알 수 있다.

【비록 뜻과 흥취가 심오하고 복잡하더라도 모두 알 수 있다.】

指法雖深可盡知.

【雖然旨[80]趣深長, 亦可盡知也.】

5) 각 5음을 중심 음으로 한 악곡[五音正操]의 자보

【五音正操字譜】

궁의(宮意)[57]

【구선(臞仙)[58]이, "이 곡조는 유래를 알지 못한다. 생각건대 천지가 아름답고 밝은 때가 되면 버들가지 잎 연하고 꽃들이 아름다우며 꾀꼬리 노래 부르며 제비 춤추고, 벌과 나비는 향기를 좇아 바삐 날아다닌다. 인간사의 화목함이 계절의 생기에 감흥하기 때문에 이 곡을 지은 것이다."라 했다.】[59]

宮意

【臞[81]仙曰: "是曲, 莫知所自出. 想夫天地當艶陽之時, 柳媚花嬌, 鶯歌燕舞, 蜂蝶芬芳動, 人事之和因時感興, 有是作也."】

---

57 궁의(宮意): 궁(宮)음을 주요음으로 삼은 곡에 표현되는 분위기를 해설한 것이다. 고대에는 궁을 첫째 음으로 여겼으나 궁(宮)·상(商)·각(角)·치(徵)·우(羽)가 각각 첫째 음(주요음)이 될 수 있다. 그 조식(調式)에 따라 궁조식·상조식·각조식·치조식·우조식으로 분류하는데, 《관자(管子)》〈지원(地員)〉편에 묘사된 5성은 치음부터 우·궁·상·각 순이다. 조식에 따라 4계를 각각 대응시킨 것을 보면 곡의 분위기가 서로 매우 다른 것으로 보인다. 아래의 각 의(意)도 이런 맥락에서 보면 된다.

58 구선(臞仙): 1378~1448. 중국 명(明)나라 주권(朱權). 명 태조(太祖)의 제16자(子)로, 함허자(涵虛子)·단구선생(丹丘先生)이라고도 한다. 저서로는 《구선활인심방(臞仙活人心方)》과 《구선신은서(臞仙神隱書)》 등이 있다.

59 구선(臞仙)이……했다: 《新刻天下四民便覽萬寶全書》〈琴學門〉"開指法"에 있다.

[80] 旨: 《五知齋琴譜·琴學須知註解》에는 "指".

[81] 臞: 《新刻天下四民便覽萬寶全書·琴學門·開指法》에는 "希". 이하 동일.

꾀꼬리여, 꾀꼬리여, 황금 옷 비단처럼 곱구나. 화창한 하늘 날며, 쌍으로 꾀꼴꾀꼴 노래한다네.[60]

黃鶯黃鶯, 金衣縷艷, 陽天氣雙雙對語. 芳

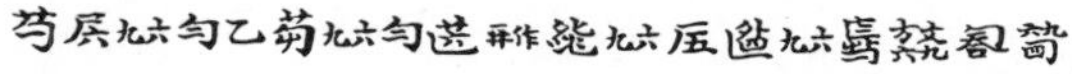

향기 나는 초목 중에서도 복숭아나무와 자두나무를 찾고, 이리저리 나는 벌 재빠르게 좇으며, 아지랑이 저편에서 맘껏

樹又尋桃李, 輕逐游蜂, 煙外任恣狂

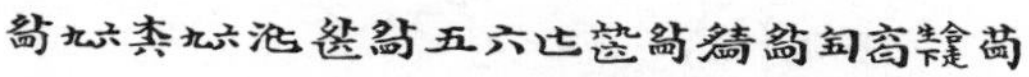

---

60 아래의 악보는 감자보(減字譜)로 구성되어 있다. 감자보는 줄의 차례 · 괘(棵) 순서 · 왼손의 위치 · 연주법 등을 표시하는 글자의 약자를 모아서 만든 기보법이다. 당나라 조유(曹柔)가 만들었다는 설과 조야리(趙耶利)가 만들었다는 설이 있다. 《태음대전(太音大全)》에 조유의 감자보 원본이 남아 있어서 당(唐)대의 감자보 모습을 짐작할 수 있다. 감자보는 송대에 이르러 그 기본이 완성되었는데, 이는 진원정(陳元靚)의 《사림광기(事林廣記)》에 잘 나타나 있다. 아래의 표는 《칠현금경(七絃琴經)》에서 소개한 지법을 읽는 법이다. 감자보는 상(上) · 하(下)로 나누는데, 상위(上位)는 왼손의 위치를 표시하고, 하위(下位)는 오른손의 위치를 표시한다. 상위는 다시 좌 · 우(左右)로 나누어 상위의 오른쪽 숫자는 금의 휘(徽)를 표시하고, 왼쪽 숫자는 손가락을 표시한다. 하위의 부호는 오른손 연주수법을 의미하며, 그 안의 숫자는 금의 현을 표시한다. 유예지에 수록된 감자보의 정확한 지법을 모두 다 파악하지 못하여 번역하지 않고 그대로 기호로 표기한다. 독자들의 양해를 구한다.(감자보 지법 읽는 법에 대한 더 자세한 내용은 도일, 《칠현금경》, 티웰, 2011, 147쪽 참조)

감자보		
 감자보 예시 (《칠현금경》)	위 / 오른쪽[九]	13개의 휘 가운데 9번째 휘를 가리키는 숫자
	위 / 왼쪽[夕]	왼손 약지의 약자
	아래 / 밖[勹]	오른손 중지로, 손가락을 안으로 들여서 연주하라는 표시
	아래 / 안[三]	금의 현 중에 3번째 현을 가리키는 숫자
⇒ 왼손 약지로 금의 9휘를 누른 뒤 오른손 중지로 금의 3번째 현을 안으로 들여서 연주하라는 부호		

노래하고 춤추네. ○아지랑이 저편에서 맘껏 노래하고 춤추네.

歌舞.○煙外任恣狂歌舞.

勻九六迍尼七六层七中勻七六𠥓一二七中勻七六查七六𪋯

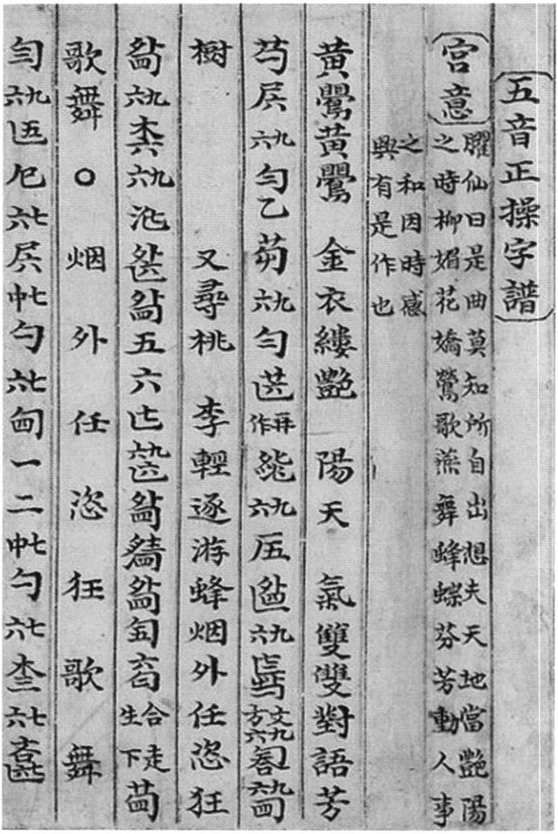
五音正操字譜

宮意 曜仙曰是曲莫知所自出想夫天地當艷陽之時柳媚花嬌鶯歌燕舞蜂蝶芬芳動人事之和因時感興有是作也

黃鸝黃鸝金衣縷艷陽天氣嬰嬰對語芳

[illegible]

樹 又尋桃李輕逐游蜂烟外任恣狂

[illegible]

歌舞○烟外任恣狂歌舞

勻六九迍尼六七层中七勻六七𠥓一二中七勻六七查六七𪋯

상의(商意)

【구선이, "이 곡조는 공자가 지은 것이다. 춘추(春秋)시대에 열국(列國)을 두루 돌며 열국의 임금과 뜻이 맞아 뜻을 펼쳐 보기도 하고 뜻이 어긋나 떠나기도 했기 때문에, 마침내 옛 도(道)를 그리워하고 오늘날을 개탄하여 탄식하는 뜻이 있었다. 그러므로 이 곡조를 지어 자신의 뜻을 표현하였다."라 했다.】[61]

商意

【臞仙曰："是意也，孔子所作. 當春秋之時，周流列[82]國，俛仰順逆，乃憾古感今而有嘆息之意，故作是意，而以述其志."云.】

가을바람, 가을바람 불어오니 기러기 날아오네. ○금정(金井)[62] 가의 오동나무 잎 하나 또 떨어지네.

秋風秋風生，鴻鴈來也. ○金井梧桐飄一葉. 少

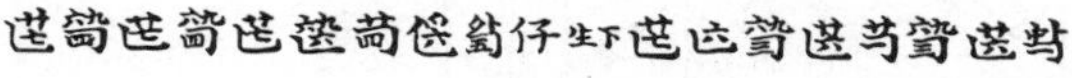

어여쁜 소년 시절 얼마나 짧은가. 예로부터 지금까지를 생각해 보면 얼마간의 흥하거나 망한

年紅顏，去[83]得也幾何許，追思古往今來，多少興亡

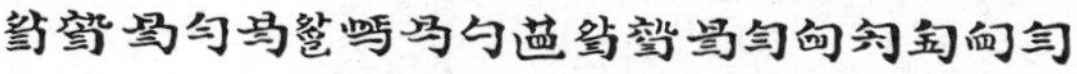

일들 모두 잠깐의 봄꿈이 되었구나. ○쓸쓸히 서풍(西風) 맞으며 길이 탄식한다네.

事，俱已把成如春夢. ○悅然而對西風長嘆息.

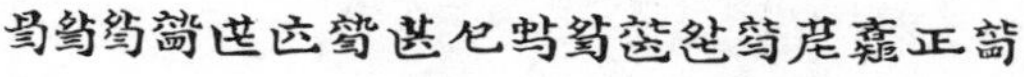

---

61 구선이……했다 :《新刻天下四民便覽萬寶全書》〈琴學門〉"開指法"에 있다.

62 금정(金井) : 석정(石井). 난간을 장식한 돌우물이다. 옛사람들은 견고함을 표현할 때에 사물의 이름 앞에 '금(金)'을 붙였다.

[82] 列 :《新刻天下四民便覽萬寶全書·琴學門·開指法》에는 "六".

[83] 去 :《新刻天下四民便覽萬寶全書·琴學門·開指法》에는 "能".

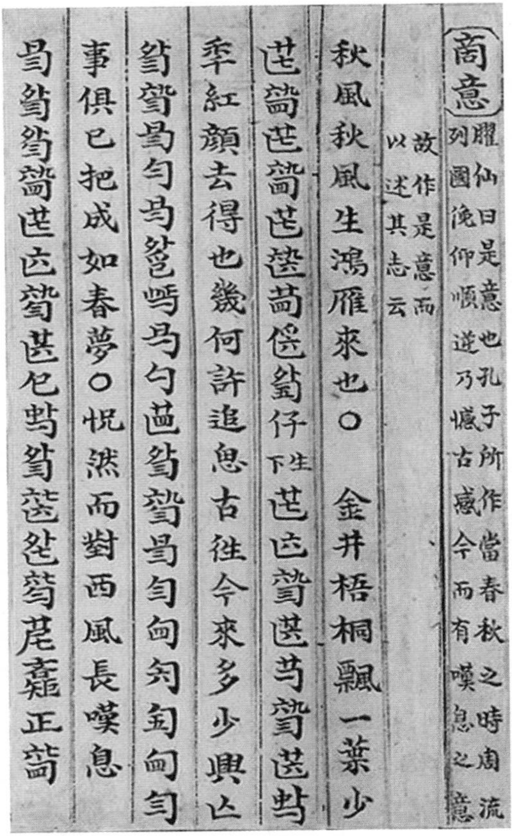

商意 臞仙曰是意也孔子所作當春秋之時周流列國俛仰傾逆乃慨古感今而有嘆息之意故作是意而以述其志云

秋風秋風生鴻雁來也○金井梧桐飄一葉少

秊紅顏去得也幾何許追息古往今來多少興亾

事俱已把成如春夢○怳然而對西風長嘆息

각의(角意)

角意

【구선이, "이 곡조는 공자가 지은 것은 아니며, 한나라 때 한 무제(武帝)의 백량시(柏梁詩)[63]가 있다. 이 시체는 춘추시대에는 모두 없던 것이니, 필시 진(晉)나라 사람들이 만든 시 형식일 것이다."라 했다.】[64]

【臞仙曰:"是調也, 非孔子所作, 當漢漢武柏梁詩[84], 春秋之世皆未嘗有之, 此必晉人所作也."】

가을바람 가을바람은 서늘하고 흰 구름 하늘에 떠 있네. 초목의 잎 누렇게 떨어지고 기러기 남쪽으로 돌아가네. 난초

秋風秋風清, 白雲飛, 艸木黃落兮, 鴈南歸, 蘭有

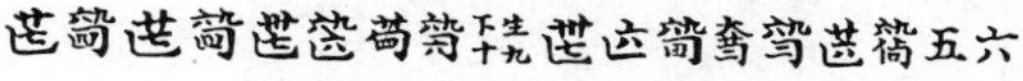

빼어나고 국화 향기로우니, 내 좋은 사람 그리워하네. 어찌 잊지 못하고 옛날을 서글피 추억하는가.

秀兮, 菊有芳, 懷佳人兮. 那不能忘, 慨古慨古兮.

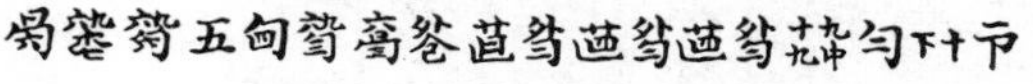

우리네 삶을 탄식하나니, 예로부터 지금까지 만남 적고 이별 많은데 늙어 감을 어이하겠는가. ○인

嘆人生, 古往今來, 會少離多, 柰老何. ○嘆人

63 백량시(柏梁詩): 시체(詩體)의 하나인 백량체(柏梁體). 한 무제(漢武帝)가 장안성(長安城)에 백량대(柏梁臺)를 낙성(落成)했을 때에 신하들을 모아 돌아가며 칠언(七言)으로 연구(聯句)를 짓게 한 데에서 시작된 체(體). 한 사람이 한 구(句)씩 짓되 한 구절마다 운자(韻字)를 단 형식인데, 칠언(七言) 고체(古體)의 발단이 되었다.

64 구선이……했다:《新刻天下四民便覽萬寶全書》〈琴學門〉"開指法"에 있다.

[84] 詩: 저본에는 "時". 문맥에 근거하여 수정.

乍蓻昜勻甸五六昜䒦茳勻蓻𦫵茾蓊茜乜蔔茳

생이 얼마나 될지 탄식하노라. 生能幾何.

㐫𢀳勹䇲正

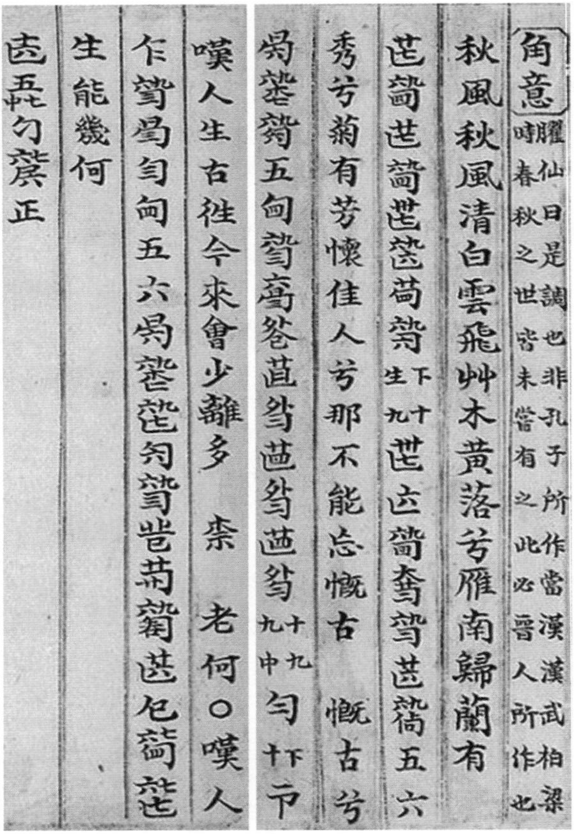

치의(徵意)

【구선이, "치성(徵聲)의 곡조를 살펴보면 그 수가 54성(聲)[65]이니 4현에서 내는 다소 맑은 소리이다. 오로지 치조(徵調)로만 연주하면 아름다운 분위기가 난다."라 했다.】[66]

徵意

【臞仙曰:"考之徵意, 五十有四聲, 稍淸位於四絃[85], 專之而爲徵有美者."】

초록 회화나무, 키 큰 수양버들에 첫 매미 목청껏 울고, 남풍 빙현(氷絃)[67]에 불어 들면 오후 창가는 향 연기 타오르듯 아지랑이 자욱해지네.[68]

綠槐高柳咽新蟬, 南風調入氷[86]絃, 午窓香爇沈煙.

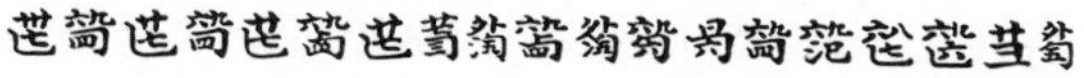

65 54성(聲): 궁의 수는 81, 상의 수는 72, 각의 수는 64, 치의 수는 54, 우의 수는 48이다.《만보전서(萬寶全書)》에서는 이를 현을 이루는 실 가닥의 수라고 설명하고 있다. 고대인들은 오음(五音)을 사계(四季)·오방(五方)·오행(五行)과 연결하였으므로 오성(五聲)의 수 역시 오음상생에 의해 얻어지는 상징적인 수로 보는 견해도 있다. 예를 들어 궁성(宮聲)은 81분, 상성(商聲)은 72분, 각성(角聲)은 64분, 변치성(變徵聲)은 56분, 치성(徵聲)은 54분, 우성(羽聲)은 48분, 변궁(變宮)은 42분이다.

66 구선이……했다:《新刻天下四民便覽萬寶全書》〈琴學門〉"開指法"에 있다.

67 빙현(氷絃): 거문고 줄의 미칭이다. 전설에 빙잠(氷蠶)이라는 누에가 뽑아낸 실로 만든 거문고 줄이 있다고 한다. 중국 남송(南宋) 증조(曾慥)가 지은《유설(類說)》권5〈연북잡기(燕北雜記)〉에 빙잠(冰蠶)을 살펴보면, "원교산(員嶠山)에는 빙잠(氷蠶)이 있는데, 크기는 0.7척이고, 비늘이 있다. 눈서리로 덮어 놓아야만 고치를 짓는데, 고치의 길이는 1자(尺)나 되고, 이것으로 비단을 짜면 물에 넣어도 젖지 않는다.(員嶠山有冰蠶, 長七寸有鱗. 覆以雪霜作璽, 長一尺, 織爲文錦, 入水不濡.)"라 했다.

68 초록……자욱해지네:《東坡詞)》〈阮郎歸〉에 있다. 단,〈원랑귀(阮郎歸)〉에는 제3구가 "碧紗窓下水沈煙"으로 되어 있다.

[85] 絃: 저본에는 "絶".《新刻天下四民便覽萬寶全書·琴學門·開指法》·《文林聚寶萬卷星羅·琴譜門·徵意》에 근거하여 수정.

[86] 氷: 저본에는 "水".《文林聚寶萬卷星羅·琴譜門·徵意》·《新刻天下四民便覽萬寶全書·琴學門·開指法》에 근거하여 수정.

학창의(鶴氅衣)[69] 입고 너울너울 춤추며 주성(酒聖)[70]은 시(詩)를 벗하여 홑옷뿐인 것 생각지 않았으니, 바람과 달 속에 사는 신선이로다. ○

鶴氅舞蹁躚, 酒聖愛詩禪[87]不思, 凡風月神仙. ○續

기억 속의 조각난 시 이어 읊조리며 산천에 가득한 운무(雲霧)와 초목의 이슬에 무젖노라

斷簡殘篇, 染雲煙香露滿山川.

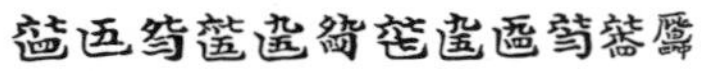

69 학창의(鶴氅衣) : 소매가 넓고 뒤 솔기가 갈라진 흰옷에 가선을 검은 천으로 넓게 댄 웃옷. 진(晉) 무제(武帝) 정황후(定皇后)의 오빠인 왕공(王恭)이 학창의(鶴氅衣)를 입고 눈 속을 거닐자, 맹창(孟昶)이 엿보다가 그가 신선과 같다고 찬탄하였다고 한다. 후에 도사들이 입는 옷의 범칭이 되었다.

70 주성(酒聖) : 이백(李白)을 가리킨다. 이백(李白)의 시 〈월하독작(月下獨酌)〉에 "술잔 기울이면 근심 사라지니 술을 성인에 비유하는 이유 알겠구나.(酒傾愁不來, 所以知酒聖)"라 했다. 일반적으로 맑은 술이나 술을 잘 마시는 사람을 비유하는 말이기도 하다.

[87] 酒聖愛詩禪 :《文林聚寶萬卷星羅·琴譜門·徵意》에는 "酒聖詩賢".

徵意
臞仙曰考之徵意五十有四聲稍淸佂於四絕專之而爲徵有美者
綠槐高柳咽新蟬南風調入水絃午窓香爇沉煙
鶴氅舞蹁躚酒聖愛詩禪不息凡風月神仙○續
斷簡殘篇滌雲煙香露滿山巛

우의(羽意)

羽意

【구선이, "우조(羽調)[71]를 살펴보면 그 수가 48성(聲)이니, 5현(絃)에서 내는 가장 맑은 소리이다. 오로지 우조만으로 연주하면 서글픈 마음을 노래하는 뜻이 있다."라 했다.】[72]

【臞仙曰: "考之羽調, 數四十有八聲, 最清位於五絃. 專爲羽調, 有悽思之意也."】

넘실넘실 흐르는 물 가운데의 갈매기, 고기 낚아채고는 날갯짓하여 벗 부르고 무리 지어 즐거워하며,

泛泛水中鷗, 拂鉤拂拂羽, 喚友與爲儔樂, 優

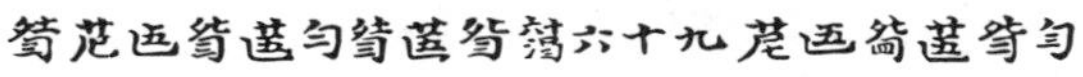

한가롭게 서로 친밀한 정 나누네. 어찌 짝 지어 둥지 만들겠는가. 모래톱에서 조는데 떨기진 풀들이 갈매기 흰 깃 어루만지네.

游相親愛也. 那相結伴綢繆, 沙眠總艸[88]柔雪

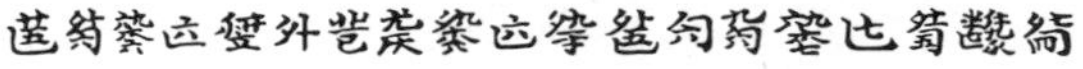

흰 모래톱 배회하며 세상 욕심 잊은 듯 무심히 저 물 가운데에 있네. ○물안개 속에서

羽, 白瀕洲夷猶機忘, 淡淡向那中流. ○煙波

오로지 술을 벗 삼노라.

一任酒儔[89].

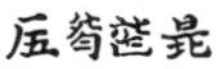

71 우조(羽調): 아악에서 '오조(五調)'인 궁조·상조·각조·치조·우조 중의 하나로 우(羽) 음을 주요음으로 하여 연주되는 곡조를 가리킨다.

72 구선이……했다: 《新刻天下四民便覽萬寶全書》〈琴學門〉"開指法"에 있다.

[88] 總艸: 《新刻天下四民便覽萬寶全書·琴學門·開指法》에는 "細草弄經".

[89] 酒儔: 《新刻天下四民便覽萬寶全書·琴學門·開指法》에는 "浮沈".

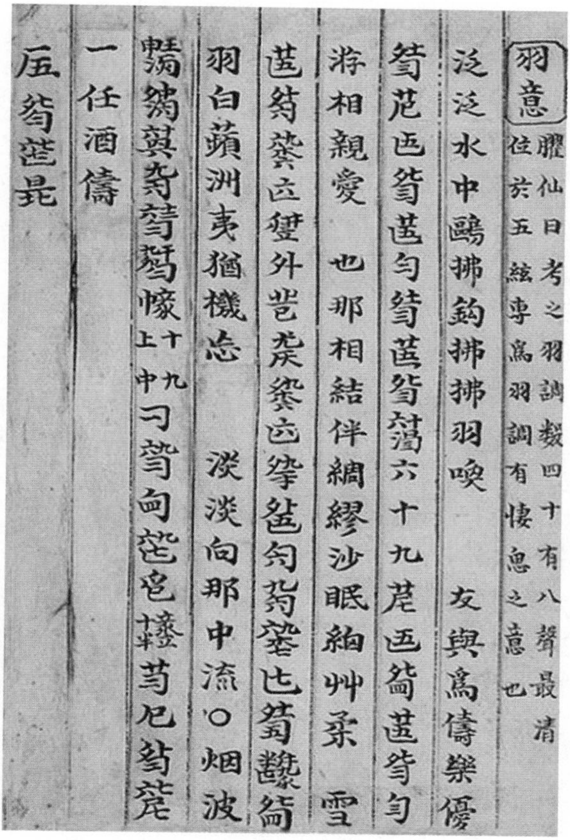

羽意 臞仙曰考之羽調數四十有八聲最清
徃於五絃專爲羽調有悽息之意也

泛泛水中鷗拂鈎拂拂羽喚　友與爲儔樂優

游相親愛　也耶相結伴綢繆沙眠絢艸柔　雪

羽白蘋洲夷猶機忘　淡淡向那中流〇烟波

一任酒儔

6) 옛날 금 그림[73] 古琴圖[90]

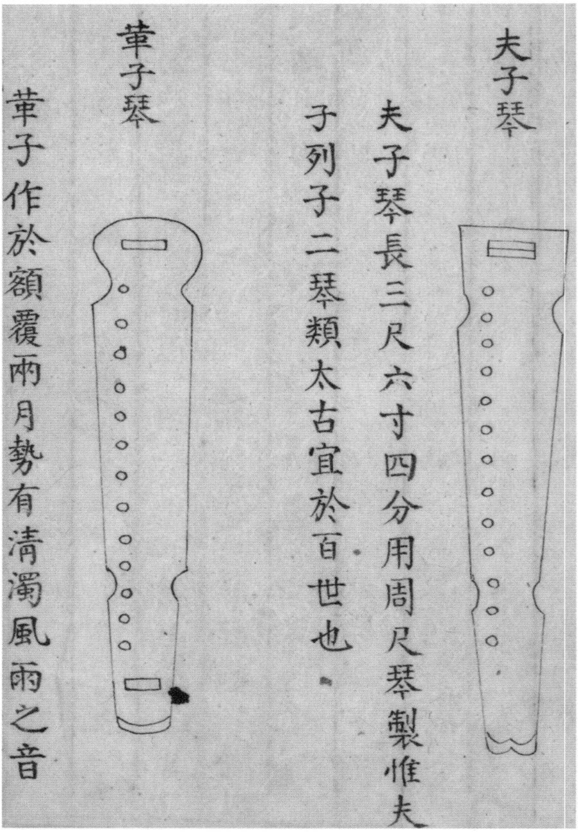

夫子琴
夫子琴長三尺六寸四分用周尺琴製惟夫
子列子二琴類太古宜於百世也
革子琴
革子作於頷覆兩月勢有清濁風雨之音

부자금과 혁자금(《이운지》 오사카본)

---

73 이 부분은 저본으로 삼은 오사카본에는《이운지(怡雲志)》 권2 〈산재청공 상(山齋淸供 上)〉 "금검공부생적종경(琴劍供附笙笛鍾磬)" '양식(樣式)' 기사 뒤에 실려 있었다가 최종 편집본인 규장각본에서 이곳으로 옮겨졌다.

[90] 圖 : 저본에는 "式". 규장각본에 근거하여 수정.

【그림은 도종의(陶宗儀)[74]의《금전도식(琴箋圖式)》에 보인다.[75] 아래도 같다.】

【圖見陶宗儀《琴箋圖式》. 下同.】

부자금(夫子琴)[76]

夫子琴

부자금(夫子琴)은 길이가 3.64촌이고, 주척(周尺)[77]을 사용한다. 금의 제도는 부자금과 열자금

夫子琴, 長三尺六寸四分, 用周尺. 琴製惟夫子、列子二琴

---

74 도종의(陶宗儀) : ?~1369. 중국 명(明)나라 초기의 학자. 절강(浙江) 황암(黃巖) 사람으로, 자는 구성(九成), 호는 남촌(南村) 또는 옥소진일(玉霄眞逸)이다. 저서에《설부(說郛)》,《철경록(輟耕錄)》,《남촌시집(南村詩集)》등이 있다.

75《설부(說郛)》권100〈금전도식(琴箋圖式)〉.

76 부자금(夫子琴) : 부자는 덕행이 높아 모든 사람의 스승이 될 만한 사람을 높여 부르는 말로, 특히 중국 고대의 사상가인 공자(孔子)를 지칭하는 말이다.《사기》〈공자세가〉에 공자는 29살 때, 춘추시대 금(琴)과 경(磬) 연주에 뛰어난 사양자(師襄子)에게 금을 배운 것으로 알려지고 있는데, 그가 창제한 금을 부자금 또는 중니금(仲尼琴)이라고도 한다. 청나라 말기의 양종직(楊宗稷, 1863~1932)은 성인의 자(중니)를 악기 이름으로 부르기를 피하여 공자금(孔子琴)이라 불렀다.

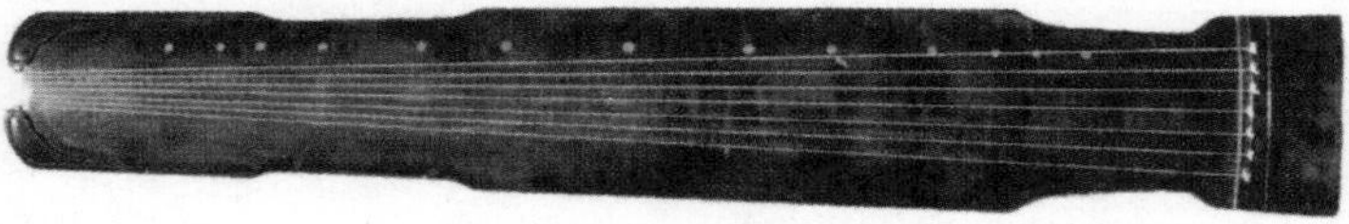

부자금–당나라 때의 금이다(《칠현금경》, 251쪽)

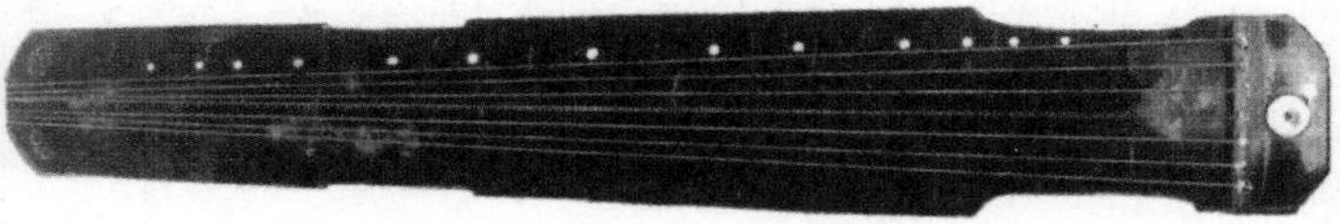

열자금–명나라 때의 금이다(《칠현금경》, 251쪽)

77 주척(周尺) :《주례(周禮)》에 규정된 자로서, 시대에 따라 그 길이가 변했으나, 서유구가 고증한 길이는 약 23cm이다.《본리지》권1〈토지제도〉"경묘법과 결부법" '고금의 척법' 참조.

(列子琴)[78]만이 태고의 금과 유사하니, 백세토록 금의 기준이 되는 것이다.

類太古, 宜於百世也.

혁자금(革子琴)

革子琴

혁자(革子)[79]가 제작했다. 머리 덮개 부분에 2개의 달 모양이 있고, 맑은 소리와 탁한 소리, 바람 소리와 빗소리가 난다.

革子作. 於額覆兩月勢, 有淸濁、風雨之音.

호종금(號鍾琴)[80]

號鍾琴

유백아(兪伯牙)[81]가 제작했다. 《초사(楚辭)》에 "백아의 호종(號鍾)을 부수었다."[82]라 했다.

兪[91]伯牙作. 《楚辭》云: "破伯牙之'號鍾'".

자기금(子期琴)

子期琴

종자기(鍾子期)[83]가 제작했다. 정수리가 곧고

鍾子期作. 於頂直而深, 端有

---

78 열자금(列子琴) : 중국 춘추시대 열자(?~?)가 만들었다고 전해진다.

79 혁자(革子) : 춘추시대 사람이라고 한다. 도일(道一) 지음, 《칠현금경》, 티웰, 2011, 251쪽 참고.

80 호종금(號鍾琴) : 중국 주(周)나라 때의 유명한 금(琴) 중의 하나. 호각이나 종소리처럼 음량이 커서 호종금이라 이름이 붙었다. 제나라 환공(桓公, BC 716~BC 643)의 '호종금(號鍾琴)', 초나라 장왕(莊王, BC 614~BC 591)의 '요량금(繞梁琴)', 사마상여(司馬相如, BC 179~BC 117)의 '녹기금(綠綺琴)', 채옹(蔡邕, 132~192)의 '초미금(焦尾琴)'이 '4대 명금'이라 일컬어졌다. 백아절현(伯牙絶絃) 고사의 주인공인 백아도 호종금을 연주해 보았다고 한다.

81 유백아(兪伯牙) : BC 413~BC 354. 춘추시대 초(楚)나라 사람. 성련(成連, ?~?)에게 거문고를 배워 거문고의 대가가 되었다. 친구였던 종자기(鍾子期, BC 387~BC 299)만이 자신의 거문고 연주를 이해할 수 있다고 여겼는데, 종자기가 죽자 거문고 줄을 끊었다는 일화로 유명하다. 작품에 〈수선조(水仙操)〉와 〈고산유수(高山流水)〉가 있다.

82 백아의……부수었다 : 《초사장구(楚辭章句)》 卷16 〈구탄장구(九歎章句)〉 "우고(憂苦)"에 보인다.

83 종자기(鍾子期) : BC 387~BC 299. 중국 춘추시대 초(楚)나라 사람으로 이름은 휘(徽), 자는 자기(子期). 나무꾼이었던 그는 음률에 정통해 당시 금의 명인인 백아의 금 소리를 가장 잘 알아들었다고 하며, 지음(知音)과 백아절현(伯牙絶絃) 고사의 주인공이다.

[91] 兪 : 저본에는 "余". 일반적인 용례에 근거하여 수정.

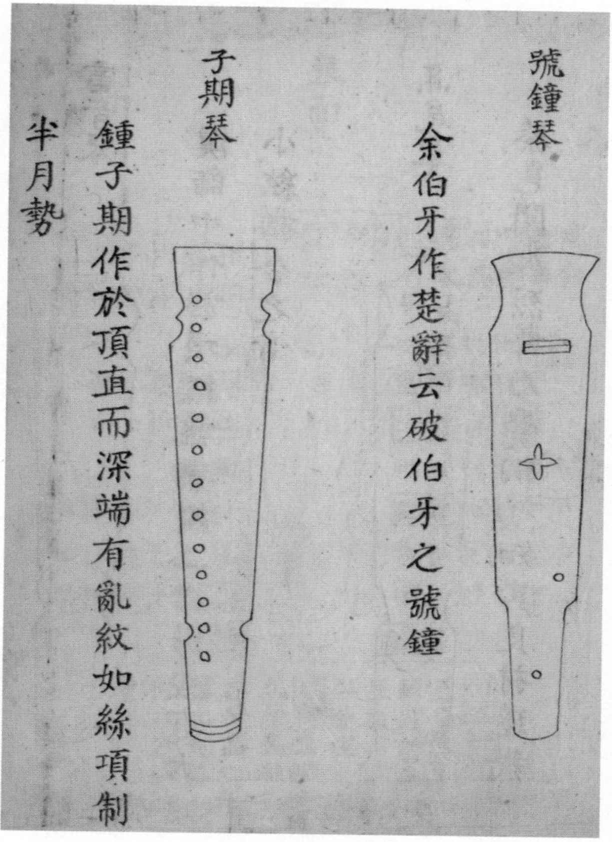
號鐘琴
余伯牙作楚辭云破伯牙之號鐘
子期琴
鍾子期作於頂直而深端有亂紋如絲項制
半月勢
호종금과 자기금(《이운지》 오사카본)

깊으며, 끝부분에 실을 두른 듯한 요란한 무늬가 있고 목 부분은 반달 모양으로 제작했다.

亂紋如絲, 項制半月勢.

뇌음금(雷音琴)

한(漢)나라 사중(師中)[84]이 제작했다. 목 부분에 받침을 엮었는데 금을 빙 둘러 이중으로 엮었고, 모양이 높고 크다. 대현(大絃)과 소현(小絃)이 어우러지는 소리가 난다.

雷音琴

漢師中作. 於項綴盤, 環綴二績形峻. 有大絃、小絃相合之音.

초미금(焦尾琴)[85]

채옹(蔡邕)[86]이 크고 강한 소리를 들었는데, 이는 바로 오동나무를 때서 밥을 하는 소리였다. 그 오동나무의 재목이 좋은 것을 알고서 마침내 알맞게 잘라서 금을 만들었다.

焦尾琴

蔡邕聞大烈聲, 乃爨桐也, 知其良材, 遂裁爲琴.

---

84 사중(師中) : ?~? 중국 한(漢)나라의 음악가. 동해군(東海郡) 하비(下邳, 지금의 강소성 비주현) 사람이다. 그가 만든 악보《아금사씨(雅琴師氏)》7편이《한서》〈예문지〉에 실려 있었으나 산일되어 현존하지 않는다. 사중의 고향인 하비 지역의 사람들이 금(琴) 연주를 좋아하여 '하비의 풍속은 금(琴) 연주를 좋아한다'라는 말이 있을 정도였다고 한다.

85 초미금(焦尾琴) : 꼬리 쪽[尾]이 타서 그을린[焦] 금으로, 중국 후한(後漢)의 채옹(蔡邕)이 만들었다고 한다. 초동(焦桐)이라고도 한다.《후한서(後漢書)·채옹열전(蔡邕列傳)》에 고사가 전해진다. 채옹이 오(吳)나라에 갔을 때, 어떤 사람이 밥을 짓는 곳에 큰 소리가 나서 땔감이 좋은 나무라는 사실을 알고, 타다 남은 나무로 금을 만들었더니 좋은 소리가 났다고 한다.

86 채옹(蔡邕) : 133~192. 중국 후한의 학자·문인·서예가. 자는 백개(伯喈)이다. 어려서부터 박학하였고 문장과 수술(數術), 천문, 음률에 뛰어났다. 저서에《독단(獨斷)》과《채중랑집(蔡中郎集)》이 있다.

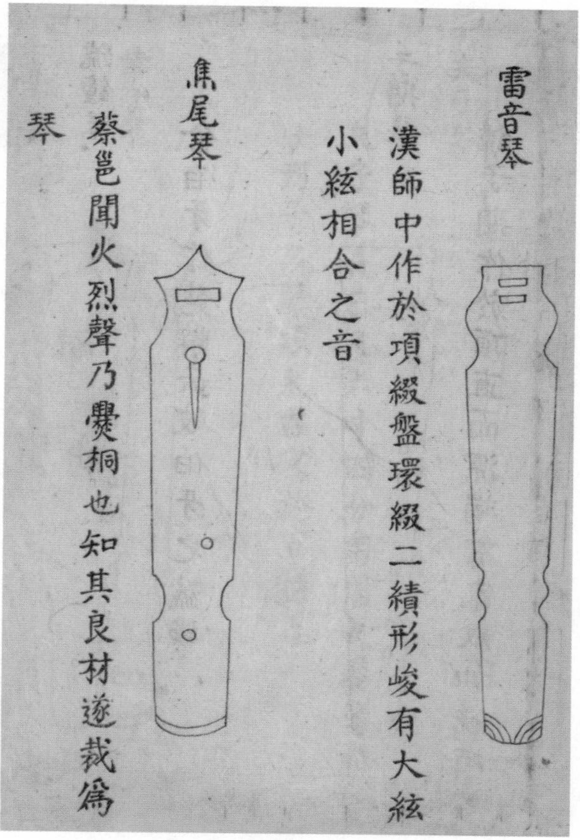

雷音琴

漢師中作於項綴盤環綴二績形峻有大絃小絃相合之音

焦尾琴

蔡邕聞火烈聲乃爨桐也知其良材遂裁爲琴

뇌음금과 초미금(《이운지》 오사카본)

7) 현재 금 그림[87]

今琴圖[92]

87 현재 금 그림 : 《유예지》에서 현재 금 그림으로 소개한 금면과 비교하여 《칠현금경》에서 소개한 금면은 다음과 같다.

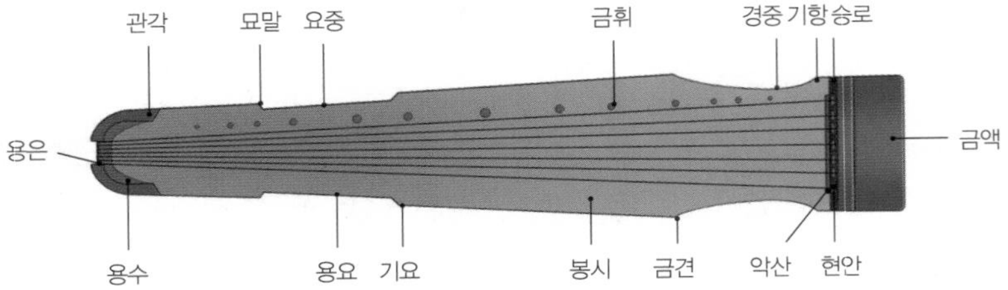

금면(《칠현금경》, 233쪽)

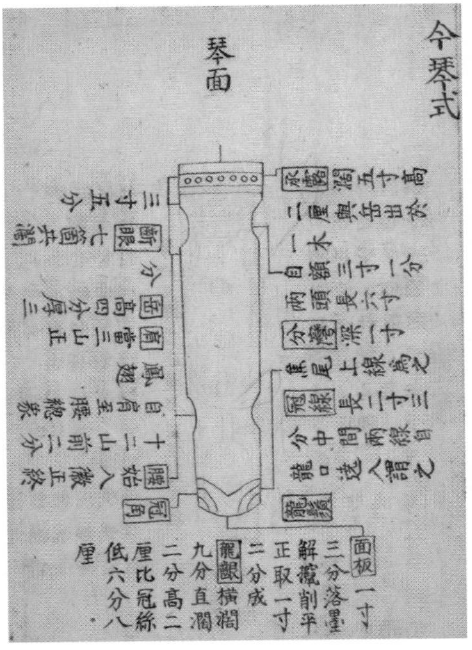

금면(《이운지》 오사카본)

[92] 圖 : 저본에는 “式”. 규장각본에 근거하여 수정.

금 윗면

승로(承露)[88]: 너비 5촌, 높이 0.02촌. 악(岳)과 함께 나무 한 개 정도가 더 튀어나왔다.

이마[額][89]부터 여기까지 3.1촌. 양쪽 머리 길이 6촌.

분만(分灣)[90]: 깊이 1촌.

초미(焦尾)[91] 위에 그린 선을 관선(冠線)[92]이라 한다. 길이 2.3촌. 중간에 2개의 선은 용구(龍口)[93]로부터 빙 둘러서 들어오도록 그리는데, 이것을 용수(龍鬚)[94]라 한다.

면판(面板)[95]: 1.3촌. 먹줄로 그려서 가른 다음 평평하게 깎고 반듯하게 1.2촌을 취하여 만든다.

용은(龍齦)[96]: 가로 너비 0.9촌, 세로 너비 0.2촌, 높이 0.02촌. 관사(冠絲)[97]에 비해 0.68촌 낮다.

琴面

承露：闊五寸，高二厘．與岳出於一木.

自額三寸一分，兩頭長六寸.

分灣：深一寸.

焦尾上線謂[93]之冠線，長二寸三分．中間兩線，自龍口逶入謂之龍鬚.

面板：一寸三分．落墨解攏，削平正取一寸二分成.

龍齦：橫濶九分，直闊二分，高二厘．比冠絲，低六分八厘.

---

88 승로(承露): 금의 7현을 매는 7개 구멍이 있는 부분으로, 단단한 나무나 옥으로 되어 있다.

89 이마[額]: 금의 가장 위에 있는 머리 부분으로, 봉액(鳳額)이라고도 한다.

90 분만(分灣): 금의 목 부분. 승로와 어깨 사이로, 완만하게 안쪽으로 휘어져 들어가 있으며, 경중(頸中)·항중(項中)이라고도 한다.

91 초미(焦尾): 금의 꼬리 부분. 관선(冠線)·용수(龍鬚)·용은(龍齦)을 포함한다.

92 관선(冠線): 초미를 장식하는 줄무늬 중에서 제일 위쪽에 있는 선.

93 용구(龍口): 금의 머리 쪽 옆 모서리에 뚫어 놓은 긴 구멍 부분.

94 용수(龍鬚): 금의 윗면 꼬리 쪽에 새겨진 수염 모양의 무늬.

95 면판(面板): 금 윗면을 만드는 판.

96 용은(龍齦): 금의 꼬리 맨 끝 부분으로 7개의 현을 모으며, 용순(龍脣)이라고도 한다.

97 관사(冠絲): 관선(冠線)의 이칭.

[93] 謂: 저본에는 "爲". 일반적인 용법에 근거하여 수정.

관각(冠角)[98]

冠角

허리[腰][99]: 휘의 중심[100]에서 들어가기 시작해서 12산(山, 휘) 앞 0.2촌 떨어진 지점에서 멈춘다. 어깨에서 허리까지 전체적으로 봉황의 날개 모양이다.

腰: 始入徽正, 終十二山前二分. 自肩至腰, 總象鳳翅.

어깨[肩][101]: 3산이 있는 지점과 정확히 맞게 한다.

肩: 當三山正.

악(岳)[102]: 높이 0.4촌, 두께 0.3촌.

岳: 高四分, 厚三分.

은안(齦眼)[103]: 7개. 전체 너비 3.5촌.

齦眼: 七箇. 共闊三寸五分.

---

98 관각(冠角): 금의 끝 모서리 부분.

99 허리[腰]: 금의 허리. 분만(分灣)처럼 오목하게 파인 곳이다.

100 휘의 중심: 보통 7번째 휘(徽, 13개의 동그란 음정표시판)를 말한다.

101 어깨[肩]: 금의 어깨 부분으로, 선인견(仙人肩) 또는 고인견(古人肩)이라고도 한다.

102 악(岳): 승로 바로 앞에 현을 받치는 부분으로, 2~3cm 정도 높이 솟아 있으며 악산(岳山)·학산(鶴山)·임악(臨岳)이라고도 한다.

103 은안(齦眼): 승로에 있는 7개 구멍. 금의 현을 통과시켜 금진(琴軫)에 고정시킨다.

금 배 부위[104]

설혈(舌穴)[105]은 1.4촌 깊이로 깎고, 세로 너비 0.6촌, 가로 너비 2.6촌. 윗부분은 널따랗고 아랫부분은 곧게 뻗었다. 마치 초승달을 엎어 놓은 듯한 모양은 얇은 나무판을 깎아 안쪽에 배치하는데 이마보다 반으로 축소한다.

9·10산에 해당하는 곳에 원래의 나무를 1.2촌 남겨서 '안족(安足)'[106]을 만든다.

琴腹

舌[94]穴刻深一寸四分, 直闊六分, 橫闊二寸六分. 上闊下直. 若覆新月之形, 刻木舌安在內, 比額縮半分.

當九、十山處, 留實木一寸二分, 以"安足"爲[95]之.

---

104 금 배 부위 : 금 윗면과 금 바닥 사이의 부분. 금의 소리가 잘 울릴 수 있도록 하는 역할을 한다.

금 내부(《칠현금경》, 237쪽)

105 설혈(舌穴) : 이마의 뒷부분으로 약간 파여 있다.

106 안족(安足) : 금의 뒷면에 있는 다리로, 금의 현 7개를 묶어 두는 기능도 있다.

[94] 舌 : 저본에는 "古". 《칠현금경》에 근거하여 수정.

[95] 爲 : 저본에는 "謂". 일반적인 용례에 근거하여 수정.

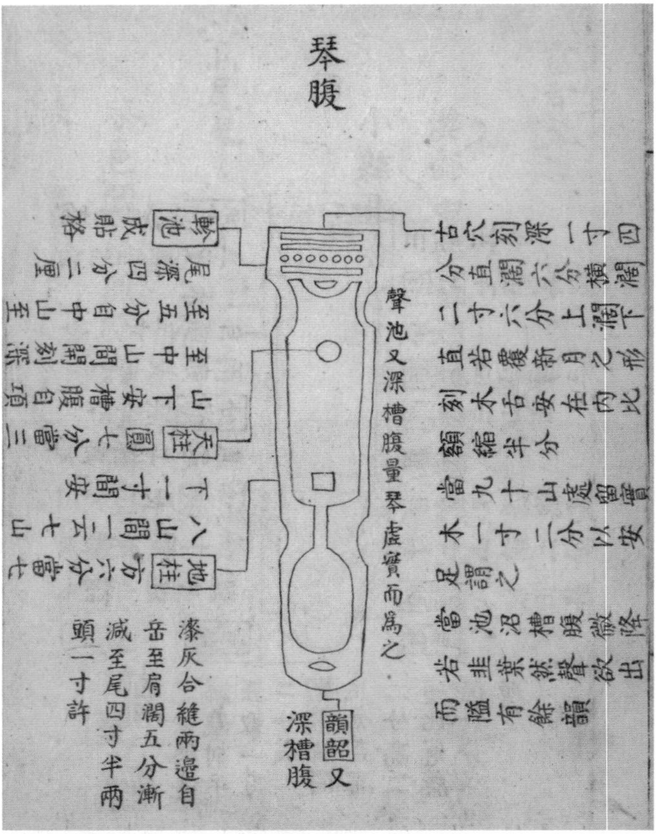

금복(《이운지》 오사카본)

지(池)와 소(沼) 있는 곳에서 조복(槽腹)[107]은 마치 부춧잎처럼 좁아져서 조금 내려간다. 소리가 나려고 하지만 좁아진 조복에 의해서 여운이 있다.

當池、沼，槽腹微降若韭葉然. 聲欲出，而隘有餘韻.

성지(聲池)[108] 또한 깊은 조복으로, 금의 허함과 실함을 헤아려 만든다.

聲池又深槽腹，量琴虛實而爲之.

운소(韻詔)[109] 또한 깊은 조복이다.

韻詔：又深槽腹.

옻재로 양변을 봉합한다. 악에서부터 어깨까지 너비 0.5촌이고, 점점 줄어들어 꼬리에 이르러서는 4.5촌, 양쪽 머리는 1촌 정도이다.

漆灰合縫兩邊. 自岳至肩，闊五分，漸減至尾四寸半，兩頭一寸許.

지주(地柱)[110]：사방 0.6촌. 7·8산 사이에 해당한다. 어떤 곳에서는 "7산 아래의 1촌 떨어진 사이에 둔다."고 했다.

地柱：方六分. 當七、八山間. 一云"七山下一寸間安".

천주(天柱)[111]：동그랗고 0.7촌이며, 3산 아래에 해당하는 지점에서 조복에 둔다.

天柱：圓七分，當三山下安槽腹.

---

107 조복(槽腹)：금의 울림통으로 성지와 운소로 구성된다.

108 성지(聲池)：금의 울림통으로 조복 중에서 윗부분이다.

109 운소(韻詔)：금의 울림통으로 조복 중에서 아랫부분이며, 잔향을 내는 구실을 하는 듯하다.

110 지주(地柱)：조복 아랫부분에 있는 기둥으로 땅을 상징하는 네모 모양이다.

111 천주(天柱)：조복 윗부분에 있는 기둥으로 하늘을 상징하는 둥근 모양이다.

조복을 파낼 때에는, 목에서부터 중산(中山, 7휘) 사이까지는 0.5촌 깊이로 파고, 중산에서 꼬리까지는 깊이 0.42촌이다.

自項至中山間, 開刻深至五分, 自中山至尾, 深四分二厘.

진지(軫池)[112]: 금진(琴軫, 돌괘)[113]을 붙여서 만든다.

軫池:成貼格.

112 진지(軫池):금진을 고정하기 위한 홈. 승로 반대편에 있으며, 진배(軫杯)·진구(軫溝)·진혈(軫穴)이라고도 한다.

113 금진(琴軫, 돌괘):거문고나 가야금 따위의 현악기에서, 뒤판으로 넘어온 줄을 고정하고 좌우로 돌려 가며 소리를 고르는 데 쓰는 나무토막. 진괘(軫棵)라고도 한다.

금 바닥[114]

진지 : 가로 너비 4.1촌으로 만들고, 세로 너비 0.5촌으로 만든다. 깊이 0.3촌으로, 밖에 붙인다.

琴底

軫池 : 橫闊四寸一分成, 直闊五分成, 深三分, 貼在外.

114 금 바닥 : 현대에 정리된 금 바닥과 측면의 구조 및 명칭은 다음과 같다.

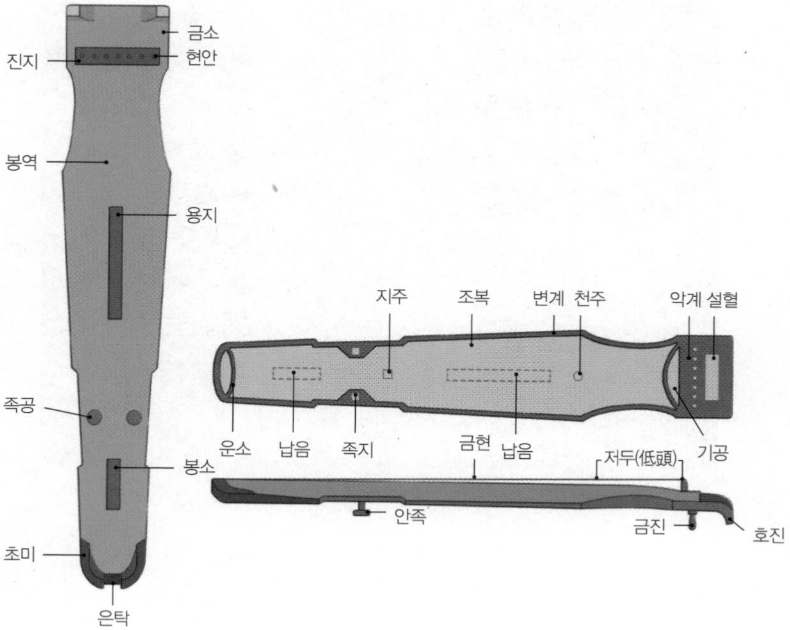

금 바닥과 측면(《칠현금경》, 235 · 237쪽)

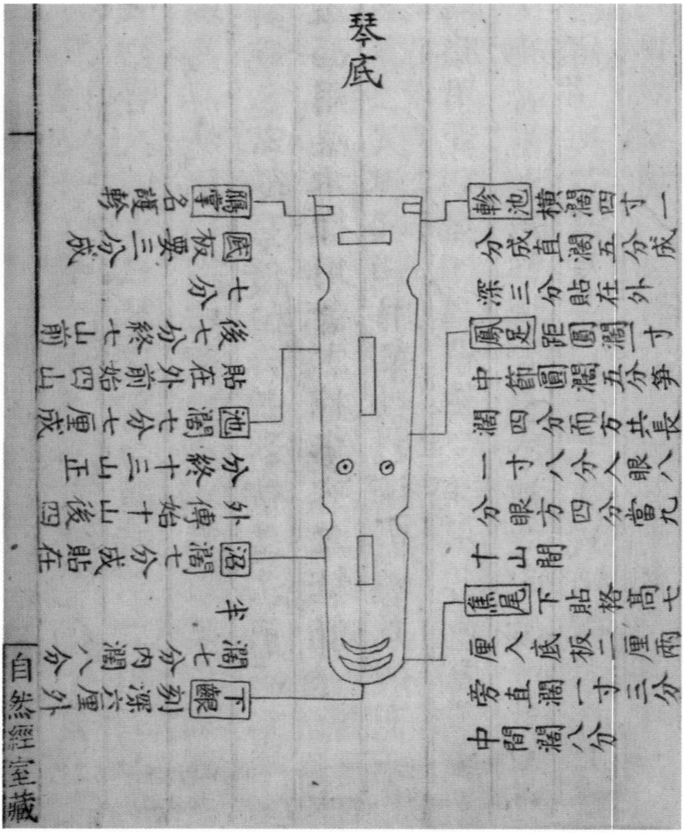

금제(《이운지》 오사카본)

봉족(鳳足)[115]: 족공(足孔)에 박은 후 구멍 너비와의 거리, 즉 밖으로 튀어나오는 부분이 1촌이고, 구멍에 딱 맞게 한다. 구멍 너비 0.5촌, 장부[116] 너비 0.4촌, 사방 모두 길이 1.8촌, 장부 안으로 들어간 눈의 길이 0.8촌, 장부 안으로 들어간 눈의 한 변 길이 0.4촌이며, 9·10산 사이에 있도록 한다.

鳳足 : 距圓闊一寸, 中節. 圓闊五分, 筍闊四分而方共長一寸八分, 入眼八分, 眼方四分, 當九、十山間.

초미(焦尾)[117]: 바닥 아랫부분에 돌괘를 붙이고, 높이는 0.07촌이다. 안으로 들어가는 바닥판은 0.02촌이고, 양쪽 모서리의 세로 너비는 1.3촌, 중간 너비는 0.8촌이다.

焦尾 : 下貼格, 高七厘, 入底板二厘, 兩旁直闊一寸三分, 中間闊八分.

하은(下齦)[118]: 0.06촌 깊이로 깎는다. 바깥 너비 0.7촌, 안 너비 0.85촌.

下齦 : 刻深六厘, 外闊七分, 內闊八分半.

소(沼)[119]: 너비 0.7촌으로 만들고 밖에 붙인다. 앞은 10산 뒤쪽 0.4촌 떨어진 지점에서 시작하여 정확히 13산에서 멈춘다.

沼 : 闊七分成, 貼在外, 前[96] 始十山後四分, 終十三山正.

115 봉족(鳳足): 금의 한 부분으로, 뒷판에 있는 다리 부분이다.

116 장부: 한 부재의 구멍에 끼울 수 있도록 다른 부재의 끝을 가늘고 길게 만든 부분

117 초미(焦尾): 금 윗판의 초미 부분과 같으며 사람에 따라서 윗판의 것을 관각(冠角)과 용수(龍鬚), 밑판의 것을 초미(焦尾)라고 구분해서 부르기도 한다.

118 하은(下齦): 금의 가장 아랫부분으로 7개 현이 모여 뒤로 넘어가는 부분을 용은(龍齦)이라 하는데, 하은은 용은의 뒷부분이다. 은탁(齦托)이라고도 한다.

119 소(沼): 족공(足孔) 아래에 있는 장방형의 울림구멍으로, 봉소(鳳沼) 또는 빈(濱)이라고도 하며 용지(龍池)보다는 작다.

[96] 前: 저본에는 "傳". 문맥에 근거하여 수정.

지(池)[120] : 너비 0.77촌으로 만들고 밖에 붙인다. 앞은 4산 뒤쪽 0.7촌 떨어진 지점에서 시작하여 7산 앞 0.7촌 떨어진 지점에서 멈춘다.

池 : 闊七分七厘成, 貼在外, 前始四山後七分, 終七山前七分.

바닥[底] : 바닥판은 0.3촌으로 만들어야 한다.

底 : 板要三分成.

안장(雁掌)[121] : '호진(護軫)'이라고도 한다.

雁掌 : 名"護軫".

120 지(池) : 금의 어깨 아래에 있는 장방형의 울림구멍으로, 봉소(鳳沼)와 함께 소리의 울림을 도와주며 용지(龍池)·지호(地戶)라고도 한다.

121 안장(雁掌) : 돌괘 좌우에 다리처럼 생긴 부분으로 돌괘를 보호하는 역할을 하며, 호진(護軫)이라고도 한다.

3. 양금자보(洋琴字譜)[1]

【洋琴字譜】

1) 양금자보

洋琴字譜

대체로 음악에 12율려(律呂)[2]가 없다면 설령 음을 잘 아는 사람이라 일컬어지더라도 어떻게 소리를 낼 수 있겠는가? 그러므로 먼저 각 현의 아래에 율려의 상생상화(相生相和)[3]에 따라 12율 4청성(淸聲)[4]을 나란히 적었지만, 음들이 서로 변화하고 바뀔 때 12율려로 붙인 현의 명칭과 양금 본래의 음높이를 서로 혼동해서는 안 된다.[5] 우리나라 음악은 원래 협종(夾鍾)이 초성(初聲)이라 지금 협종이 궁(宮)이 된다.[6]

大率樂無十二律呂, 則縱稱知音, 何以成聲? 故先於各絃下, 依律呂相生相和, 列書十二律、四淸聲, 而互相變易, 不可以本律拘也. 東樂本以夾鍾爲初聲, 今以夾鍾爲宮.

---

1 양금자보(洋琴字譜) : 양금 부호에 지법과 위치를 곁들인 악보.

2 12율려(律呂) : 전통음악에서 한 옥타브 안에 배열된 12개 반음들의 총칭. 12율의 명칭을 차례대로 열거하면, 황종(黃鍾)·대려(大呂)·태주(太簇)·협종(夾鐘)·고선(姑洗)·중려(仲呂)·유빈(蕤賓)·임종(林鐘)·이칙(夷則)·남려(南呂)·무역(無射)·응종(應鐘) 등이다. 12율 가운데 홀수인 황종·태주·고선·유빈·이칙·무역을 양률(陽律)이라 하고, 짝수인 대려·협종·중려·임종·남려·응종을 음려(陰呂)라 한다.

3 율려의 상생상화(相生相和) : 삼분손익법(三分損益法)에 의하여 음률을 산정하는 과정을 의미한다.

4 4청성(淸聲) : 정성(正聲)의 12율 중 황종(黃鍾)·대려(大呂)·태주(太簇)·협종(夾鍾)보다 한 옥타브 높은 청황종(淸黃鍾)·청대려(淸大呂)·청태주(淸太簇)·청협종(淸夾鍾)의 총칭.

5 음들이……된다 : 12율려로 양금의 각 현에 음높이를 적었으나 이것은 줄의 명칭이나 번호일 뿐, 실제 음높이와는 다르다는 의미이다.

6 우리나라……된다 : 협종(夾鍾, D#)을 시작음으로 하는 선법을 사용한다는 뜻이다.

양금의 14개 현[7]에서 12율려로 이름 붙인 현을 제외하면 나머지 2현은 '변궁(變宮)'·'변치(變徵)'현으로 정해지며,[8] 자호(字號)는 '공(工)'·'상(上)' 두 글자로 표시하였다. '공(工)'은 가장 아래의 현에 있고 '상(上)'은 가장 위의 현에 있다. 12개 현 아래에는 각 율(律)·각 려(呂)에 해당하는 현에 율과 려의 이름을 적어야 한다. 하지만 만일 제대로 갖춰서 어떤 율이나 어떤 려의 이름을 적는다면 너무 번거로우므로 율과 려의 첫 글자로만 줄여서 적었다. 예를 들어 황종(黃鐘)은 황(黃) 자만 적었다. 나머지도 모두 이와 같다. 청성(淸聲)은 청(淸) 자의 반쪽을 버리고 단지 좌변에 있는 물 수(氵) 쪽만 취하여 율려의 첫 글자 왼쪽에 붙였다. 예를 들면 청황(淸黃)은 황[潢]으로 적는 유형이다.

洋琴十四絃, 除十二律呂, 則餘二絃定爲"變宮"、"變徵"絃, 而字號標以"工"、"上"二字. "工"在最下絃, "上"在最高絃. 十二絃下, 當列書律呂於各律、各呂之絃, 而若備書某律、某呂則太繁, 故省書律呂首字. 如黃鍾則只書黃字, 餘皆倣此. 淸聲則去半偏[1], 止取左傍水偏, 附於律呂首字之左, 如淸黃則作潢之類也.

점의 표시는 '•' 점은 한 번 치는 것이고, '••' 점은 두 번 치는 것이며, '••' 점은 이어서 치고 채를 잠시 멈추는 것이다.[9]

點標則"•"點者單擊也, "••"點者兩擊也, "••"點者聯擊而頓竿也.

이 양금은 서쪽 제일 먼 지역에서 유래하였으

此琴出自極西, 則當以彼音

---

7 14개 현 : 전통 양금의 1현은 가는 쇠줄 4개가 1벌로, 모두 14벌 56줄로 되어 있다.

8 2현은……정해지며 : 변궁(變宮)·변치(變徵)의 실제 음높이와는 다르며, 양금 현의 명칭으로만 사용된 것이다.

9 점의……것이다 : 이 부호들을 삼조표(三條標)의 초기 형태로 보기도 한다. 삼조표는 점, 동그라미, 선 등의 부호를 세 가지로 조합하여 양금 악곡의 대강의 리듬을 나타내는 양금 특유의 기보법이다. 《일사금보(一簑琴譜)》는 •(한번치기), ⌇(이어치기), ㄱ(전타음) 등의 부호로 리듬을 표기했고, 이를 '삼조장단'이라 이름 붙였다.

[1] 偏 : 저본에는 "徧". 규장각본에 근거하여 수정. 이하 "徧"은 교감주 없이 수정함.

니 당연히 그쪽 음으로 우리의 율려를 옮긴 뒤에야 본래의 음색이라 말할 수 있다. 원항(鴛港) 당악우(唐樂宇)[10]가 율서(律書)와 산서(算書)를 논한 글을 살펴보니, 서양의 음악이 중국에 들어온 때는 포르투갈[波爾都哈爾國] 사람 서일승(徐日升, Tomás Pereira)[11]과 이탈리아[意大里呀國] 사람 덕예격(德禮格, Theodoe Pedini)[12]으로부터 시작되었다.

飜律, 然後可謂本色. 按鴛港唐樂宇論律算書, 西樂之入中國, 始自波爾都哈爾國徐日升、意[2]大里呀國人德禮格[3].

그들의 말에 따르면 음악의 중요한 핵심에는 2가지가 있다. 하나는 관악기의 음율과 현악기의 도수가 소리를 내는 가운데에 소리와 소리가 서로 어울리거나 어울리지 않는 까닭을 논한 것이다. 또 하나는 음을 살펴 도수에 어울리게 하는 규칙을 정하는 것이다.

其言樂大要有二. 一則論管律、絃度生聲之內, 聲字相合不相合之故. 一則定審音合度之規.

강'※'과 여림'ꝺ'의 기호를 사용하여 음(陰)·양

用剛"※"、柔"ꝺ"二記, 以辨

10 당악우(唐樂宇) : 1739~1791. 중국 청(淸)나라 사천성(四川省) 면주(綿州) 사람. 호는 원항(鴛港). 호부원외랑(戶部員外郎)·남롱부태수(南籠府太守)를 지냈으며, 구장산술(九章算術, 산법)에 밝았고 《동락산방시문집(東絡山房詩文集)》·《기문기요(奇門紀要)》 등의 저술이 있다. 박지원의 《열하일기(熱河日記)·관내정사(關內程史)·초삼일기유(初三日己酉)》에 1780년(정조 4) 8월 3일 박지원이 당악우의 집을 방문한 기록이 보인다.

11 서일승(徐日升, Tomás Pereira) : 1645~1708. 포르투갈 사람으로 천주교 예수회 선교사. 자는 인공(寅公). 1673년에 북경에 들어와 궁정에서 네덜란드 신부 남회인(南懷仁, Ferdinand Verbiest, 1623~1688)과 천문역법을 수정하였고 서양음악을 가르쳤다. 저서에 《남선생행술(南先生行述)》·《율려찬요(律呂纂要)》·《어제율려정의속편(御製律呂正義續編)》 등이 있다.

12 덕예격(德禮格, Theodoe Pedini) : 이탈리아 사람이며 라자리스트회 신부로서 청나라에 가서 서일승과 함께 서양음악을 가르쳤고, 서양음악이론을 정리한 《어제율려정의속편(御製律呂正義續編)》을 저술했다.

[2] 意 : 저본에는 없음. 일반적인 용법에 근거하여 보충.

[3] 禮格 : 저본에는 "格里". 《御製律呂正義 · 上編》에 근거하여 수정.

(陽) 2조(調)의 차이를 구별했으며, '두 배 긴 표벼(8온음표)'·'긴 표ㅂ(4온음표)'·'느린 표ㅁ(겹온음표)'·'중간 표o(온음표)'·'반 표9(2분음표)'·'작은 표¶(4분음표)'·'빠른 표ʖ(8분음표)'·'가장 빠른 표ʖ(16분음표)' 등의 모양을 가진 기호로 소리의 나뉨을 규정했다.[13] 위와 같은 서양 음악이론은 황종(黃鍾)부터 시작하는 12율려의 척도를 말하지 않고, 어느 율(律)에서 시작하여 8도 음정이 도출되는 격팔상생(隔八相生)도 말하지 않았으나 은연중에 옛날 음악이론과 그 법이 부합한다.

陰陽二調之異, 用"倍長벼"、"長ㅂ"、"緩ㅁ"、"中o"、"半9"、"小¶"、"速ʖ"、"最速ʖ"等形號, 以節聲字之分. 不言黃鍾尺度, 亦不言隔八相生, 而暗與古合法.

오선(五線)으로 소리를 경계 짓고, 3품으로 조(調)를 밝혔다. 3품의 조 중에서 아래서 위로 오르는 것은 '&'으로, 상품(上品)이다. 상품도 되고 하품(下品)도 되는 것은 '33'으로, 중품(中品)이

以五線界聲, 三品明調. 由低而高者"&", 上品也; 可上可下者"33", 中品也; 自高而低者"&", 下品也.

13 두……규정했다 : 8온음표부터 16분음표까지 설명한 부분이다. 이와 관련된 그림은 다음과 같다.

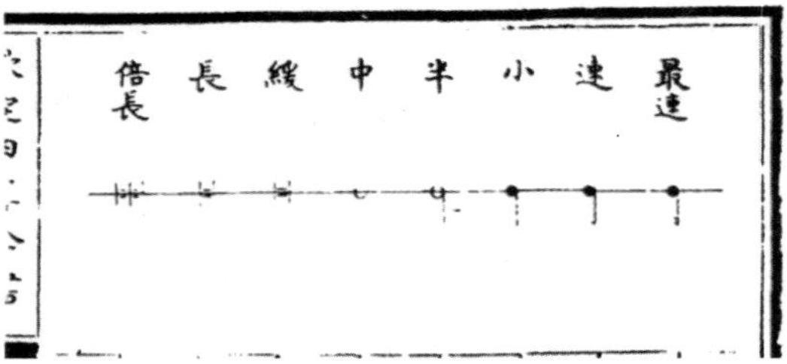

〈8형호(形號, 8가지 음표)〉(《어제율려정의속편》)

다. 위에서 아래로 내려가는 것은 '𝄢'으로, 하품이다.[14]

6음이 자리를 정하여 제7음을 갖춘 것을 '도[烏]·레[勒]·미[鳴]·파[乏]·솔[朔]·라[拉]'라 한다.[15]

六字定位以備七音, 曰"烏、勒、鳴、乏、朔、拉".

도에서 레, 레에서 미, 파에서 솔, 솔에서 라 사이는 전부 온음인데, 오직 미에서 파 사이만 반음이다. 이에 새로운 서양 음악이론에서 시[犀] 음 하나를 보충해서 미와 파 사이에 부족한 반음을 도와 7음이 비로소 온전해졌다.

自烏至勒、勒至鳴、乏至朔、朔至拉皆全分, 惟鳴至乏爲半分. 于是新法補一"犀"字, 以助鳴、乏之不及而七音始全.

솔·파·도는 중국음악의 사자조(四字調)이고,

曰朔、乏、烏, 中法之四字調

---

14 3품으로……하품이다 : 3가지 음자리표에 대한 설명이다. 이와 관련된 그림은 다음과 같다.

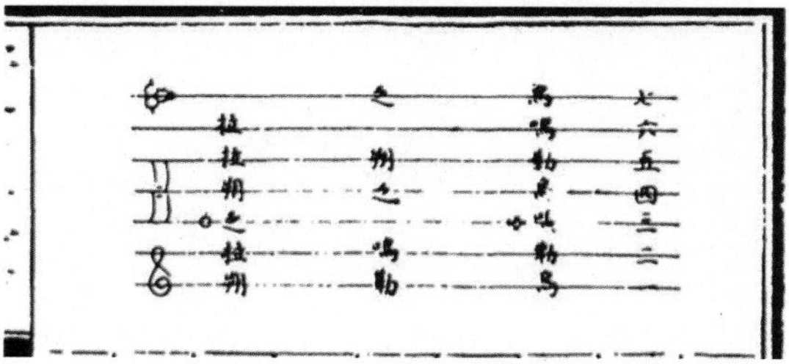

〈3가지 음자리표와 7선[7級]〉(《어제율려정의속편》)

15 6음이……한다 : 이와 관련된 그림은 다음과 같다.

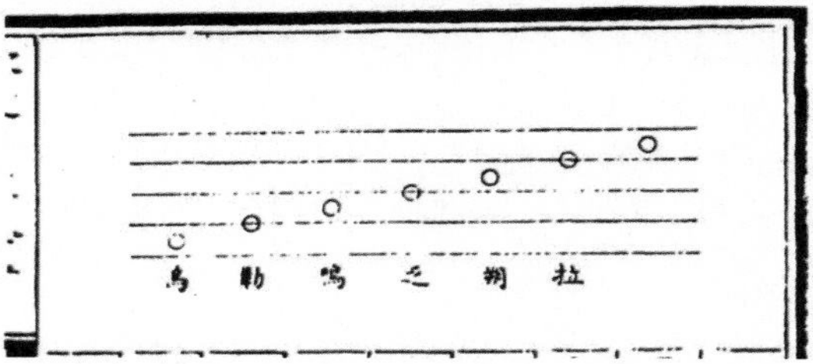

〈6자(字)와 7음(音)–도·레·미·파·솔·라 그리고 보충해 넣은 시〉(《어제율려정의속편》)

라·솔·레는 을자조(乙字調)이고, 라·미는 상자조(上字調)이고, 파·도는 척자조(尺字調)이고, 솔·레·도는 공자조(工字調)이고, 라·미·레는 범자조(凡字調)이고, 파·미는 육자조(六字調)이다.[16] 이상 7조를 7급(級)이라 하고 고저(高低)와 상하(上下)를 서로 빌려 쓴다.[17]

음악에서 장단의 정도도 또한 8개 기호[18]를 가지고 기준으로 삼으니, '○'로 표시하는 전준(全準)과, 'ɞ'로 표시하는 대준(大準)과, '(ɞ'로 표시

也；曰拉、朔、勒, 乙字調也；曰拉、鳴, 上字調也；曰乏、鳥, 尺字調也；曰朔、勒、鳥, 工字調也；曰拉、鳴、勒, 凡字調也；曰乏、鳴, 六字調也. 以上七調是謂七級, 高低、上下相借爲用.

至于樂音長短之度, 又有八形號以爲準則, 有全準"○"·有大準"ɞ"·有小半準"(ɞ"之

16 솔·파·도는……육자조(六字調)이다 : 공척보(工尺譜)를 이용해서 화음의 종류를 설명한 것이다. 공척보는 합(合)·사(四)·일(一)·상(上)·척(尺)·공(工)·범(凡)·육(六)·오(五)·을(乙)과 같은 문자로 음의 고저를 표시하며, 십자보(十字譜)·약자보(略字譜)라고도 한다. 공척보는 중국 송(宋)나라 때 만들어졌으며, 고려 때 우리나라에 소개되어 율자보(律字譜)와 함께 사용되었다.《세조실록》중 신제아악보(新制雅樂譜)에 사용되었고 그 뒤《악학궤범》중 당악기(唐樂器)의 지법(指法)에서 오음약보(五音略譜)에 병기하여 사용되었다. 16음에 사용된 문자들을 보면 황(黃)은 합(合)으로, 대(大)·태(太)는 사(四)로, 협(夾)·고(姑)는 일(一)로, 중(仲)은 상(上)으로, 유(蕤)는 구(勾)로, 임(林)은 척(尺)으로, 이(夷)·남(南)은 공(工)으로, 무(無)·응(應)은 범(凡)으로, 청황(淸黃)은 육(六)으로, 청대(淸大)·청태(淸太)·청협(淸夾)은 오(五)로 각각 기보하였다.

17 이상……쓴다 : 공척보는 10개 한자로 16음을 표기하므로 기호 1개에 음 2~3개를 가리키는 경우가 있다. 이때 하(下)·고(高) 자를 공척보 기호에 붙여서 사용한다. 예를 들면 대(大)는 하사(下四), 태(太)는 고사(高四), 협(夾)은 하일(下一), 고(姑)는 고일(高一), 이(夷)는 하공(下工), 남(南)은 고공(高工)과 같이 사용한다.

18 8개 기호 : 8온음표·4온음표·겹온음표·온음표·이분음표·사분음표·8분음표·16분음표의 8개 음표를 말한다.

하는 소반준(小半準)이 서로 다른 것,[19] 평분도(平分度)와 삼분도(三分度)[20]를 번갈아 쓰는 방법 등에 대해서는 여기에서 모두 다 풀어 주지는 못했다. 위에서 말한 여러 글자와 기호에 의지해서 14현의 높낮이와 빠르기에 대해서는 이 양금보에 대략 갖추어졌으니, 이 양금 본연의 음과 색은 또한 연주자가 깨달아 이해할 수 있을 것이다. 이 글을 써서 양금 음악을 나에게 선물로 들려줄 사람을 기다린다.

不同、平分度·三分度之互用, 此未盡諧, 依上諸字標書, 於十四絃高低、分度, 則庶可備, 此琴之本義, 亦可爲彈者之悟解. 書此以俟賞音焉.

---

19 음악에서……것 : 3개의 빠르기표를 설명하고 있다. 《御製律呂正義續編·八形號紀樂音之度》에서는 음표의 길이와 음악의 속도를 가늠하는 기준으로 '손을 1번 내렸다가 올리는 동작(手勢之一抑一揚)'을 제시한다. 따라서 전준의 '두 배 긴 표[倍長, 8온음표]'는 손을 12번 내렸다가 올리는 시간을 나타내고, 대준의 '두 배 긴 표[倍長, 8온음표]'는 손을 8번 내렸다가 올리는 시간을 나타내며, 소반준의 '두 배 긴 표[倍長, 8온음표]'는 손을 4번 내렸다가 올리는 시간을 나타낸다. 아래 그림에서 각각의 직사각형 1개가 손을 1번 내렸다가 올리는 동작에 해당한다.

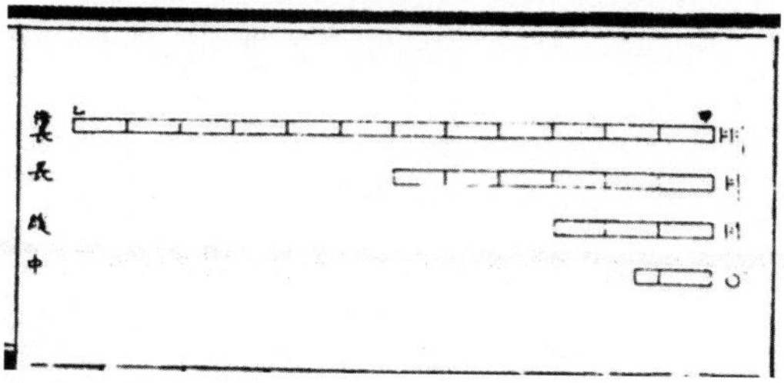

〈전준(全準)의 8온음표 · 4온음표 · 겹온음표 · 온음표〉(《어제율려정의속편》)

20 평분도(平分度)와 삼분도(三分度) : 평분도와 삼분도는 위에서 제시된 전준·대준·소반준 3가지의 기본적인 빠르기를 변화시키는 2가지 방법이다. 평분도는 빠르기를 반으로 줄이거나 2배 증가시키는 방법이며, 급격한 속도의 변화를 완화시키기 위해 삼분도가 제시되었다. 삼분도는 음악을 빠르게 하려면 주어진 빠르기 도수를 3으로 나누어 하나를 빼고, 느리게 하려면 주어진 빠르기 도수를 반으로 나누었을 때의 그 반만큼을 더한다. 예를 들어 소반준의 '두 배 긴 표(倍長, 8온음표)'는 손을 4번 내렸다가 올리는 시간을 가지므로 4도라고 할 수 있는데, 이를 조금 느리게 하려면 4를 반으로 나눈 2를 더하면 6도를 갖는 새로운 빠르기가 생성된다.

1930년대 양금합주(한국학중앙연구원)

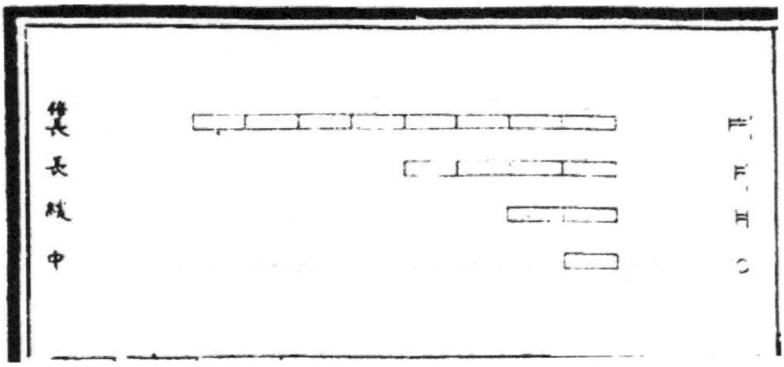

〈대준(大準)의 8온음표 · 4온음표 · 겹온음표 · 온음표〉(《어제율려정의속편》)

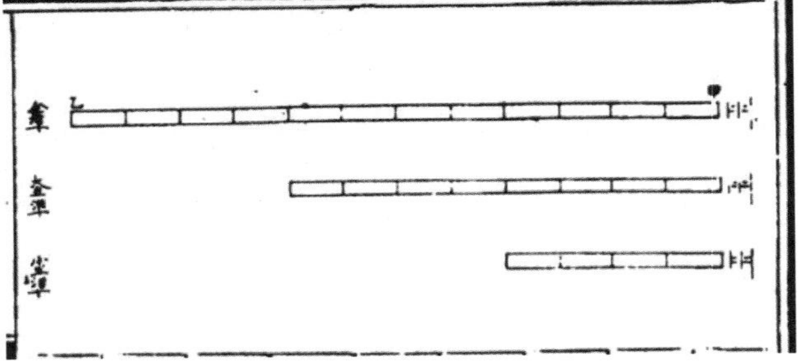

〈전준 · 대준 · 소반준의 8온음표 비교〉(《어제율려정의속편》)

2) 양금도(洋琴圖)[21]

洋琴圖

21 양금도(洋琴圖)

양금 사진(국립중앙박물관)

양금의 현은 2개의 괘에 의해 4부분으로 나뉘며, 좌괘 좌측을 상단, 좌괘 우측을 중단, 우괘 좌측을 하단이라 부르고, 우괘 우측은 연주에 사용하지 않는다.

구분	Ⅲ(상단: 좌괘 좌측)	Ⅱ(중단: 좌괘 우측)	Ⅰ(하단: 우괘 좌측)
줄 번호	7 6 5 4 3 2 1	7 6 5 4 3 2 1	7 6 5 4 3 2 1
실음	浺 潕 汰 潢 無 南 林	無 南 林 仲 女狹 太 黃	㒃 㑲 㑣 㣡 俠 㑀 僙
《유예지》	潫 沖 沽 浹 汰 汏 潢	上 應 無 南 夷 林 蕤	仲 姑 夾 太 大 黃 工

〈양금 줄 번호와 율명 대조표〉

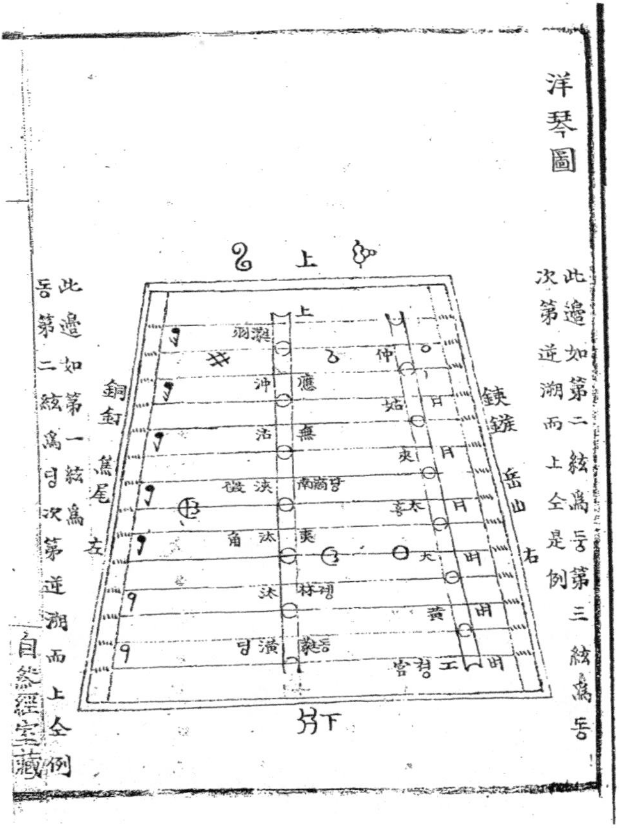

〈양금도〉(《유예지》 오사카본)

〈양금의 음역〉(《한국민족문화대백과사전》)

이쪽(오른쪽)은 예를 들어 제2현이 '둥'이고 제3현이 '동'이며, 차례대로 위로 거슬러 올라가니, 위에 있는 현도 이 방식과 같다.

此邊如第二絃爲"둥", 第三絃爲"동", 次第逆溯, 而上同是例.

위
철촉(鐵鏃, 현 고정용 쇠촉)
악산(岳山, 현을 걸치는 곳)
오른쪽
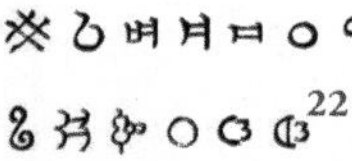
[22]

上
鐵鏃
岳山
右
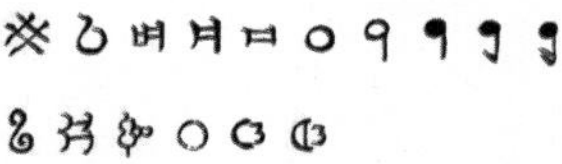

중려(仲呂)-고선(姑洗)-협종(夾鐘)-태주(太簇) 홍-대려(大呂)-황종(黃鍾)-공[工, 변궁(變宮)] 청 궁(宮)[23]

仲 姑 夾 太홍 大 黃 工청宮

상[上, 변치(變徵)]-응종(應鐘)-무역(無射)-남려(南呂) 상(商) 당-이칙(夷則)-임종(林鐘) 젱-유빈(蕤賓) 동

上 應 無 南商당 夷 林젱 蕤 동

유빈(㶋賓) 우(羽)-중려(沖呂)-고선(沽洗)-협종(浹鐘) 치(徵)-태주(汰簇) 각(角)-대려(汏呂)-황종(潢鍾) 딩

㶋羽 沖 沽 浹徵 汰角 汏 潢 딩

---

22 음표·음자리표·빠르기표들로, 위 '양금자보'에 설명이 보인다.

23 양금 각 현에 붙인 12율의 배열 순서는 양금의 하단, 중단, 상단과 음높이에 따라서 저음부터 오른쪽에서 왼쪽으로 배열했다. '청'은 구음보를 병기한 것이며, '宮'은 5음계인 궁·상·각·치·우의 시작음으로 병기된 것이다.

구리못[銅釘]	銅釘
초미(焦尾, 악기 끝부분)	焦尾
왼쪽	左
아래	下

이쪽(왼쪽)은 예를 들어 제1현 '동'이고 제2현이 '딩'이며, 차례대로 위로 거슬러 올라가니, 위에 있는 현도 이 방식과 같다.

此邊如第一絃爲"동", 第二絃爲"딩", 次第逆溯, 而上同是[4]例.

---

[4] 是 : 저본에는 없음. 위의 사례에 근거하여 보충.

3) 조현(調絃)

調絃

우조조현(羽調調絃)

羽調調絃

濱•沖•沽••汰•潢••沖•汏•
潢•潢•浹•潢•蕤•

계면조현(界面調絃)

界面調絃

夾•蕤••太•夾•蕤•南•蕤•
太•夾•蕤•南•蕤•南•潢•
浹•潢•南••蕤•太•夾•

조현(調絃)

4) 영산회상(靈山會相)

대1편

靈山會相

大一篇

夾●●工●夾●工●夾 ●● ●●蕤

●●● 夾●●● 蕤●林●●蕤●夾●

蕤●夾●蕤●南●蕤●潢●南●●

太●蕤●夾●太●蕤●南●夾●●

蕤●南●夾●蕤●

영산회상(靈山會相)

대령산(大靈山): 대1편(大一篇)~대4편(大四篇)

대2편

大二篇

潢•南•太•南•潢•南•蕤•
潢•南•蕤•潢•南•潢•蕤
•南•太•南•蕤•潢•南•
•太•南••林••蕤•潢•林••
蕤•潢•浹•汰•潢•蕤•潢
•南••太•蕤•夾•太•蕤•南
•夾•蕤•南•夾•蕤•

5
현
黃 仲 㑖 仲 黃 林 仲 仲 㑖 黃 㣩 㑖
유
蕤 南 太 南 蕤 潢 南 太 南
6
현
太 太 黃 林 仲 太 黃 林 潢 無 林 仲 黃 林
유
林 蕤 潢 林 蕤 潢 浹 汰 潢 蕤 潢
7
현
仲 仲 㑖 黃 㣩 㑖 黃 仲 㣩 黃 仲 㣩 黃
유
南 太 蕤 夾 太 蕤 南 夾 蕤 南 夾 蕤
8
<3장>
현
林 黃 = 林 潢 林 仲 仲 黃 㣩 黃 㣩 黃 仲 仲 潢
<大三篇>
유
潢 浹 潢 浹 潢 南 蕤 夾 蕤 夾 蕤 南 浹

대3편

大三篇

潢 • 浹 •• 潢 • 浹 • 潢 • 南 ••

蕤 • 夾 • 蕤 • 夾 • 蕤 • 南 ••

浹 • 潢 •• 夾 • 潢 • 南 • 浹 • 潢

•• 南 • 潢 • 南 • 蕤 • 南 ••

蕤 • 潢 • 南 •• 潢 • 浹 • 汰 • 潢

• 南 • 蕤 • 潢 • 南 •• 太 • 蕤 • 夾

• 太 • 蕤 • 南 • 夾 • 蕤 • 南 • 夾

• 蕤 •

9
현
유
林 林 㑣 林 仲 潢 林 林 㑣 林 㑣 黃
潢 夾 潢 南 浹 潢 南 潢 南 蕤
10
현
유
仲 仲 黃 林 仲 太 黃 林 潢 無 林 仲 黃 林
南 蕤 潢 南 潢 浹 汰 潢 南 蕤 潢
11
현
유
仲 仲 亻仲 黃 㑣 亻仲 黃 仲 㑣 黃 仲 㑣 黃
南 太 蕤 夾 太 蕤 南 夾 蕤 南 夾 蕤
12
<4장>
현
유
㑣 黃 㑣 黃 仲 仲 潢 林 林 仲 黃 太 太 黃
<大四篇>
夾 蕤 夾 蕤 南 浹 潢 南 蕤 林

대4편

大四篇

夾•蕤•夾•蕤•南••浹•潢
••南•蕤•林••南•汰•南•
潢•浹•潢•浹•潢••蕤•南
•蕤•潢•南••太•蕤•夾•
太•蕤••林•潢•林••蕤•林
•蕤•夾•蕤•林••蕤•夾•
蕤••夾•太•工•林•潢•林
••蕤•夾•蕤•夾•蕤•南•蕤
•潢•南••太•蕤•夾•太•蕤
•南•夾•蕤•南•夾•蕤•

13
현
仲 無 仲 林 潢 林 潢 林 林 仲 太 黃 仲 黃 林
유
南 汰 南 潢 浹 潢 浹 潢 蕤 南 蕤 潢
14
현
仲 仲 亻仲 黃 亻林 亻仲 黃 黃 太 林 仲 太 黃
유
南 太 蕤 夾 太 蕤 林 潢 林 蕤
15
현
太 黃 亻林 黃 太 太 黃 亻林 黃 黃 亻林 亻仲 僙
유
林 蕤 夾 蕤 林 蕤 夾 蕤 夾 太 工
16
현
黃 黃 太 林 仲 太 黃 亻林 黃 亻林 黃 仲 黃 林
유
林 潢 林 蕤 夾 蕤 夾 蕤 南 蕤 潢

17
현
유
仲 仲 㑖 黃 㑣 㑖 黃 仲 㑣 黃 仲 㑣 黃
南 太 蕤 夾 太 蕤 南 夾 蕤 南 夾 蕤

중1편

中一篇

汰••潢•浹••南•潢•汰•南
•潢•浹•汰•潢•南•蕤•
南•太•南•汰•潢•南••潢
•汰••潢•浹••潢•南•潢•
浹•沽•浹•汰•潢•南•蕤•
潢•南••潢•汰•潢•浹•潢
•南•蕤•南•太•南••

중령산(中靈山):중1편(中一篇)~중4편(中四篇)

중2편

中二篇

潢 • 浹 •• 潢 • 浹 • 潢 • 南 ••

浹 • 潢 •• 南 • 蕤 • 南 • 太 • 南

•• 潢 • 淶 • 南 • 潢 • 沽 • 浹 • 潢

• 浹 • 汰 • 潢 • 浹 • 南 • 浹 • 浹

• 濱 • 沽 • 浹 • 濱 • 沽 • 浹 • 蕤

• 浹 • 汰 • 潢 • 南 •• 潢 • 汰 • 浹

• 潢 • 南 • 蕤 • 南 • 太 • 南 ••

5 <2장>
현
林 潢 潢 林 潢 林 仲 仲 無 林 林 仲 太 黃 仲 無 仲
<中二篇>
유
潢 浹 潢 浹 潢 南 浹 潢 南 蕤 南 太 南
6
현
林 潢 仲 林 汰 潢 林 潢 黃 潢 無 林
유
潢 浹 南 潢 沽 浹 潢 浹 汰 潢 浹
7
현
仲 仲 林 無 林 潢 林 仲 林 潢 無 林 無 潢 太 黃
유
南 浹 浹 濱 沽 浹 濱 沽 浹 蕤 浹 汰 潢
8
현
仲 林 仲 太 黃 仲 黃 㑣 黃 仲 亻仲 仲 仲
유
南 潢 汰 浹 潢 南 蕤 南 太 南

중3편

中三篇

浹•潢•夾•潢•南•浹•潢

••南•蕤••夾•蕤•南•汰•

南•潢•浹•潢•浹•潢••

南•林•蕤•南•潢•浹•潢••

南•浹•潢••南•蕤•南•太

•南••

<3장>
현
潢 無 林 亻林 林 仲 潢 林 林 仲 黃 黃 亻林 黃
<中三篇>
유
浹 潢 夾 潢 南 浹 潢 南 蕤 夾 蕤
현
仲 無 仲 林 潢 林 潢 林 林 仲 太 黃 仲 林 潢
유
南 汰 南 潢 浹 潢 浹 潢 南 林 蕤 南 潢 浹
현
林 林 仲 無 林 林 仲 黃 仲 亻仲 仲 仲
유
潢 南 浹 潢 南 蕤 南 太 南
<4장>
현
林 潢 仲 林 汰 潢 林 潢 無 林 潢 仲
<中四篇>
유
潢 浹 南 潢 沽 浹 潢 浹 汰 潢 浹 南

중4편

中四篇

潢•浹•南•潢•沽•浹•潢•

浹•汰•潢•浹•南•潢•浹•

濱•沽•浹•蕤•沾•浹•蕤•

浹•汰•潢•南•蕤•潢•南••

潢•汰•潢•浹•潢•南•蕤•

南•太•南••

13
현
林 潢 氵仲 汰 潢 氵仲 汰 潢 黃 潢 無 林
유
潢 浹 濱 沽 浹 蕤 沽 浹 蕤 浹 汰 潢
14
현
仲 仲 林 無 林 潢 林 仲 黃 仲 亻仲 仲 仲
유
南 蕤 潢 南 潢 汰 潢 浹 潢 南 蕤 南 太 南

<중령산 5장>

15
현
無 無 林 無 林 潢 仲 林 無 仲 林 潢 無 林 仲
유

16
현
黃 仲 㑖 仲 無 林 仲 仲 林 無 林 潢 仲 林
유

17
현
無 仲 林 潢 無 林 仲 林 潢 潢 林 無 林
유

19
현
仲 仲 太 黃 㑣 黃 仲 㑖 仲 仲
유

소1편【속칭 잔령산】

小一篇【俗稱殘靈山】

潢•汰••南•汰•潢•南•蕤
•南••潢•浹•潢•浹•潢•
南•蕤•南•太•南••蕤•潢•
南•蕤•南••蕤••夾•蕤•南
•太•南••

소2편

小二篇

潢•林•潢•林•潢•林•潢•
林•蕤•南••潢•沽•浹•汰•
潢•浹•潢•浹•南••浹•潢•
南•蕤•南•太•南••

소령산(小靈山):소1편(小一篇)~소4편(小四篇)

소3편

小三篇

汰●●潢●浹●●潢●浹●潢●浹
●南●潢●南●潢●浹●南●潢
●浹●●潢●汰●潢●南●●蕤●南
●太●南●●

소4편

小四篇

浹●潢●浹●南●蕤●南●潢●
浹●●潢●浹●南●太●南●汰
●南●汰●南●●浹●潢●●南●
潢●浹●浹●潢●南●●蕤●●夾
●蕤●南●太●南●●

9
현
林 仲 林 潢 仲 林 潢 潢 林 無 林 仲 仲 太 黃 㑀 黃 仲 㑖 仲 仲
유
潢 南 潢 浹 南 潢 浹 潢 汰 潢 南 蕤 南 太 南
11 <4장>
현
無 林 潢 仲 黃 仲 林 潢 無 林 仲 㑖 仲 仲 㑖 仲
<小四篇>
유
浹 潢 浹 南 蕤 南 潢 浹 潢 浹 南 太 南 汰 南 汰 南 浹
13
현
林 㑀 林 林 潢 無 林 仲 仲 太 黃 㑀 黃 仲 㑖 仲 仲
유
潢 南 潢 浹 浹 潢 南 蕤 夾 蕤 南 太 南

제편1편【속칭 편제】

除篇一篇【俗稱篇除】

潢•汰••南•汰•潢•南•蕤•南••潢•浹•潢•浹•潢•南•蕤•南•太•南••潢•浹•汰•潢•南•蕤••南•蕤••南•

제편2편

除篇二篇

汰•潢•浹••沽•浹•潢•南•浹•潢•浹•汰•潢•南•蕤•南•蕤•南•

제편1편(除篇一篇)~제편4편(除篇四篇)

제편3편

除篇三篇

潢 • 南 • 蕤 • 南 • 潢 • 浹 ••
潢 • 南 •• 蕤 • 南 •

제편4편

除篇四篇

潢 • 夾 • 潢 •• 浹 • 汰 • 潢 • 南
•• 蕤 •• 南 • 潢 • 南 • 潢 • 浹 •
南 ••

9
현행보
林 仲 林 潢 林 潢 無 林 仲 黃 仲 黃 太 黃 仲
<除篇三篇>
유예지
潢 南 蕤 南 潢 浹 潢 南 蕤 南
<상현돌장>
11
현행보
林 仲 黃 仲 林 潢 無 林
유예지
<상현초장>
12
현행보
仲 仲 仲 仲 仲 林 林 林 林 潢 無
<除篇四篇>
유예지
潢 夾 潢 浹 汰
14
현행보
林 仲 太 黃 仲 林 無 仲 仲 林 潢 仲 仲
유예지
潢 南 蕤 南 潢 南 潢 浹 南

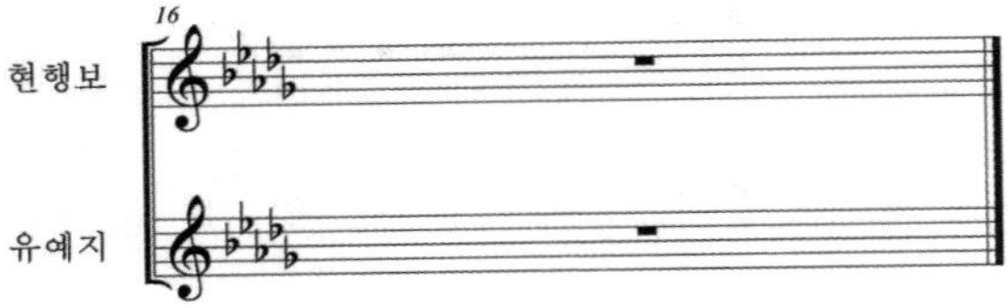
16
현행보
유예지

환입1편

還入一篇

潢●浹●潢●浹●潢●浹●濱●
沽●浹●潢●浹●潢●夾●潢●
浹●潢●夾●潢●夾●潢●潢●
蕤●南●潢●浹●潢●浹●南●●
潢●

환입2편

還入二篇

沽●浹●●潢●浹●南●潢●浹
●●潢●汰●南●潢●浹●潢●南
●蕤●潢●浹●汰●潢●南●●蕤
●潢●南●潢●南●●

환입1편(還入一篇)~환입4편(還入四篇)

9
현
仲 林 潢 林 仲 黃 仲 林 潢 無 林 仲 仲
유
南 潢 浹 潢 南 蕤 潢 浹 汰 潢 南
11
현
黃 林 仲 林 仲 仲 林 仲 黃 仲 黃 仲
<還入三篇>
유
蕤 潢 南 潢 南 潢 南 蕤 南 蕤 南
13
현
林 仲 黃 仲 黃 仲 黃 仲 潢 林 仲 太
유
潢 南 蕤 南 潢 南 蕤 南 蕤 夾 南 蕤
15
<3장>
현
黃 㑣 黃 㑣 太 黃 林 無 仲 林 汰 潢
<還入四篇>>
유
潢 南 潢 沽 浹

환입3편

還入三篇

潢•南•蕤•南•蕤•南•潢•
南•蕤••南•潢••南•蕤•南
•蕤•夾•南•蕤•

환입4편

還入四篇

潢•南•潢•沽•浹••潢•浹
••潢•浹•南•潢•浹•潢•南
•蕤•南•太•南•潢•沽•浹
•汰•潢•浹••南•潢•浹•潢
•南•浹•汰•潢•南••蕤••
南•潢•南•潢•浹•南••

현
유
17
無 無 林 潢 林 潢 無 林 潢 無 林 潢 無
潢 浹 潢 浹
19
林 仲 無 林 林 仲 黃 仲 太 黃 黃 仲
21
<4장>
潢 林 無 林 仲 黃 仲 仲 仲 林 汰 潢
南 潢 浹 潢 南 蕤 南 太 南 潢 沽 浹
23
無 無 林 潢 潢 仲 林 潢 林 仲 林 潢 無
汰 潢 浹 南 潢 浹 潢 南 浹 汰

25
현
유

하현환입1편

下絃還入一篇

潢•浹•潢•浹•濱•沽•浹•

潢•浹•潢•南•潢•浹•潢•

太•潢••

하현환입1편(下絃還入一篇)~하현환입4편(下絃還入四篇)

하현환입2편

下絃還入二篇

夾•蕤•夾•蕤•潢•南••蕤
•林•蕤•南•蕤•林•蕤•潢
•浹•潢•南•林•蕤••潢•南
••林•蕤•

9
현
仲 黃 太 黃 仲 黃 太 黃
유
南 蕤 林 蕤 南 蕤 林 蕤
11
현
林 無林 仲 太黃 黃 林仲 仲 太黃
유
潢 浹 潢 南 林 蕤 潢南 林 蕤
<2장>
13
현
林 黃仲 林 黃 仲 林 仲 黃仲 黃仲
<下絃還入三篇>
유
潢 蕤南 潢 蕤 南 蕤 南 蕤南 林南
15
현
林 仲 黃仲 黃仲 太 林 林 太林 太 黃
유
林 南 林南 蕤南 林 潢 林潢 林 蕤

하현환입3편

下絃還入三篇

潢•㽔•南•潢•㽔•南•㽔•

南•㽔•南•林•南•林•南•

林南•㽔•南•林•潢•林•潢

•林•㽔•夾••㽔•南•林•㽔

•夾••林•㽔••夾••太夾

17
현
㑣 黃 仲 太 黃 㑣 黃 㑣 太 黃
유
夾 蕤 南 林 蕤 夾 林
19
현
黃 㑣 黃 㑣 黃 黃 㑣 黃 㑣 㑖
유
蕤 夾 太 夾
21
<3장>
현
潢 林 仲 仲 林 仲 黃 仲 太 黃 仲
<下絃還入四篇>
유
浹 潢 蕤 南 蕤 南
23
<4장>
현
潢 林 無 林 仲 黃 仲 㑖 仲 林 汰 潢
유
浹 潢 浹 潢 南 蕤 南 太 潢 沽 浹

하현환입4편

下絃還入四篇

浹•潢•蕤•南••蕤••南•浹

•潢•浹•潢•南•蕤•南•太

•潢•沽•浹•汰•潢•浹••南

•潢•浹•潢•浹•南••蕤••

南•潢•南•潢•浹•南••

25
현
無 無 林 潢 潢 仲 林 潢 林 仲 林 潢 無
유
汰 潢 浹 南 潢 浹 潢 浹
27
현
林 仲 太 黃 黃 仲 林 無 仲 仲 林 潢 仲 仲
유
南 蕤 南 潢 南 潢 浹 南
29
현
林 潢 林 潢 林 潢 沖 汰 潢 林 潢 林
유
31
현
林 林 仲 林 潢 林 㑣 林 㑣 僙
유

5) 가곡

【歌曲】

대엽초장【속칭 자지라엽】

大葉初章【俗稱紫芝羅葉】

南•蕤•夾•潢•南•蕤•夾•大•蕤••南•林•蕤•潢•淶•蕤•南•蕤•潢•南•蕤•南•蕤•夾•工•

대엽2장

大葉二章

潢•淶•潢••林•蕤•夾••蕤•南•蕤•潢•南•蕤•南•林•蕤•夾•工•

대엽3장

大葉三章

夾•蕤•夾•蕤•林•蕤•南•潢•淶•潢••南•蕤•夾•蕤•南•潢•蕤•夾•林•蕤•夾•太•工•

중여음

中餘音

夾•蕤•夾•蕤•南•潢••南•蕤•潢•南•太•南•夾•工•

대엽4장

大葉四章

夾•潢•浹•汰•潢••㽔•南•汰•潢•夾•潢•浹•潢•南•太•潢•工•

대엽5장

大葉五章

夾•㽔•南•㽔•南•夾•㽔•南•林•㽔•潢•南•㽔•南•㽔•南•㽔•潢•南•㽔•南•㽔•夾•林•㽔•夾•工•夾•工•

대여음

大餘音

㽔•林•㽔•工•㽔•南•㽔•潢•南•潢•南•㽔•南•潢•㽔•南•㽔•夾••㽔•南•㽔•夾•㽔•夾•㽔•南•㽔•潢•南•㽔•南•㽔•夾•㽔•南•㽔•

가곡(歌曲)

대엽초장(大葉初章)~대여음(大餘音)

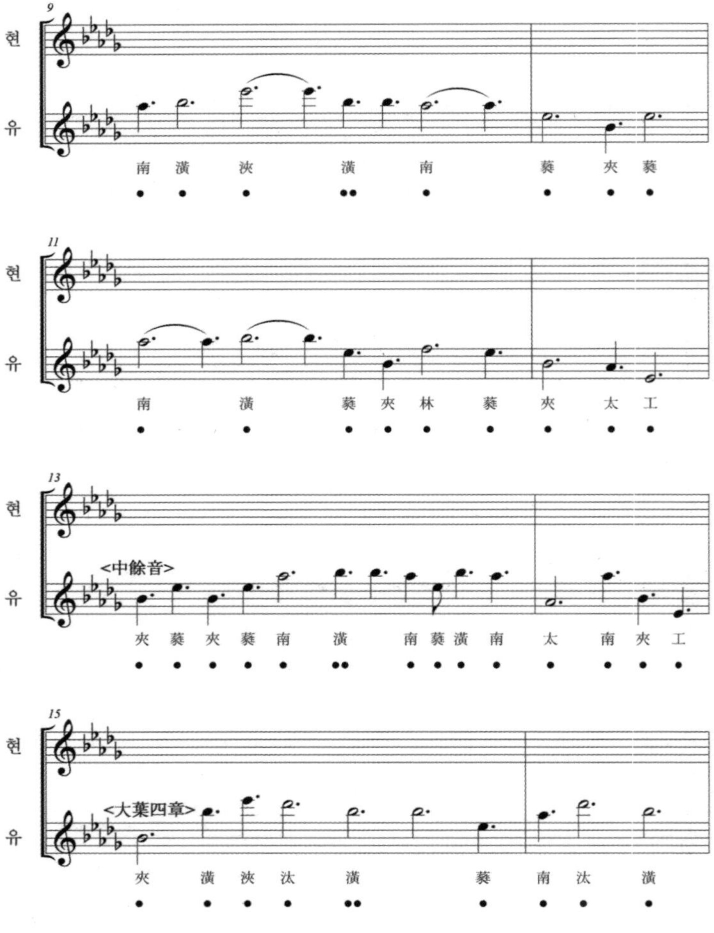
9
현
유
南 潢 浹 潢 南 蕤 夾 蕤
11
현
유
南 潢 蕤 夾 林 蕤 夾 太 工
13
현
<中餘音>
유
夾 蕤 夾 蕤 南 潢 南 蕤 潢 南 太 南 夾 工
15
현
<大葉四章>
유
夾 潢 浹 汰 潢 蕤 南 汰 潢

17
현
유
<大葉五章>
夾 潢 浹 潢 南 太 潢 工 夾 蕤
19
현
유
南 蕤 南 夾 蕤 南 林 蕤 潢 南 蕤 南 蕤
21
현
유
南 蕤 潢 南 蕤 南 蕤 夾
23
현
유
<大餘音>
林 蕤 夾 工 夾 工 蕤 林 蕤 工

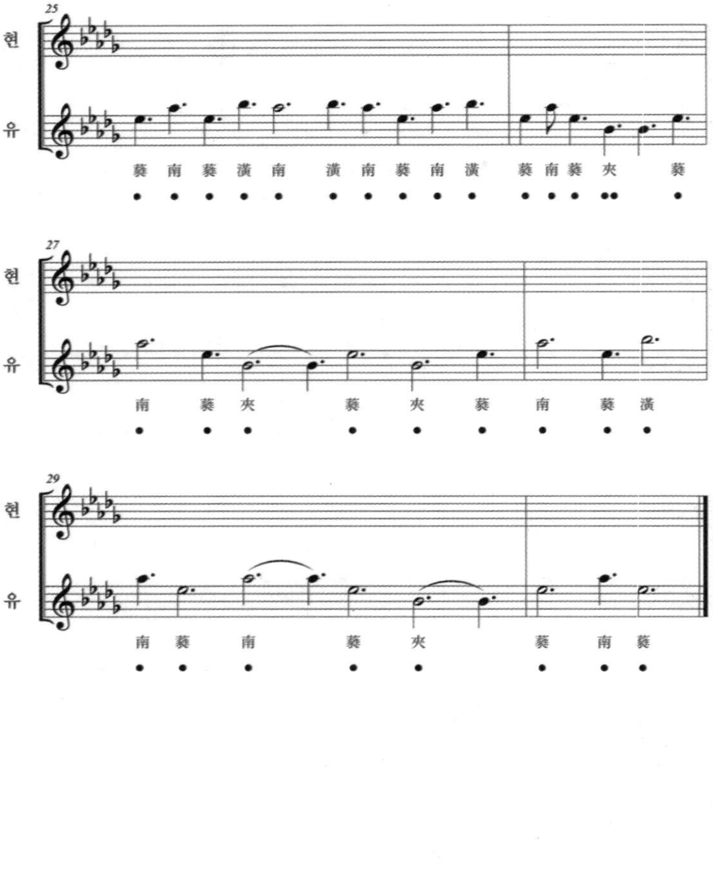
25
현
유
蕤 南 蕤 潢 南 潢 南 蕤 南 潢 蕤 南 蕤 夾 蕤
27
현
유
南 蕤 夾 蕤 夾 蕤 南 蕤 潢
29
현
유
南 蕤 南 蕤 夾 蕤 南 蕤

6) 시조

【時調】

夾•㽔••南•㽔•潢•南••浹

•潢•南•㽔•林•㽔•夾•㽔

•潢•南•㽔•南•太•南•太

•南•浹•潢•南•潢••浹•潢

•南•㽔•南•㽔•潢•南•潢

•南•㽔••南••林•南•㽔•

潢•浹•潢•浹•潢•南•㽔•

夾••㽔•潢•南•㽔•

시조(時調)

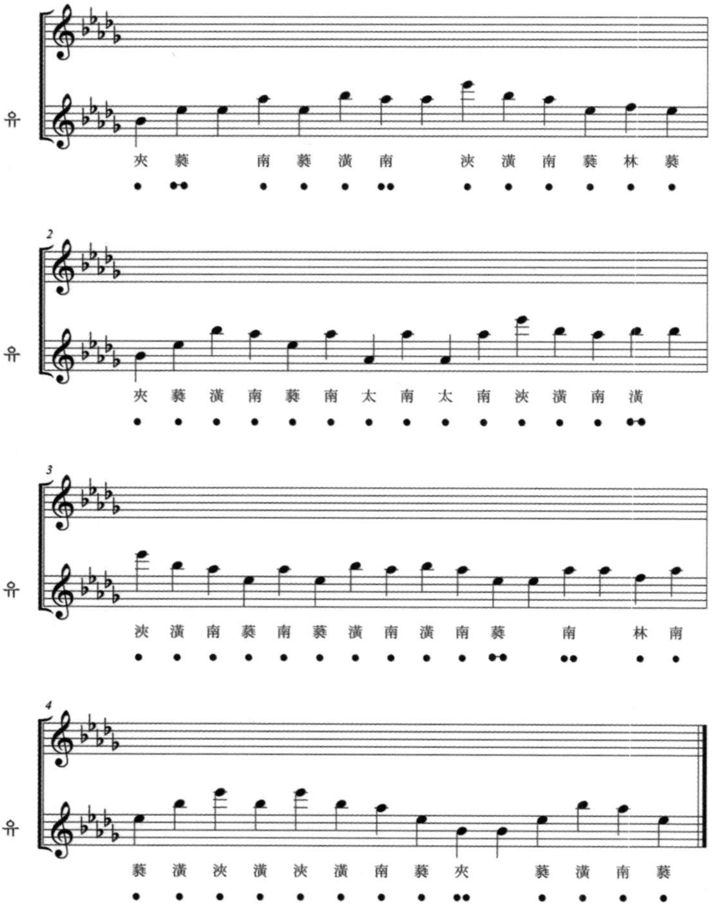

유
夾 蕤 南 蕤 潢 南 浹 潢 南 蕤 林 蕤
2
유
夾 蕤 潢 南 蕤 南 太 南 太 南 浹 潢 南 潢
3
유
浹 潢 南 蕤 南 蕤 潢 南 潢 南 蕤 南 林 南
4
유
蕤 潢 浹 潢 浹 潢 南 蕤 夾 蕤 潢 南 蕤

4. 생황자보(笙簧字譜)[1]

笙簧字譜

1 생황자보(笙簧字譜) : 생황의 구음에 지법을 곁들인 악보. 생황은 가느다란 대나무 관대 17개를 통에 둥글게 나무통에 박아 놓고, 통 가운데에 달린 취구에 입김을 불어 넣어 연주하는 악기이다. 대나무 관대의 개수에 따라 화(和, 13개)·생(笙, 17개)·우(竽, 36개) 등의 이름으로 구별되었으나, 지금은 통틀어 '생황(笙簧)'이라 한다. 국악기 가운데 화음을 내어 연주할 수 있는 유일한 악기이다. 《악학궤범》 권6 〈예서(禮書)〉에, "생은 여러 관대를 박통 속에 둘러 꽂고 관대 끝에 황(簧)을 붙인다. 큰 것은 19황이고, 작은 것은 13황이고, 우(竽)는 36황이다. 큰 생을 소(巢)라 하고, 큰 것이 선창하면 작은 것이 화답하므로 작은 생을 화(和)라고 한다."라 했다. 중국 당대(唐代) 이전까지는 나무통 대신 박통이 사용되었다. 우리나라는 조선시대 초기 세종대왕의 명을 받아 박연(朴演, 1378~1458)이 박통을 사용하여 복원하였으나, 임진왜란과 병자호란을 거치며 악기와 악보를 비롯한 자료가 소실되었고, 중국에서도 그 이후로는 악기 제조법 및 악보를 전수해 주지 않았기 때문에 생황은 밀수를 통해 암암리에 반입되어 전파되어 왔다. 일제강점기에는 이왕직아악부(李王職雅樂部)에서 일본에서 제작한 생황으로 연주하였고, 해방 후에는 대만에서 제작한 생황을 수입하여 겨우 명맥을 이어 온 가운데, 전통음악 중에는 수룡음(水龍吟) 1곡만이 연주되었다. 현대에 접어들어 손범주(국립국악원 정악연주단 수석)가 KBS 국악관현악단 재직 당시(1995~1997년) 생황을 익혀 우리의 전통음악·제례음악·창작음악을 다시 연주하였다. 이는 생황곡이 다시 계승될 수 있는 계기가 되었으며, 생황 연주법의 발전과 함께 많은 연주자들이 활동하게 되었다.

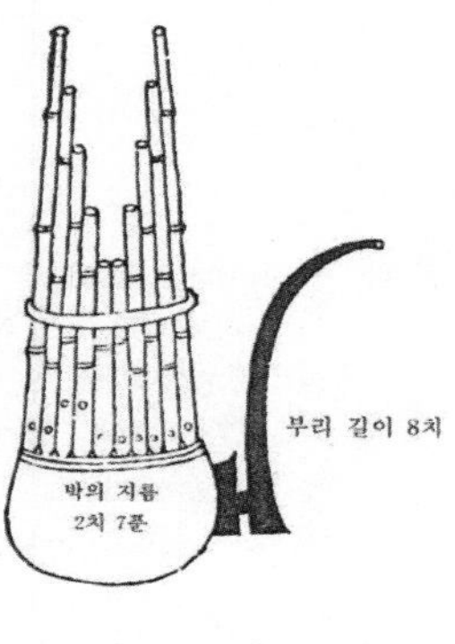

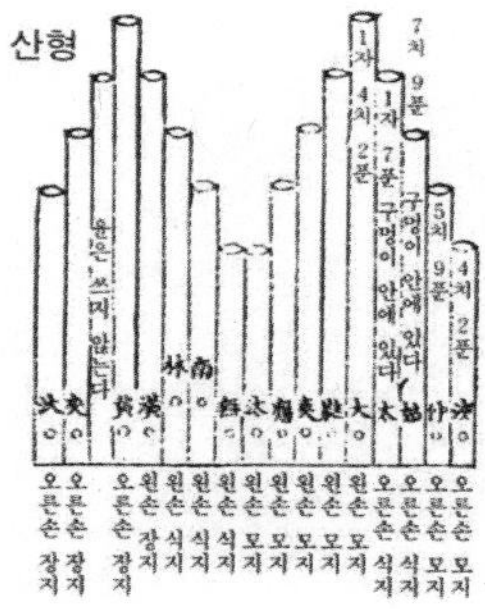

생황과 생황의 구조 및 안공도(이혜구 역주, 《신역 악학궤범》, 국립국악원)

생황(국립민속박물관)

1) 생황자보

笙簧字譜

생황에는 다음과 같은 6음이 있다. 1자관(一字管)의 음은 '루(纍)', 2자관의 음은 '로(盧)', 3자관의 음은 '예(芮)', 4자관의 음은 '라(羅)', 5자관의 음은 '예(芮)', 6자관의 음은 '리(里)'이다.[2]

有六音：一字管音"纍", 二字管音"盧", 三字管音"芮", 四字管音"羅", 五字管音"芮", 六字管音"里".

일반적으로 속악(俗樂, 민간의 음악)은 1자관·2자관·5자관, 자관 3개의 구멍으로 상성(上聲, 높은음)과 하성(下聲, 낮은음)을 내는데, 상성과 하성은 또 다른 말로는 '자성(子聲)과 모성(母聲)'이라 한다.[3] 일반적으로 1자관과 2자관을 누르면, 반드시 5자관을 눌러야 한다. 4자관과 4자관, 3자관과 3자관, 5자관과 5자관은 모두 '쌍성(雙聲)'이라 하고, 6자관은 '단성(單聲)'이 된다.

凡俗樂以一字、二字、五字, 字三孔爲上、下聲, 又謂之子、母聲. 凡按一、二字, 必按五字. 四與四、三與三、五與五, 皆謂之"雙聲". 六字爲"單聲".

일반적으로 소리가 짧으면 숨을 내쉬거나 들이마실 때에 조금 길게 하는 경우가 있지만, 소리가 길면 한번 숨을 내쉬거나 한번 들이마실 때에

凡聲短者或呼或吸稍長, 聲長者一呼一吸俱長. 凡聲短者字譜標用點"•", 聲中者字

2 1자관(一字管)의……'리(里)'이다 : 전통음악에서는 악보를 기록할 때 악기에서 나오는 소리를 최대한 실제 소리에 가깝도록 의성화하여 입으로 소리 내어 부를 수 있도록 문자로 기록했는데, 이를 구음(口音)이라 한다. 본문의 내용은 생황의 구음을 설명한 것인데, 현재 생황의 음위를 6음으로 구분하면, 음악 연주의 형태에 따라 황종(黃鍾)·태주(太簇)·고선(姑洗)·중려(仲呂)·임종(林鍾)·남려(南呂) 또는 황종·태주·중려·임종·남려·무역(無射)으로 구분할 수 있다. 이 중 황종·태주·중려·임종·남려 5음은 항상 모든 음위에 존재하고, 연주 형식에 따라 고선이나 무역을 포함하여 6음이 되며, 생황 악보의 전체 음위는 총 7가지가 된다.

3 상성(上聲)과……한다 : 음악 연주에 따라 상성과 하성이 주음(主音)이 될 때가 있고, 간음(間音, 사이음)이 될 수 있기 때문에 자성(子聲)과 모성(母聲)이라 할 수 있다.

모두 길게 한다.[4] 일반적으로 소리가 짧으면 자보(字譜)에 점 '•'[5]로 표기하고, 소리가 중간 길이면 자보에 단권(單圈, 동그라미 하나) '○'[6]로 표기하고, 소리가 길면 자보에 쌍권(雙圈, 동그라미 둘) '○○'[7]로 표기한다.[8]

譜標用單圈"○", 聲長者字譜標用雙圈"○○".

일반적으로 각각 표기된 자관의 구멍을 손가락으로 누르는데, 짧은 길이의 소리[短]·중간 길이의 소리[中]·긴 길이의 소리[長]에 따라 운지법(運指法)의 운용을 표기한다. 오른손 장지(長指, 중지)로 1자관의 구멍을 누르고, 왼손 장지로 5자관의 구멍을 누른 채로 취구(吹口)[9]를 불어서 짧은 길이의 소리를 낸다.[10]

凡按各標字孔, 短、中、長標用指法. 以右長指按一字孔, 左長指按五字孔, 吹之聲短.

---

4 일반적으로……한다 : 대나무관의 구멍을 막고 취구를 불면, 공기를 내뱉을 때나 들이마실 때에 소리가 나며, 구멍을 2~3개, 또는 여러 개를 막아도 화음을 이루며 소리가 난다. 그러나 손가락을 뗀 구멍에서는 소리가 나지 않는다. 취구에 공기를 강하게 불면 큰 소리가 나며, 작게 불면 작은 소리가 난다. 현재는 취구에 공기를 불어 넣는 정도를 조절하는 방법을 통해서 다양한 연주법이 개발되어 소리의 변화가 다양하며, 연주법도 이에 따라 다양하게 개발되었다. 이외에도 농현법(弄絃法, 바이브레이션·전통 농현), 서양음악 기법의 일종인 텅깅(tonguing), 비브라토 등의 다양한 연주법이 개발되어 독주 악기 및 협주 악기에 사용되고 있다.

5 점 • : 이 표기는 현재의 악곡 진행 속도로 환산하면 1/50박 정도에 해당한다.

6 단권(單圈) '○' : 이 표기는 현재의 악곡 진행 속도로 환산하면 2/50박 정도에 해당한다.

7 쌍권(雙圈) '○○' : 이 표기는 현재의 악곡 진행 속도로 환산하면 4/50박 정도에 해당한다.

8 일반적으로……표기한다. 여기에서는 짧은 길이의 소리[短]·중간 길이의 소리[中]·긴 길이의 소리[長]에 따라 각각 흑점·단점·쌍점으로 표시하고 있다. 하지만 일반적으로 관악기의 경우에 손가락 짚는 구멍을 기보할 때는, 소리를 닫는 구멍은 검은색으로, 소리를 여는 구멍[擧孔]은 흰색으로 표기한다.

9 취구(吹口) : 관악기에 입김을 불어 넣는 구멍.

10 오른손……낸다 : 여기서부터는 아래에서 소개하는《계면대엽(界面大葉)》의 초장(初章) 연주법을 설명하고 있다. 이 문장은 그중 첫째 부분인 "一•"의 연주법이다. 이후의 연주법을 설명할 때는 초장에 소개된 순서에 따라 하나씩 서술하고 있는데, 구별이 용이하도록 1자의 간격을 두고 편집되어 있다. 번역은 저자의 의도를 반영하여 연주법 하나마다 문단을 바꿨다.

오른손 장지를 옮겨 2자관의 구멍을 누른 채로 취구를 불어 짧은 길이의 소리를 낸다.[11]

右長指移按二字孔, 吹之聲短.

왼손 모지(母指, 엄지)로 왼쪽 4자관의 구멍을 누르고, 오른손 모지로 오른쪽 4자관의 구멍을 누른 채로 1자관·5자관의 구멍을 열고 취구를 불어 중간 길이의 소리를 낸다.[12]

以左母指按左四字孔, 右母指按右四字孔, 吹之一字、五字幷開聲中.

오른손 장지로 2자관의 구멍을 누르고, 왼손 장지로 5자관의 구멍을 누른 채로 동시에 4자관의 구멍을 열고, 취구를 불어 중간 길이의 소리를 낸다.[13]

右長指按二字孔, 左長指按五字孔, 吹之四字孔幷開聲中.

왼손과 오른손 모지로 위와 같은 방법에 따라 4자관의 구멍을 누른 채로 취구를 불어 긴 길이의 소리를 낸다.[14]

左右母指依上法按四字, 吹之聲長.

왼손과 오른손 장지로 2자관·5자관의 구멍을 누른 채로[15] 취구를 불어 짧은 길이의 소리를 낸

左右長指按二字、五字孔, 吹之聲短.

11 오른손……낸다 : 이 단락은 초장의 둘째 부분인 "二•"의 연주법이다.
12 왼손……낸다 : 이 단락은 초장의 셋째 부분인 "四○"의 연주법이다.
13 오른손……낸다 : 이 단락은 초장의 넷째 부분인 "二○"의 연주법이다.
14 왼손과……낸다 : 이 단락은 초장의 다섯째 부분인 "四○ ○"의 연주법이다.
15 왼손과……채로 : 위에서 이미 설명한 지법에 따르면 왼손 장지로는 5자관을, 오른손 장지로는 2자관을 눌러야 한다. '二•'의 지법에 대한 이하의 설명도 이와 같다.

다.[16]

왼손과 오른손 모지로 4자관의 구멍을 누른 채로 취구를 불어 중간 길이의 소리를 낸다.[17]

左右母指按四字孔，吹之聲中.

왼손 장지로 왼쪽 5자관의 구멍을 누르고, 오른손 모지로 오른쪽 5자관의 구멍을 누른 채로 취구를 불어 긴 길이의 소리를 낸다.[18]

左長指按左五字孔，右母指按右五字孔, 吹之聲長.

왼손과 오른손 장지로 2자관·5자관의 구멍을 누른 채로 취구를 불어 짧은 길이의 소리를 낸다.[19]

左右長指按二字、五字孔, 吹之聲短.

왼손과 오른손 모지로 4자관의 구멍을 누른 채로 취구를 불어 중간 길이의 소리를 낸다.[20]

左右母指按四字孔，吹之聲中.

왼손과 오른손 장지로 2자관·5자관의 구멍을 누른 채로 취구를 불어 중간 길이의 소리를 낸다.[21]

左右長指按二字、五字孔, 吹之聲中.

---

16 왼손과……낸다 : 이 단락은 초장의 여섯째 부분인 "二•"의 연주법이다.
17 왼손과……낸다 : 이 단락은 초장의 일곱째 부분인 "四○"의 연주법이다.
18 왼손……낸다 : 이 단락은 초장의 여덟째 부분인 "五○○"의 연주법이다.
19 왼손과……낸다 : 이 단락은 초장의 아홉째 부분인 "二•"의 연주법이다.
20 왼손과……낸다 : 이 단락은 초장의 열 번째 부분인 "四○"의 연주법이다.
21 왼손과……낸다 : 이 단락은 초장의 열한 번째 부분인 "二○"의 연주법이다.

왼손과 오른손 모지로 4자관의 구멍을 누른 채로 긴 길이의 소리를 낸다.[22]

左右母指按四字孔, 吹之聲長.

왼손과 오른손 장지로 2자관·5자관의 구멍을 누른 채로 취구를 불어 짧은 길이의 소리를 낸다.[23][24]

左右長指按二字、五字孔, 吹之聲短.[1]

왼손과 오른손 모지로 4자관의 구멍을 누른 채로 취구를 불어서 중간 길이의 소리를 낸다.[25]

左右母指按四字孔, 吹之聲中.

왼손과 오른손으로 2자관과 5자관의 구멍을 누른 채로 취구를 불어 짧은 길이의 소리를 낸다.[26]

左右長[2]指按二字、五字孔, 吹之聲短.

---

22 왼손과……낸다 : 이 단락은 초장의 열두 번째 부분인 "四○○"의 연주법이다.

23 왼손과……낸다 : 이 단락은 초장의 열세 번째 부분인 "二•"의 연주법이다.

24 이 앞의 3개의 각주에 해당하는 원문은 《유예지》 오사카본·규장각본의 편집의 오류로 인해 순서가 뒤바뀌고, 중복되는 부분이 있다. 이를 바로잡아 다시 편집하였음을 밝혀 둔다.

25 왼손과……낸다 : 이 단락은 초장의 열네 번째 부분인 "四○"의 연주법이다.

26 왼손과……낸다 : 이 단락은 초장의 열다섯 번째 부분인 "二•"의 연주법이다.

[1] 저본에는 편집의 오류로 인해 각주 21~23에 해당하는 내용에 순서가 뒤바뀌고, 중복되는 부분이 있다. 이를 바로잡아 다시 편집하였음을 밝혀 둔다.

[2] 長指……右長 : 저본에는 이상의 53글자(長指按二字、五字孔, 吹之聲中. 左右母指按四字孔, 吹之聲長. 左右長指按二字、五字孔, 吹之聲短. 左右母指按四字孔, 吹之聲中. 左右長)가 편집의 오류로 순서가 뒤바뀌어 아래의 弄樂樂時……調編樂 사이에 잘못 기입되어 있다. 이에 아래의 53글자를 여기로 옮겨 바로잡았다. 이에 따라 이어지는 내용에 중복되는 부분의 26글자(左右長指按二字、五字孔, 吹之聲短. 左右母指按四字孔, 吹之聲中. 左右)는 삭제하였다.

오른손 장지로 1자관의 구멍을 누르고, 왼손 장지로 5자관의 구멍을 누른 채로, 취구를 불어 긴 길이의 소리를 낸다.[27]

右長指按一字孔，左長指按五字孔，吹之聲長.

이상이 초장의 운지법이다. 2장 이하로도 자관의 구멍을 누르는 운지법은 모두 이와 같다.

以上初章. 二章以下按孔指法幷放此.

일반적으로 속악은 금(琴)·생황을 비롯한 여러 악기 소리가 노랫소리와 서로 조화를 이루다가 음악이 3장을 넘어가면 노래하는 사람은 조금 쉬고, 연주자는 나머지 반주[餘聲]를 연주하면서 시간을 두는데, 이 간주를 '중여음(中餘音)'이라 한다. 이어서 4~5장에서는 다시 노래하는 사람이 부르는 가곡(歌曲)과 서로 조화를 이루다가 5장이 끝나면 노래는 또 그치고, 연주자는 나머지 반주를 연주하며 끝마치는데, 이 연주를 '대여음(大餘音)'이라 한다.

凡俗樂，琴笙諸聲與歌聲相和，過三章則歌者少休，樂奏餘聲以間之，謂之"中餘音". 四章、五章，又與歌曲相和，五章畢，歌者又止，樂奏餘聲以終之，謂之"大餘音".

---

27 오른손……낸다 : 이 단락은 초장의 열여섯 번째 부분인 "一○○"의 연주법이다.

5장 2여음을 '7편(七編)'이라 하니, 이것이 1조(調)가 된다. 속칭 이를 '계면대엽(界面大葉)'[28]이라 부른다.

五章二餘音, 謂之"七編", 是爲一調, 俗稱"界面大[3]葉".

28 계면대엽(界面大葉) : 《유예지》 저본에는 '계면다엽(界面多葉)'으로 적혀 있다. 국악계에서 가곡을 '큰 나뭇잎'이라는 뜻의 대엽(大葉)이라 부르는 것을 고려하여 '계면대엽(界面大葉)'이라 번역했다. 이어지는 본문 아래의 생황 악보에도 계면대엽(界面大葉)으로 적혀 있다. 가곡은 부르는 형태에 따라 곡의 진행이 아주 느린 만대엽(慢大葉), 만대엽보다는 조금 빠른 중대엽(中大葉), 중대엽보다 조금 더 빠르며, 현행 가곡의 모체(母體)가 된 삭대엽(數大葉, 자진한잎)으로 분류할 수 있다.(이상은 국악방송 〈은영선의 창호에 드린 햇살〉 2014년 1월 29일 방송분 · 전라남도 교육자료 참조) 만대엽 · 중대엽이 차츰 자취를 감추고, 삭대엽이 영조(在位, 1724~1776) 시기부터 유행했는데, 삭대엽의 가곡 반주 음악은 점차 독립되어 가수가 부르는 노래 없이 향피리 · 대금 · 해금 · 소금 · 장구만으로 편곡한 관악 합주곡으로 발전하였다. 이러한 관악 합주음악은 악곡을 끝까지 연주하지 않고 대여음을 빼고 연주하는 것이 특징인데, 주로 ① 평조두거(平調頭擧) · ② 변조두거(變調頭擧) · ③ 계면두거(界面頭擧) · ④ 평롱(平弄) · ⑤ 계락(界樂) · ⑥ 편수대엽(編數大葉) 등의 6곡이 삭대엽에 포함되었다. 또 이를 다시 세분하여 평조두거와 변조두거는 경풍년(慶豐年), 계면두거는 염양춘(艶陽春), 평롱 · 계락 · 편수대엽은 '수룡음(水龍吟)'이라는 곡명으로 불리면서, 궁중 연회에 '거상악(擧床樂)'으로 사용되었다. 현재는 주로 경풍년은 대금 독주곡으로, 염양춘과 수룡음은 단소독주로 연주되거나, 단소와 함께 생황을 연주하는 방식으로 연주된다.(이상은 《한겨레음악대사전》 참조)

[3] 大 : 저본에는 "多". 《五洲衍文長箋散稿 · 樂》 · 일반적인 용례에 근거하여 수정.

또 농악(弄樂)[29]·낙시조(樂時調)[30]·편락(編樂)[31]이 있는데, 일반적으로 4조(調)는 모두 노랫소리와 서로 조화를 이룬다. 영산회상(靈山會相) 1조는 당금·피리[笛]와 합주하는 곡이다. 일반적으로 1조(調)는 각각 7편(七編)으로 구성되었다.[32]

又有弄樂、樂時④調、編樂, 凡四調, 皆與歌聲⑤相和者也. 靈山會相一調, 與琴笛相和者也. 凡一調各具七編也.

---

29 농악(弄樂) : 농악(弄樂)은 가곡 곡조의 일종으로, 《유예지》 생황자보에 처음 보이기 때문에 악보가 아직 규명되어 있지 않다. 다만 현행 가곡은 17세기 이후 삭대엽(數大葉)을 중심으로 다양한 변천 과정을 거치면서 발전하게 된다. 두 번째 곡인 이삭대엽(二數大葉)에서 중거(中擧)와 평거(平擧)가 파생하여 변주되었고, 세 번째 곡인 삼삭대엽(三數大葉)에서 소용(騷聳)이 파생 변주되었으며, 이후 농(弄)·락(樂)·편(編)으로 점차 발전하였다. 농(弄)은 계면조의 언롱(言弄)·평롱(平弄), 우조(羽調)의 우롱(羽弄), 이상의 3가지 곡조로 변주되었다. 또 낙(樂)은 계면조의 계락(界樂)·편락(編樂)·언락(言樂)으로, 우조의 우락(羽樂)·환계락(還界樂) 등으로 변주되어 발전하게 된다.(이상은 《한겨레음악대사전》 참조)

30 낙시조(樂時調) : 삭대엽(數大葉)에서 파생된 노래의 일종으로, 일명 낙(樂)이라고도 한다. 조선 후기에 이르러 사설시조의 등장과 함께 삭대엽의 농(弄)·낙(樂)·편(編) 계열의 파생곡이 등장했다. 낙시조 계열의 파생곡의 명칭은 《청구영언(青丘永言)》에는 우락시조(羽樂時調)·계락시조(界樂時調)·언락시조(言樂時調)·편락시조(編樂時調) 등으로 기재되어 있고, 《해동가요(海東歌謠)》와 《가곡원류(歌曲原流)》에서도 낙시조와 편락시조라는 용어가 사용되었다. 우락시조·계락시조·언락시조·편락시조라는 가곡(歌曲)의 곡명은 현행 가곡에서 우락(羽樂)·계락(界樂)·언락(言樂)·편락(編樂) 등으로 사용되고 있다. 낙시조의 형식은 1~5장 및 중여음(中餘音)과 대여음(大餘音)으로 구성됐고, 16박장단으로 연주되며, 노래 가사는 사설시조이다. 현행 가곡의 우락은 우락시조 또는 우조낙시조의 준말이고, 계락은 계락시조 또는 계면조낙시조(界面調樂時調)의 준말이다.(이상은 《한겨레음악대사전》 참조)

31 편락(編樂) : 전통성악가곡의 일종으로, '편락시조'로도 불린다. 남성이 부르거나 여성이 남성의 목소리로 부르는 남창(男唱)으로만 불리고, 황종·태주·중려·임종·남려의 5음으로 연주하는 평조선법(平調旋法)인 우조(羽調)로 부르다가 3장 중간부터는 황종·중려·임종의 3음으로 된 계면조(界面調)로 변조된다. 장단은 독특한 특징이 있는데, 대여음은 10점(點) 16박으로 가곡의 기본 장단을 사용하고, 초장에서 5장까지는 1장단이 10점 10박으로 변형된 장단을 사용한다. 노랫말은 시조시를 사용하는데, 3장과 5장의 노랫말이 확대되기도 한다.(이상은 《한겨레음악대사전》 참조)

32 이상의 내용 중 중간에 나오는 〈계면대엽〉 연주법을 설명한 부분을 제외하고 《五洲衍文長箋散稿》 〈樂〉 "俗樂辨證說"에 나온다.

④ 時 : 저본에는 "時長指按二字五字孔吹之聲中左右母指按四字孔吹之聲長左右長指按二字五字孔吹之聲短左右母指按四字孔吹之聲中左右長". 長指……右長까지의 53글자의 내용은 편집상의 착오로 잘못 기입되어 있다. 이규경의 《五洲衍文長箋散稿·樂·俗樂辨證說》에도 중간의 삽입 부분은 빠져 있는 것을 확인할 수 있다.

⑤ 聲 : 규장각본에는 "舞".

2) 생황 안공도(按孔圖)[33]

笙簧按孔圖

33 생황 안공도(按孔圖) : 생황의 구멍을 짚는 방법을 그린 도표. 《樂學軌範》 卷6 〈笙〉에 나온다. 《악학궤범》의 안공도와 비교하여 도표로 나타내면 다음과 같다.

악학궤범	청대려	협종	윤불용	황종	청황종	임종	남려	무역	청태주	응종	이칙	유빈	대려	공재내 태주	공재내 고선	중려	청협종
	오른손 장지	오른손 장지		오른손 장지	왼손 장지	왼손 식지	왼손 식지	왼손 식지	왼손 모지	왼손 모지	왼손 모지	왼손 모지	왼손 모지	오른손 식지	오른손 식지	오른손 모지	오른손 모지
유예지 방중악보			1자	2자		5자	6자			3자		4자		공재내	공재내	4자	5자
	청태주	협종	윤	황종	청황종	임종	남려	무역	청태주	응종	이칙	유빈	대려	태주	고선	중려	청협종
	오른손 장지	오른손 장지		왼손 식지	왼손 식지	왼손 식지	왼손 식지	왼손 식지	왼손 모지	왼손 모지	왼손 모지	왼손 모지	왼손 모지	오른손 식지	오른손 식지	오른손 모지	오른손 모지

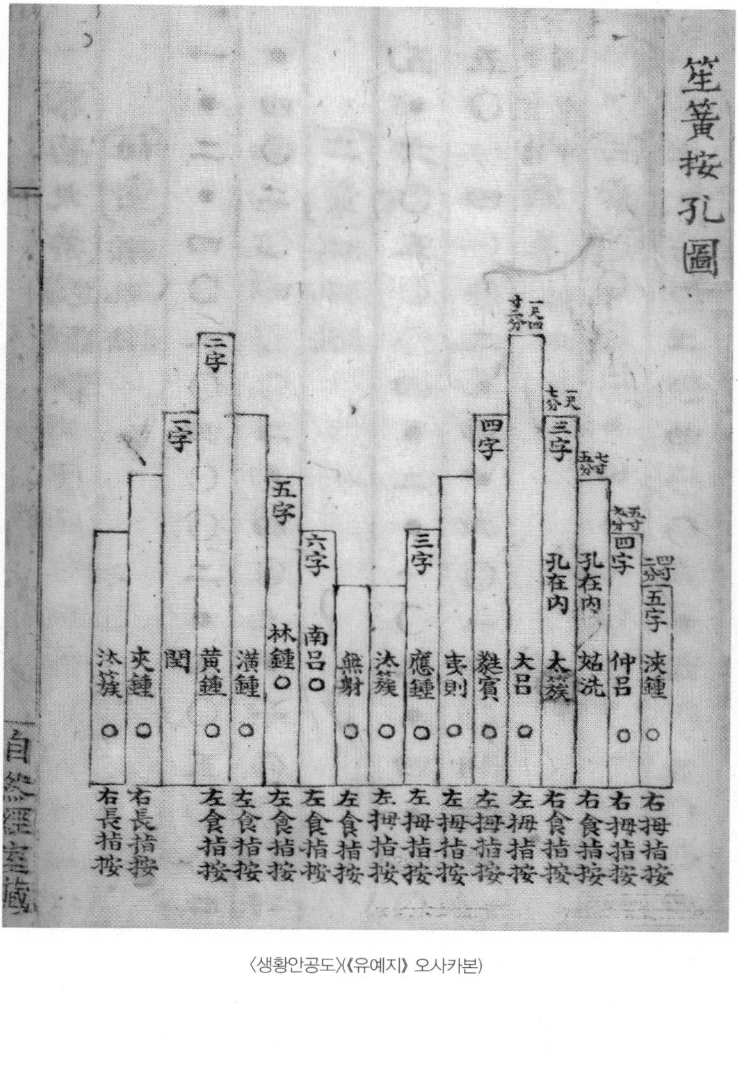

〈생황안공도〉(《유예지》 오사카본)

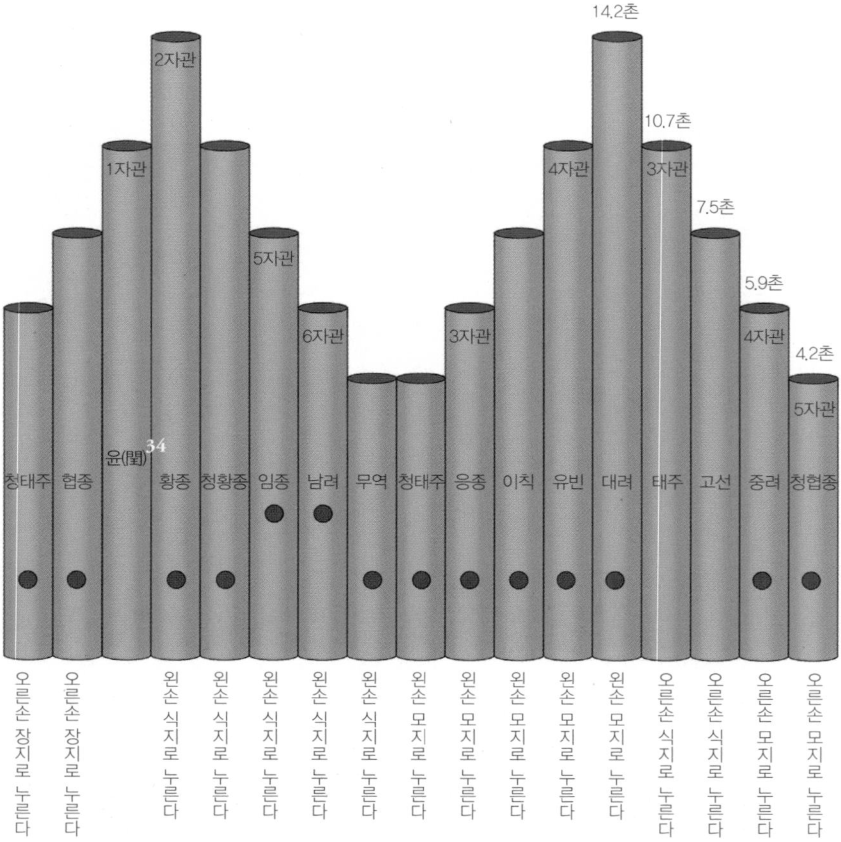

〈오사카본 생황안공도 도해〉

34 윤(閏) : 윤(閏)은 소리가 나지 않는 벙어리 관으로, 윤관(閏管)이라 한다. 현대식 개량 생황에는 윤관이 존재하지 않는다.

3) 계면대엽(界面大葉)【속명은 곧 "자지라엽(紫芝羅葉)"이다.】

界面大葉【俗名卽紫芝羅葉】

초장【안공법】

初章【按孔法】

一●二●四○二○四○○二●四○五○○二●

四○二○四○○二●四○二●一○○【十六字】

이장【안공법】

【6번음은 왼손 식지로 중간 소리를 눌러 준다.】

二章【按孔法】

五●六○五○○四●二●一○二●四●二○五○○四○○二●四●二○一○○

【十五字○六字以左手食指按聲中】

삼장【안공법】

三章【按孔法】

一●二●一○二○四○○五●六○五○○四●二●一○二●四●二○五○○四○○二●四●二○一○○二●四●二○二●一○【二十六字】

계면대엽(界面大葉)

1장(안공법)
현행(해금보)
유예지
一• 二• 四○ 二○ 四○○ 二• 四○ 五○○
二•四○ 二○ 四○○ 二• 四○ 二• 一○○ (16자)
2장(안공법)
五• 六○ 五○○ 四• 二• 一○ 二• 四• 二○ 五○○
3장(안공법)
四○○ 二• 四• 二○ 一○○ (15자) 一•二•一○ 二○四○○
五• 六○ 五○○ 四• 二• 一○ 二• 四• 二○ 五○○
四○○ 二• 四• 二○一○○ 二• 四• 二○ 二• 一○ (26자)

중여음【안공법】

中餘音【按孔法】

一●二●一●二○四●五○○四○二○四○○五●【十字】

사장【안공법】

四章【按孔法】

二●四○五○○二●四○五●六○五○○四●【九字】

오장【안공법】

五章【按孔法】

一○二●四○二●四●二○一○○二●一●二○四●二●四○二○五○四○○二●四●二○一○○二●一●二○一○二●四○○五●【二十七字】

중여음(안공법)
현행(해금보)
유예지
一• 二•一•二○ 四• 五○○ 四○ 二○ 四○○ 五• (10자)
4장(안공법)
二•四○ 五○○ 二•四○ 五• 六○ 五○○
5장(안공법)
四• (9자) 一○ 二• 四○ 二•
四• 二○ 一○○二•一• 二○ 四• 二• 四○ 二○ 五○
四○○ 二• 四• 二○ 一○○ 二• 一• 二○ 一○
대여음(안공법)
二• 四○○ 五• (27자) 二•三○ 二○○

대여음【안공법】

【3번음은 내공과 외공이 있다. 외3공은 왼손 모지로 누르며, 내3공은 오른손 식지로 중간 소리를 누른다.】

大餘音【按孔法】

二●三○二○○四●二○五●四○五●四○二●四●二●一●二●一●二○四●五○四●二●[6]四●二●一○一●二●四●二●四●二○一●二●一●二●四●二○五○四○○二●四●二●一○二●四●二○【四十四字○三字有內外孔外三字以左母指按之內三字以右食指按之聲中】

---

[6] 二● : 저본에는 "二". 현행보에 근거하여 추가.

73
현행(해금보)
유예지
四· 二○ 五·四○ 五· 四○ 二· 四· 二· 一· 二·一· 二○
79
현행(해금보)
유예지
四· 五○四· 二· 四· 二·一○ 一· 二·四· 二· 四· 二○ 一·二· 一·
85
현행(해금보)
유예지
二·四· 二○ 五○ 四○○ 二· 四· 二· 一○ 二· 四· 二○
(44자)

4) 농악(弄樂)

弄樂

초장【안공법】

初章【按孔法】

四○二●四●五●四●二●四○四●五●四●二●一●[7]二●四●[8]二●一●二●【十七字】

이장【안공법】

二章【按孔法】

四○五●六●五●四●五●四●二●一●二○四●五●四●二●四●二●四●[9]一●二○【十九字】

[7] 一● : 저본에는 "一". 현행보에 근거하여 추가.

[8] 四● : 저본에는 "四". 현행보에 근거하여 추가.

[9] 四● : 저본에는 "四". 현행보에 근거하여 추가.

농악(弄樂)

1장(안공법)
현행(해금보)
유예지
四∘ 二·四· 五· 四· 二· 四∘ 四· 五·四·
7
二· 一· 二· 四· 二· 一· 二·
13
2장(안공법)
四∘ 五·六· 五· 四· 五·四· 二·一·二∘ 四· 五· 四· 二·
19
3장(안공법)
四· 二· 四· 一· 二∘ (19자) 四· 五·六· 五∘

삼장【안공법】

三章【按孔法】

四●五●六●五○四●五●

四●二●一●二○四●五●

四●二●四●五●四●[10]二

●五●四●四●二●一●二

○【二十四字】

중여음【안공법】

中餘音【按孔法】

二●一●二●四●五●六

●五●四●二○四○五●

【十一字】

사장【안공법】

四章【按孔法】

二●四●五○二●四●五●

六●五○四●【九字】

---

[10] 四● : 저본에는 "四". 현행보에 근거하여 추가.

25
현행(해금보)
유예지
四· 五·四· 二· 一· 二∘ 四· 五· 四· 二·
31
현행(해금보)
유예지
四· 五·四· 二· 五·四· 四· 二· 一· 二∘ (24자)
37
중여음(안공법)
현행(해금보)
유예지
二·一·二· 四· 五· 六· 五· 四· 二∘ 四∘ 五·(11자)
43
4장(안공법)
현행(해금보)
유예지
二·四· 五∘ 二·四· 五·六· 五∘
49
5장(안공법)
현행(해금보)
유예지
四·(9자) 二· 四· 二·

오장【안공법】

五章【按孔法】

二●四●二●四●五●六●

五●四●五●四●二●一●

二●[11]四●五●四●二●四

●二●四○二●一○二●一

●二●一●二●四○○五●

【二十九字】

대여음【안공법】

大餘音【按孔法】

一●二●二●三●二●一○

二●四●五●四●四●二●

三○二●四●二●五●四○

二●一○二●四●二●一●

二●四●二●五●四○二●

一○二●四●二○【三十四[12]

字】

[11] 二● : 저본에는 "二". 현행보에 근거하여 추가.

[12] 四 : 저본에는 "五". 실제 숫자에 근거하여 수정.

현행(해금보)
유예지
四· 五 · 六· 五 ·四 · 五· 四 · 二 · 一 · 二 · 四· 五 · 四 · 二 ·
四 · 二 · 四 ○ 二 · 一 ○ 二 · 一 · 二 · 一 ·
대여음(안공법)
二 · 四 ○ ○ 五 · (29자) 一 · 二 · 二 ·
三 · 二 · 一 ○ 二 · 四 · 五 · 四 · 四 · 二 · 三 ○ 二 ·
四 · 二 · 五 · 四 ○ 二 · 一 ○ 二 · 四 · 二 · 一 ·

85
현행(해금보)
유예지
二· 四·　二· 五· 四○　二·　一○ 二·　四· 二○
(35자)

5) 낙시조(樂時調)

초장【안공법】

이장【안공법】

삼장【안공법】

樂時調

初章【按孔法】

二●四●二○二●五●四●

二●二●四●五●六●五○

五●四●二●四○二●一○

二●四●二●四●二●四●

【二十四字】

二章【按孔法】

五●六●五●四●四●二●

一●二●一○一●二●四●

二●四●二●一○【十六字】

三章【按孔法】

二●四●二●四●五●六●

五●四●四●二●一○二●

一●一●二●四●五●四●

二●五●四●四●二●一●

二●一○【二十六字】

낙시조(樂時調)

1장(안공법)
현행(해금보)
유예지
二·四· 二○ 二· 五·四· 二· 二· 四· 五·六· 五○
현행(해금보)
유예지
五·四· 二·四○ 二·一○ 二· 四· 二· 四· 二·四· (24장)
2장(안공법)
현행(해금보)
유예지
五· 六· 五· 四· 四· 二· 一· 二· 一○ 一· 二·
현행(해금보)
3장(안공법)
유예지
四· 二· 四· 二· 一○ (16자) 二· 四· 二·四·
현행(해금보)
유예지
五· 六· 五· 四· 四· 二· 一○ 二· 一. 一. 二·
현행(해금보)
유예지
四· 五·四· 二·五·四· 四· 二· 一· 二· 一○ (26자)

중여음【안공법】

中餘音【按孔法】

二●一●二●四●五●六
●五●四●二●四●[13]五●
【十一字】

사장【안공법】

四章【按孔法】

二●四●五○五●四●五●
六●五○○四●二●四●二
●一○【十三字】

오장【안공법】

五章【按孔法】

二●四●二●四●五●六●
五●四●四●二●一●二●
一○一●二●四●二●四●
二●一○二●一●二●一○
二●四○五●【二十七字】

---

⑬ 四● : 저본에는 "四". 현행보에 근거하여 추가.

37
중여음(안공법)
현행(해금보)
유예지
二·一·二·
四·五·六·五·
四·二·四·
五·(11자)
43
4장(안공법)
二·
四·
五◦
五·四·
五·六·
五◦◦
49
5장(안공법)
四．二·四·
二·
一◦
(13자)二·
四·
二·四·
55
五·六·
五·四．
四·二·
一·二·
一◦一·
二·
61
四·
二·四·二·一◦
二·一·
二·
67
대여음(안공법)
一◦二·
四◦
五·(27자)五·
四·

대여음【안공법】

大餘音【按孔法】

五●[14]四●五●四●[15]二●四●五●[16]四●五●四●二●四●二●一●[17]二●一●二●一●二●四●二●四●五●【二十三字】

[14] 五● : 저본에는 "五". 현행보에 근거하여 추가.
[15] 四● : 저본에는 "四". 현행보에 근거하여 추가.
[16] 五● : 저본에는 "五". 현행보에 근거하여 추가.
[17] 一● : 저본에는 "一". 현행보에 근거하여 추가.

73
현행(해금보)
유예지
五· 四· 二· 四· 五·· 四· 五·
79
현행(해금보)
유예지
四· 一 二· 四· 二· 一·· 二· 一·
85
현행(해금보)
유예지
二· 一· 二· 四· 二· 四· 五· (23자)

《유예지》 참고문헌 서목

참고문헌 개요

《유예지》 원문과 인용문헌을 대조하고 교감하는 과정에 일차적으로 《문연각 사고전서 전자판》· 한국고전종합DB · 바이두(baidu) · 구글(Google) 사이트를 활용하였다. 먼저 해당 문구를 검색한 뒤, 전거문헌의 편명과 세목을 확인하고 각 문헌의 교주본과 통행본을 대조하였다. 교주본이나 통행본을 구하기 어려운 중국 문헌의 경우에는 전자판 원문으로 교감하였다.

경서류는 《십삼경주소 정리본》을, 사서류는 주로 중화서국의 《24사》를, 조선의 농서는 아세아문화사의 《농서》 시리즈를 1차적인 전거로 삼았다. 그 외로 위의 자료에서 검색이 안 되는 서적은 서울대규장각한국학연구원과 국립중앙도서관 자료를 주로 활용했다. 여기에 명기한 서적 이외로도 참조한 문헌들이 상당수 있으나 주석에 밝힌 문헌 위주로 실었다.

일차 공구서적으로는 《교학대한한사전》·《대한화사전》·《한어대사전》·《한국한자어사전》·《고려대 중한사전》·《표준국어대사전》을 주로 참고하였다. 《대한화사전 한자음 색인》과 《한어대사전 한자음 색인》 덕분에 검색 시간이 크게 단축되었다.

중국의 인물과 전고를 확인하는 데는 《중국역대인명대사전》·《중국

역사대사전》·《사고전서총목제요》를 활용하였다. 한국의 인물들과 서적에 대한 정보는《한국인물대사전》·《한국민족문화대백과사전》을 주로 활용하였다.

이상이 이 책의 번역과 교열, 교감, 각주에 등에 참조한 각종 참고서적이다. 이 지면에서나마 참고문헌 저자 및 편집자들에게 감사를 표한다.

일러두기

- 《유예지》에 수록된 책의 명칭을 기준으로 하고, 이칭은 병기하였다.
- 해당서가 일부만 전하거나, 단행본이 없는 경우 실제 참고서적을 병기하였다.
- 총서에 속하는 책은 총서 시리즈명을 출판사 앞에 표기하였다.
- 일실된 책이나 해당 판본 확보가 불가능한 경우 그 현황을 표기하였다.
- 《四庫全書》는 文淵閣 四庫全書 電子版 (迪志文化出版有限公司, 1999)을 활용하였다.

유예지 필사본 소장 현황

《임원경제지》 고려대 도서관본

《임원경제지》 서울대 규장각본

《임원경제지》 오사카 나카노시마 부립도서관본

경서류

《論語》,《論語注疏》何晏 注, 邢昺 疏 (十三經注疏 整理本 23, 北京大學出版社, 2000)

　　,《論語集解》何晏 注 (四部叢刊廣編, 台北, 臺灣商務印書館)

　　,《論語集註》朱熹 撰 (經書, 丁酉內閣本, 대동문화연구원, 1996)

《孟子》,《孟子注疏》趙岐 注, 孫奭 疏 (十三經注疏 整理本 25, 北京大學出版社, 2000)

　　,《孟子正義》焦循 撰, 沈文倬 點校 (中華書局, 1987)

　　,《孟子集註》朱熹 撰 (《經書》, 丁酉內閣本, 대동문화연구원, 1996)

《禮記》,《禮記正義》(十三經注疏 整理本 12~15, 北京大學出版社, 2000)

　　,《禮記集解》孫希旦 撰, 沈嘯寰 · 王星賢 點校 (中華書局, 1989)

《周禮》,《周禮注疏》(十三經注疏 整理本 7~9, 北京大學出版社, 2000)

《周易》,《周易正義》(十三經注疏 整理本 1, 北京大學出版社, 2000)

　　,《懸吐完譯 周易傳義 上》, 成百曉 譯註(東洋古典譯註叢書 9, 傳統文化研究會, 1998)

　　,《懸吐完譯 書經集傳 下》, 成百曉 譯註(東洋古典譯註叢書 7, 傳統文化研究會, 1998)

《春秋》,《春秋公羊傳注疏》(十三經注疏 整理本 8, 北京大學出版社, 2000)

사서류

《國語全譯》, 黃永堂 譯注(中國歷代名著全譯叢書, 貴州人民出版社, 1995)

《明史》, 淸 張廷玉 撰 (二十四史, 中華書局, 1997)

《史記》, 漢 司馬遷 撰 (二十四史, 中華書局, 1997)

《三國志》, 晉 陳壽 撰 , 宋 裴松之 注 (二十四史, 中華書局, 1997)

《宋書》, 梁 沈約 撰 (二十四史, 中華書局, 1997)

《隋書》, 唐 李淳風等 撰, 許嘉璐 主編 (二十四史全譯, 漢語大詞典出版社, 2004)

《新唐書》, 宋 歐陽修 撰 (二十四史, 中華書局, 1997)

《魏書》, 北齊 魏收 撰 (中華書局, 1997)

《晉書》, 唐 房喬等 撰 (中華書局, 1997)

《漢書》, 漢 班固 撰 (二十四史, 中華書局, 1997)

《後漢書》, 宋 範蔚宗 撰 (二十四史, 中華書局, 1997)

정감류

《經國大典》(保景文化社, 1990)

《大明會典》

《大典會通》(保景文化社, 1990)

《磻溪隨錄》, 柳馨遠 著 (명문당, 1982)

제자류

《管子》, 管仲 (文淵閣 四庫全書 電子版)

《孫子兵法》, 孫武 (文淵閣 四庫全書 電子版)

《莊子》,《莊子集釋》郭慶藩 撰, 王孝魚 點校 (中華書局, 1961)

,《莊子集解》王先謙 著 (諸子集成, 中華書局, 1954)

농서 및 기술서

《山林經濟》, 洪萬選 著 (한국고전종합DB)

《山林經濟》, 洪萬選 著 (農書 2, 아세아문화사, 1981)

《增補山林經濟》, 柳重臨 (農書 3, 아세아문화사, 1981)

육예류

《居家必用事類全集》, 작자 미상《續修四庫全書, 上海古籍出版社, 1995》

《古今畫鑒》, 湯垕 (《中國書畵全書》 2, 上海書畫出版社, 1993)

《古今畫鑑》, 湯厚 (《中國書畫全書》 2, 上海書畫出版社, 1993)

《古畫品錄》, 謝赫 (《中國書畫全書》 1, 上海書畫出版社, 1993)

《九數略》, 崔錫鼎 著 (韓國科學技術史資料大系 數學篇1, 驪江出版社, 1985)

《金石錄》, 趙明誠 撰 (文淵閣 四庫全書 電子版)

《唐六典》, 唐 元宗明皇帝 御撰 (文淵閣 四庫全書 電子版)

《圖畫見聞志》, 郭若虛 (《中國書畫全書》 1, 上海書畫出版社, 1993)

《圖畫見聞志》, 郭若虛 (《叢書集成初編》 1648, 中華書局, 1985)

《讀書錄》, 薛瑄 (文淵閣 四庫全書 電子版)

《讀書分年日程》, 程端禮 (文淵閣 四庫全書 電子版)

《洛陽伽藍記》, 楊衒之 (文淵閣 四庫全書 電子版)

《夢溪筆談》, 沈括 (江蘇古籍出版社, 1999)

《武編》, 唐順之 撰 (文淵閣 四庫全書 電子版)

《墨竹譜》, 李衎 (《中國書畵全書》 2, 上海書畫出版社, 1993)

《法書要錄》, 張彦遠 (文淵閣 四庫全書 電子版)

《保晩齋叢書 考事十二集 數藝》, 徐命膺 著 [서울대학교 규장각한국학연구원 웹 사이트 원문 이미지(古 0270-11)]

《射經》, 王据 (文淵閣 四庫全書 電子版)

《算法統宗》, 明 程大位 撰(續修四庫全書 1044, 上海古籍出版社, 1995)
《山水論》, 王維 (《中國書畵全書》 1, 上海書畫出版社, 1993)
《山靜居畫論》, 方薰 (《叢書集成初編》 1644, 中華書局, 1985)
《算學入門》, 黃胤錫 著 (韓國科學技術史資料大系 數學篇 3, 驪江出版社, 1985)
《珊瑚鉤詩話》, 張表臣撰 (文淵閣 四庫全書 電子版)
《詳明算法》, 安止齋 著 [국립중앙도서관 웹사이트 원문 이미지(한古朝66-35), 1986)]
《尙書故實》, 李綽 (《叢書集成初編》 2739~2740, 中華書局, 1985)
《西溪叢話 · 家世舊聞》, 姚寬 · 陸游 (歷代史料筆記叢刊, 中華書局, 2006)
《書法離鉤》, 潘之淙 撰 (文淵閣 四庫全書 電子版)
《書法正傳》, 馮武 撰 (文淵閣 四庫全書 電子版)
《書譜》, 孫過庭 撰 (文淵閣 四庫全書 電子版)
《書譜 · 續書譜》, 孫過庭 · 羌夔 著, 陳碩 評注 (浙江人民美術出版社, 2012)
《書苑菁華》, 陳思 撰 (文淵閣 四庫全書 電子版)
《書品》, 庾肩吾 (文淵閣 四庫全書 電子版)
《宣和書譜》, 작자 미상 (文淵閣 四庫全書 電子版)
《宣和畫譜》, 宋 皇室 撰 (文淵閣 四庫全書 電子版)
《說郛》, 陶宗儀 撰 (文淵閣 四庫全書 電子版)
《續書譜》, 姜夔 撰 (文淵閣 四庫全書 電子版)
《御定佩文齋書畫譜》, 孫岳頒等 奉勅撰 (文淵閣 四庫全書 電子版)
《藝文類聚》, 歐陽詢等 奉勅撰 (文淵閣 四庫全書 電子版)
《五知齋琴譜》, 徐祺 (《續修四庫全書》 1095, 上海古籍出版社, 1995)
《玉海》, 王應麟 (文淵閣 四庫全書 電子版)
《王右軍書筆陣圖後》, 沈尹默 (文淵閣 四庫全書 電子版)
《圓嶠書訣》(규장각원문DB, 01책 015b, 017b~018a)
《林泉高致》, 郭熙 (《中國書畫全書》 1, 上海書畫出版社, 1993)

《林泉高致》, 郭熙, 郭思 (《中國書畫全書》 1, 上海書畫出版社, 1993)
《朱子讀書法》, 張洪, 齊熲 (文淵閣 四庫全書 電子版)
《竹譜》, 李衎 (文淵閣 四庫全書 電子版)
《竹譜詳錄》, 李衎 (《中國書畫全書》 2, 上海書畫出版社, 1993)
《重刊武經彙解》(《中國兵書集成》 42~43, 解放軍出版社 · 遼沈書社, 1992)
《中國兵書集成》, 중국병서집성위원회 (北京 解放軍, 1987~1995)
《眞珠船》, 胡侍 (《叢書集成初編》 338, 中華書局, 1985)
《震澤長語》, 王鏊 (《叢書集成初編》 222, 中華書局, 1985)
《佩文齋書畫譜》, 孫岳頒 (文淵閣 四庫全書 電子版)
《香祖筆記》, 王士禎 (文淵閣 四庫全書 電子版)
《畫鑒》, 湯垕 (文淵閣 四庫全書 電子版)
《畫訣》, 龔賢 (《叢書集成初編》 1642, 中華書局, 1985)
《華光梅譜》, 釋仲仁 (《中國書畫全書》 2, 上海書畫出版社, 1993)
《畫史》, 米芾 (《中國書畫全書》 1, 上海書畫出版社, 1993)
《畫禪室隨筆》, 董其昌 (《中國書畫全書》 3, 上海書畫出版社, 1993)
《畫說》, 莫是龍 (《中國書畫全書》 3, 上海書畫出版社, 1993)
《畫筌》, 笪重光 (《中國書畫全書》 8, 上海書畫出版社, 1993)
《畫麈》, 沈顥 (《中國書畫全書》 4, 上海書畫出版社, 1993)
《繪妙》, 茅一相 (《中國書畫全書》 4, 上海書畫出版社, 1993)
《欽定四庫全書總目》(文淵閣 四庫全書 電子版)

자전과 운서류

《康熙字典》, 張玉書 等撰 (國學基本叢書, 臺灣商務印書館, 1968)
　　　　, 《康熙字典 節本》, 張玉書 等 編纂, 張元濟 節選 (商務印書館, 2001)
《廣韻》, 陳彭年 等撰 (文淵閣 四庫全書 電子版)

《方言》, 揚雄 撰 (文淵閣 四庫全書 電子版)
《說文解字》, 許愼 撰 (文淵閣 四庫全書 電子版)
,《說文解字注》段玉裁 注 (上海古籍出版社, 1981)
,《說文解字今注》宋易麟 編著 (江西教育出版社, 2004)
《釋名》, 劉熙 撰 (文淵閣 四庫全書 電子版)
《玉篇》,《重修玉篇》(文淵閣 四庫全書 電子版)
《韻會》,《古今韻會擧要》黃公紹(元) 原編 (文淵閣 四庫全書 電子版)
《爾雅注疏》(十三經注疏 24, 北京大學出版部, 2000)
《正字通》, 張自烈 撰, 廖文英 續 (續修四庫全書 經部 小學類 234~235, 上海古籍出版社, 1995)
《集韻》, 丁度 等 修定 (文淵閣 四庫全書 電子版)
《通雅》, 方以智 (文淵閣 四庫全書 電子版)

문집류

《東坡全集》, 蘇軾 (文淵閣 四庫全書 電子版)
《俛宇集》, 郭鍾錫 著(한국고전번역원 한국고전종합DB)
《山谷集》, 黃庭堅 撰 (文淵閣 四庫全書 電子版)
《圓嶠集》, 李匡師 (韓國文集叢刊 221, 민족문화추진회, 1990)
《二程遺書》, 程顥 程頤 (文淵閣 四庫全書 電子版)
《朱子全書》, 朱熹 (서울대학교 규장각, 2004)
,《朱子全書》, 朱熹 (上海古籍出版社, 安徽教育出版社, 2001)
《淮海集》, 秦觀 撰 (文淵閣 四庫全書 電子版)

그 외 원전

《居家必用事類全集》, 작자 미상 , 《續修四庫全書》(上海古籍出版社, 1995)

《格致鏡原》, 陳元龍 (文淵閣 四庫全書 電子版)

《經義考》, 朱彝尊 撰(文淵閣 四庫全書 電子版)

《癸巳存稿》, 淸 兪正燮 著(續修四庫全書 1160, 上海古籍出版社, 1995)

《龔自珍己亥雜詩注》, 淸 龔自珍 著, 劉逸生 注 (中華書局, 1980)

《洞天淸祿》, 趙希鵠 (文淵閣 四庫全書 電子版)

《夢溪筆談》, 沈括 (江蘇古籍出版社, 1999)

,《夢溪筆談補筆談》, 沈括 撰 (文淵閣 四庫全書 電子版)

,《夢溪筆談全譯》, 宋 沈括 著, 胡道靜·金良年·胡小靜 譯注 (中國歷代名著全譯叢書, 貴州人民出版社, 1998)

《墨池瑣録》, 楊愼 (叢書集成初編 1631, 中華書局, 1985)

《墨池瑣錄》, 楊愼 (《叢書集成初編》 1631, 中華書局, 1985)

《事林廣記》, 陳元靚 (中華書局, 1998)

《珊瑚網》, 汪砢玉 (《中國書畫全書》 5, 上海書畫出版社, 1993)

《說郛》, 陶宗儀 撰 (文淵閣 四庫全書 電子版)

《性理羣書句解》, 宋 熊節 編 : 宋 熊剛大 注 (文淵閣四庫全書 709, 臺灣商務印書館, 1983)

《數理精蘊》, 淸 聖祖 勅撰 (文淵閣四庫全書 799, 臺灣商務印書館, 1983)

《麗澤論說集錄》, 呂喬年 (文淵閣 四庫全書 電子版)

《譯註說苑》, 漢 劉向 撰, 許鎬九 譯註 (東洋古典譯註叢書 67, 傳統文化硏究會, 2012)

《淵鑑類函》 淸 淸張英·王士禛等 奉勅纂(中國基本古籍庫 電子版)

《硏北雜志》 陸友 (叢書集成初編 2887·2888, 中華書局, 1985)

《寓簡》, 沈作喆 (文淵閣 四庫全書 電子版)

《虞初新志》, 張潮輯 (文淵閣 四庫全書 電子版)

《遠鏡說》, Johann Adam Schall von Bell (《叢書集成初編》 1308, 中華書局, 1985)
《酉陽雜俎》, 段成式 (文淵閣 四庫全書 電子版)
《朱子語類》(《朱子全書》 14, 上海古籍出版社 · 安徽教育出版社, 2002)
《朱子語類》, 朱熹 撰, 黎靖德 輯 (文淵閣 四庫全書 電子版)
《遵生八牋校注》, 高濂 (人民衛生出版社, 1994)
《池北偶談》, 王士禎 (文淵閣 四庫全書 電子版)
《春雨雜述》, 解縉 (《叢書集成初編》 1622, 中華書局, 1985)
, 《春雨雜述》, 解縉 (《叢書集成初編》 1622, 藝文印書館, 1965)
《翰墨志》, 趙構 (叢書集成初編 1628, 中華書局, 1985)
《海島算經》, 三國魏 劉徽 注(文淵閣四庫全書 797, 臺灣商務印書館, 1983)
《海岳名言》, 米芾 (《叢書集成初編》 1628, 中華書局, 1985)

번역서

《九章算術; 周髀算經》, 차종천 譯(범양사출판부, 2000)
《논어한글역주》, 도올 김용옥 역주 (통나무, 2008)
《도올 김용옥의 금강경강해》, 김용옥 지음 (통나무, 1999)
《무경사학정종(武經射學正宗)》高穎 著, 민경길 譯 (한국학술정보, 2010)
《算數書 · 算經十書 上》, 차종천 편 (東洋數學大系 1, 敎友社, 2006)
《산학계몽》, 주세걸 지음, 허민 옮김 (소명출판, 2009)
《아언각비(雅言覺非) · 이담속찬(耳談續纂)》, 丁若鏞 著, 丁海廉 역주 (現代實學社, 2005)
《楊輝算法》, 차종천 편 (東洋數學大系 5, 敎友社, 2006)
《임원경제지 섬용지 3》, 서유구 지음, 임원경제연구소 옮김 (풍석문화재단, 2017)
《장자》, 안동림 역주 (현암사, 1998)
《조선과 중국의 궁술》, 민경길 편역 (이담, 2010)

《조선시대 대사례와 향사례》, 차웅석 · 이성곤 번역 (한국무예사료총서 16, 국립민속박물관, 2009)
《주자어류 3》, 주희 저, 허탁 · 이요성 · 이승준 역 (청계출판사, 2001)
《주자어류 4》, 주희 저, 허탁 · 이요성 · 이승준 역 (청계출판사, 2001)
《중국고대화론유편 제1편 범론 1~5》, 유검화 저, 김대원 옮김 (소명출판, 2010)
《중국고대화론유편 제3편 인물 1~2》, 유검화 저, 김대원 옮김 (소명출판, 2010)
《중국고대화론유편 제4편 산수 1~4》, 유검화 저, 김대원 옮김 (소명출판, 2010)
《중국고대화론유편 제5편 화조 축수 매란국죽 1~3》, 유검화 저, 김대원 옮김 (소명출판, 2010)
《중국고대화론유편 제6편 감장 장표 공구와 설색》, 유검화 저, 김대원 옮김 (소명출판, 2010
《중국역대서론》, 곽노봉 역 (동문선, 2000)
《증보산림경제 Ⅰ~Ⅲ》, 노재준 · 윤태순 · 홍기용 옮김 (고농서국역총서 4~6, 농촌진흥청, 2003)
《칠정산내편 1》, 李純之 · 金淡 纂, 한영호 · 이은희 · 강민정 역주 (한국고전번역원, 2016)
《畵眼 : 董其昌의 화론》, 동기창 저, 변영섭 · 안영길 · 박은화 · 조송식 역 (시공사, 2002)

사전과 유서 · 도감류

《大漢和辭典》, 諸橋轍次 著 (大修館書店, 1984)
《三才圖會》, 王圻 著, 王思義 編集 (上海古籍出版社, 1988)
《서론용어 소사전》, 곽노봉, 홍우기 (다운샘, 2007)
《조선 왕실의 묵향》, 박성원 (국립중앙박물관, 2006)
《中國法帖》, 박성원 (국립중앙박물관, 2014)

《청명 임창순 선생 10주기 기념 유묵전》(예술의전당 서예박물관, 2009)
《한국고전용어사전》, 한국고전용어사전 편찬위원회 (세종대왕기념사업회, 2001)
《한국삼재도회》, 박성훈 편 (시공사, 2002)
《한국 회화사 용어집》, 이성미 · 김정희 공저 (다할미디어, 2003)
《漢語大詞典》, 羅竹風 主編, 漢語大詞典編輯委員會, 漢語大詞典編纂處 編纂 (上海, 漢語大詞典出版社, 1990~1993)

연구논저

단행본류

《九章算術及其劉徽注研究》, 李繼閔 著 (陝西人民教育出版社, 1990)
《산수간에 집을 짓고》, 서유구 지음, 안대회 엮어옮김 (돌베개, 2005)
《書法》, 楚丹, (黃山書社, 2012)
《서체》, 주준걸 著, 곽노봉 譯 (도서출판 다운샘, 2015)
《옛날 우리나라 어른들의 서예비평》, 김남형 역주 (한국서예협회, 2002)
《우리나라의 弓道》, 유영기, 유세현 (화성문화사, 1991)
《임원경제지 : 조선 최대의 실용백과사전》, 정명현 · 민철기 · 정정기 · 전종욱 외 옮기고 씀 (씨앗을 뿌리는 사람, 2012)
《중국 고대 서예론 선역》, 박낙규 외 5인 (한국학술정보, 2014)
《中國科學技術史 度量衡卷》, 丘光明 · 丘隆 · 楊平 著 (科學出版社, 1999)
《中國書法史》, 華人德 (江蘇教育出版社, 1995)
《中國書法史論》, 葉喆民 (河北美術出版社, 2013)
《中國數學史》, 김용운 · 김용국 지음 (민음사, 1996)
《중국역대서론》, 곽노봉 (도서출판 동문선, 2000)
《초서완성》, 전규호 (명문당, 2006)
《韓國數學史》, 김용운 · 김용국 지음 (悅話堂, 1982)

《한국의 활쏘기》,정진명 (학민사, 1999)
《활을 쏘다》, 김형국 (효형출판, 2006)

논문류

〈18세기 활쏘기(國弓) 수련방식과 그 실제〉, 최형국,《탐라문화》50호 (제주대학교 탐라문화연구소, 2015)
《『九章術解』의 연구와 역주》, 강민정 (성균관대학교 박사학위 논문, 2015)
〈「도화견문지」에 나타난 곽약허의 예술사상〉, 조송식,《美學》49호 (한국미학회, 2007)
〈冬景山水畵의 "雪江買魚" 畵題〉, 박은화 ,《美術史學硏究》266호 (韓國美術史學會, 2010)
《東晉時代 衛夫人의「筆陣圖」硏究》, 김지수 (경기대학교 석사학위 논문, 2015)
〈米芾 書法의 특징 고찰〉, 안병관,《동양예술》20권 (한국동양예술학회, 2012)
〈삼원법에 나타난 산수공간의 미학적 의미〉, 김재숙,《哲學硏究》125호 (대한철학회, 2013)
《書藝 筆勢의 美學的 硏究》, 노정옥 (성균관대학교 석사학위 논문, 2016)
〈서유구와 서화감상학과『 임원경제지 』〉, 박은순,《동아시아 문화연구》34호 (한양대학교 동아시아문화연구소, 2000)
《서유구의 서화감상학 연구:『華筌』과『藝翫鑑賞』을 중심으로》, 김효진 (조선대학교 석사학위 논문, 2006)
〈원교 이광사의 서예론 일고〉, 최경춘,《東方漢文學》58호 (동방한문학회, 2014)
《朝鮮時代 弓術의 社會·文化的 機能》, 최석규 (충북대학교 박사학위 논문, 2013)
《조선시대 활쏘기 儀式 : 18세기 英·正祖 시대를 중심으로》, 이찬우 (서울대학교 석사학위 논문, 2008)
《조선후기 금론(琴論) 연구》, 최선아 (서울대학교 박사학위 논문, 2012)
《종병 화산수서의 형신론적 연구》, 박현숙 (성균관대학교 석사학위 논문, 2015)

〈「朱子語類」〈독서법〉에 나타난 新意論〉, 김기호, 《人文研究》 59호 (영남대학교 인문과학연구소, 2010)
〈「朱子語類」〈讀書法〉에 나타난 活看論〉, 신태수, 《韓民族語文學》 60호 (한민족어문학회, 2012)
〈「주자어류(朱子語類)」〈독서법(讀書法)〉의 층위(層位)와 그 구성주의적(構成主義的) 성격(性格)〉, 신태수, 《嶺南學》 (경북대학교 영남문화연구원, 2012)
〈주자의 독서론〉, 강영안, 《哲學研究》 53호 (철학연구회, 2001)
〈중국 고금 고악보 타보(打譜)에 관한 연구〉, 현경채, 《동양음악》 제36호 (서울대학교 동양음악연구소, 2014)
〈필법론에 대한 소고〉, 양용주, 《문화와예술연구》2호 (동방문화대학원대학교 문화와예술연구, 2013)
〈학서(學書)의 순서와 영자 팔법(永字八法)〉, 선주선, 《私學》 80호 (대한사립중고등학교장회, 1997)
《韓國 類書의 書誌學的 研究》, 남태우 (중앙대학교 박사학위 논문, 2003)
〈한국의 문화 : 18세기 서예론의 배경과 전개양상 일고 – 李匡師, 姜世晃, 金相肅을 중심으로〉, 최경춘, 《한국사상과 문화》 73호 (한국사상문화학회, 2014)
《한중 금보의 기보체계 및 변천에 관한 연구》, 주재근 (한양대학교 박사학위 논문, 2017)

기타 및 인터넷 한적 및 관련자료 검색사이트

25史 全文檢索 http://202.114.65.40/net25/

경향신문 2017년 1월 17일 '이가환의 역사의 흔적'

고려대학교 중앙도서관 http://library.korea.ac.kr/

국립중앙도서관 http://www.nl.go.kr/

국사편찬위원회 조선왕조실록 sillok.history.go.kr

규장각 한국학연구원 (서울대학교) http://kyujanggak.snu.ac.kr/

금지계(琴之界) https://www.qinzhijie.com/notations

두산백과 http://www.doopedia.co.kr/

박물관 포털 e뮤지엄 http://www.emuseum.go.kr/main

百度(바이두) http://www.baidu.com

서울대학교 중앙도서관 http://library.snu.ac.kr/

역사정보통합시스템 http://www.koreanhistory.or.kr/

異體字字典 (中華民國教育部) http://dict.variants.moe.edu.tw/

한국고전번역원 http://www.itkc.or.kr

한국민족문화대백과사전 http://encykorea.aks.ac.kr/

한국학중앙연구원 장서각 http://www.aks.ac.kr

Google(구글) http://www.google.com

NAVER(네이버) http://www.nave.com

Daum(다음) http://www.daum.net

색인

주요 용어

ㄱ

인명

ㄱ

ㄴ

ㄷ

ㅁ

ㅂ

ㅅ

ㅇ

ㅈ

임원경제연구소

임원경제연구소는 고전 연구와 번역, 출판을 주요 목적으로 하는 사단법인이다. 문사철수(文史哲數)와 의농공상(醫農工商) 등 다양한 전공 분야의 소장학자 40여 명이 회원 및 번역자로 참여하여, 풍석 서유구의《임원경제지》를 완역하고 있다. 또한 번역 사업을 진행하면서 축적한 노하우와 번역 결과물을 대중과 공유하기 위해 관련 전문가 및 단체들과 교류하고 있다. 연구소에서는 번역 과정과 결과를 통하여 '임원경제학'을 정립하고 우리 문명의 수준을 제고하여 우리 학문과 우리의 삶을 소통시키고자 노력한다. 임원경제학은 시골 살림의 규모와 운영에 관한 모든 것의 학문이며, 경국제세(經國濟世)의 실천적 방책이다.

번역, 교열, 교감, 표점, 감수자 소개

번역

김세종

전남대 국악학과를 졸업하고, 한양대 음악대학에서 국악이론으로 석사 박사학위를 취득했으며, 한·중고문연구소와 광주향교에서 한문을 공부했다. 고려대학교 민족문화연구원 연구조교수, 다산연구소 연구실장, 한국고전번역원 거점 호남학연구원 선임연구원과 문화재청 무형문화재 전문위원을 거쳐, 현재는 동국대학교 문화예술대학원(한국음악전공) 책임교수, 서울시, 인천 무형문화재 전문위원 및 위원으로 활동 중이다. 주요 논문으로는 〈삼분손익법의 사적 고찰 : 다산 정약용의《악서고존》을 중심으로〉 외에 80여 편과 번역으로는《역주 난계선유고》,《미암집》(4인 공저),《신간소왕사기》 등이 있다.

정명현

고려대 유전공학과를 졸업하고, 도올서원과 한림대 태동고전연구소에서 한학을 공부했다. 서울대 대학원 '과학사 및 과학철학 협동과정'에서 전통 과학기술사를 전공하여 석사와 박사를 마쳤다. 석사와 박사 논문은 각각 〈정약전의 《자산어보》에 담긴 해양박물학의 성격〉과 《서유구의 선진농법 제도화를 통한 국부창출론》이다. 《본리지》를 김정기와 함께 번역했고, 《섬용지》를 이동인 등과 번역했으며, 또 다른 역주서로 《자산어보 : 우리나라 최초의 해양생물 백과사전》이 있고, 《임원경제지 : 조선 최대의 실용백과사전》을 민철기 등과 옮기고 썼다. 현재 임원경제연구소 소장으로 《인제지》 번역 사업에 참여하고 있으며, 청명문화재단 태동고전연구소에 출강 중이다.

민철기

연세대 철학과를 졸업하고 도올서원에서 한학을 공부했다. 연세대 대학원 철학과에서 학위논문으로 《세친(世親)의 훈습개념 연구》를 써서 석사과정을 마쳤다. 임원경제연구소 번역팀장과 공동소장을 역임했고, 현재는 선임연구원으로 재직하고 있다.

정정기

서울대 가정대학 소비자아동학과에서 공부했고, 도올서원과 한림대 태동고전연구소에서 한학을 익혔다. 서울대 대학원에서 성리학적 부부관에 대한 연구로 석사를, 《조선시대 가족의 식색교육 연구》로 박사를 마쳤다. 음식백과인 《정조지》의 역자로서 강의와 원고 작업을 통해 그에 수록된 음식에 대한 소개에 힘쓰며 부의주를 빚고 가르쳐 집집마다 항아리마다 술과 장이 익어 가는 꿈을 실천하고 있다. 현재 임원경제연구소 번역팀장으로 《임원경제지》 번역 사업에 참여하고 있으며, 서울대 소비자아동학과에 출강 중이다.

김현진

공주대 한문교육과를 졸업하고 한림대 태동고전연구소와 한국고전번역원에서 한학을 공부하고 성균관대학교 대학원 한문학과에서 석사과정을 수료했다. 현재 임원경제연구소에서 근무하고 있다.

김수연

한국전통문화대학교 전통조경학과를 졸업하고 한림대 태동고전연구소에서 한학을 공부했다. 현재 임원경제연구소 연구원으로 근무하고 있다.

강민우

한남대 사학과를 졸업하고 한림대 태동고전연구소에서 한학을 공부했다. 성균관대학교 대학원 사학과에서 석사과정을 수료했다. 현재 임원경제연구소에서 근무하고 있다.

최시남

성균관대학교 유학과 학사 및 석사를 마쳤으며 동 대학원 박사과정을 수료했다. 성균관한림원과 도올서원에서 한학을 공부했다. 석사논문은 〈유가정치사상연구 :《예기》의 예론을 중심으로〉이며 호서대학교에서 강의를 했다. IT회사에서 조선시대 왕실 자료와 문집, 지리지 등의 고전적 디지털화 작업을 했으며《섬용지》를 이동인 등과 번역했다. 현재 임원경제연구소 연구원으로《인제지》번역 사업에 참여하고 있다.

김광명

전주대 한문교육과를 졸업하고 한국고전번역원에서 한학을 공부했으며, 성균관대학교 대학원 고전번역협동과정에서 석박사통합과정을 수료했다. 현재 임원경제연구소에서 근무하고 있다.

김용미

동국대 철학과를 졸업하고, 고전번역원 국역연수원과 일반연구과정에서 한문 번역을 공부했다. 고전번역원에서 추진하는 고전전산화 사업에 교정교열위원으로 참여했고, 《정원고사》 공동번역에 참여했으며, 현재 전통문화연구회에서 추진하고 있는 《모시정의》 공동번역에 참여하고 있고, 임원경제연구소 연구원으로 근무하고 있다.

악보 정리

송정훈 (동국대학교 한국음악과 졸업 및 동대학원 석사 수료, 서울특별시의사회 의사신문사 기자)

교감 · 표점 · 교열 · 자료조사

임원경제연구소

감수

변미혜 (한국교원대학교 음악교육과 교수)

손범주 (KBS 국악관현악단, 국립국악단 피리수석 역임, 난계국악단 상임지휘자, 이화여자대학교 외래교수)